중고등학생을 위한

표준 한국어

중고등학생을 위한

표준 한국어

국립국어원 기획·심혜령 외 집필

의사소통 1

교사용 지도서

마리북

발간사

국립국어원에서는 교육부 2012년 '한국어 교육과정' 고시에 따라 교육과정을 반영한 학교급별 교재 개발을 진행하였습니다. 이어서 2017년 9월에 '한국어 교육과정'이 개정·고시(교육부 고시 제2017-131호)됨에 따라 2017년에 한국어(KSL) 교재 개발 기초 연구를 수행하였습니다. 그 연구 결과를 바탕으로 초등학교 교재 11권, 중고등학교 교재 6권을 개발하여 2019년 2월에 출판하였습니다.

교재에 이어서 학교 현장에서 다문화가정 학생들의 한국어 의사소통 및 학습 능력을 기르는 데 보탬이 되고자 익힘책을 개발하게 되었습니다. 교재와의 연계성을 높인 내용으로 구성하여 말 그대로 익힘책을 통해 한국어를 더 잘 익힐 수 있도록 노력하였습니다. 더불어 익힘책의 내용을 추가 반영한 지도서를 함께 출판하여 현장에서 애쓰시는 일선 학교 담당자들과 선생님들에게도 교재 사용의 길라잡이를 제공하고자 하였습니다.

'다문화'라는 말이 더 이상 낯설지 않은 한국 사회에서 다문화가정 학생들이 한국 사회 구성원으로서의 정체성 함양에 밑거름이 되는 한국어 능력을 기르는 데 《중고등학생을 위한 표준 한국어》가 도움이 되기를 바랍니다. 국립국어원에서는 이제껏 그래왔듯이 교재 개발 결과가 현장에서 보다 잘 활용될 수 있도록 돕기 위하여 교재 개발은 물론, 교원 연수 등을 통해 지속적으로 다문화가정 학생들의 한국어 능력 향상을 위해 노력하겠습니다.

끝으로 3년간 《중고등학생을 위한 표준 한국어》 교재와 익힘책, 지도서의 개발과 발간을 위해 애써 주신 교재 개발진과 출판사에 깊은 감사의 말씀을 드립니다.

2020년 2월
국립국어원장 소강춘

머리말

　본격적인 다문화 사회로 전환되어 가고 있는 한국 사회에서 특히 다문화 배경의 학령기 청소년, 이른바 한국어(KSL) 학습자들에 대한 관심과 배려는 그 결과가 우리 사회의 미래를 좌우하게 될 것이라는 점에서 매우 중요한 사안입니다.

　다행히 우리 사회는 이 부분에서 사회적 공감과 정책적 구체화에 일찌감치 눈을 떠 2017년 KSL 학습자의 언어, 문화, 학습의 특수성을 고려한 개정 '한국어 교육과정'을 마련하였고, 그 교육과정의 구체적 구현을 위해 노력해 오고 있습니다. 2019년에는 교육 현장의 다양성을 고려한 모듈형 교재가 새롭게 개발되었고, 이어서 2020년에 그 교재 내용의 효율적 연습을 위한 학생 맞춤형 익힘책도 발간되었습니다. 그리고 이제 새로이 개발된 교재와 익힘책을 가지고 교사가 교육 현장에서 보다 수월하고 효과적으로 가르치는 데에 도움을 주기 위한 교사용 지도서를 개발, 발간합니다. 이로써 현장 적합형 KSL 한국어 교육을 위한 교육 자료 구축의 한 완성을 이루게 되었습니다.

　이번에 개발된 교사용 지도서는 교사의 KSL 현장 최적화를 돕기 위한 것입니다. KSL 한국어 교육 경험이 길지 않은 교사도 본 지도서를 참고하면 양질의 수업을 진행할 수 있도록 교육 절차와 교육 내용 등을 교사 언어와 함께 구체적으로 기술하였습니다. 교사의 배경지식과 추가 활동에 대한 아이디어도 '교사 지식'과 '교수-학습 지침'으로 제공하였습니다. 뿐만 아니라 단원별로 필요하거나 수행 과제로 부과할 만한 교육 활동을 제공하여 교사의 편의를 도모하였습니다.

　또한 본 지도서는 학령기 청소년 학습자의 특성을 고려한 교수 방안을 마련하는 데에 도움을 줄 수 있도록 했습니다. 성인 학습자에 비해 경험의 폭이 한정되어 있고 학습 동기의 양상도 다른 학령기 청소년 학습자를 배려하여 교사로 하여금 학령기 청소년의 관심사를 이끌어 낼 수 있게 도와주고, 학습자가 간접 경험의 기회를 많이 가질 수 있도록 하는 데에 도움을 주는 장치를 다수 마련하였습니다. 그리고 청소년들이 일상적으로 이용하는 IT(정보통신) 기술의 적용을 감안한 교수 방안도 개발하여 지도서 구성에 반영하였습니다.

　이렇듯 KSL 교육 현장 적합형 교육의 완성을 위한 교사용 지도서는 수많은 관계자들의 지원과 노력으로 만들어질 수 있었습니다. 우선 이 새로운 방식의 지도서가 완성될 수 있도록 지원을 아끼지 않으신 교육부와 국립국어원 관계자 여러분께 깊이 감사드립니다. 교사들이 새 시대에 맞는 새 교재 및 익힘책을 사용함에 있어 실질적인 도움을 줄 수 있는 새로운 지도서를 만들어 보자는 의지로 지도서 집필에 열정을 바쳐 노력한 집필진 모두에게 진심에서 우러나오는 감사를 드립니다. 그리고 새로운 방식의 지도서가 빛이 날 수 있도록 편집과 출판에 최선을 다해 주신 출판사 마리북스에도 감사의 말씀을 드립니다.

교사들이 이 지도서를 잘 활용하여 학령기 청소년 학습자의 한국어 교육에서 많은 성취를 이루어 내기를 희망합니다.

2020년 2월
저자 대표 심혜령

일러두기

°1. 지도서 소개

《중고등학생을 위한 표준 한국어 의사소통 교사용 지도서》는 한국어(KSL) 교재의 교육 목표를 교육 현장에 충분히 구현할 수 있도록 하는 데 목적을 두고 구성하였다. 본 지도서는 다음과 같은 특징을 가지고 있다.

교사 중심 교사용 지도서

- 교육 절차와 교육 내용 등을 상세하고 구체적으로 기술하여 KSL 한국어 교육 경험이 길지 않은 교사도 본 지도서를 참고하면 양질의 수업을 진행할 수 있도록 함.

- 교사가 알고 있어야 할 '교사 지식', 다양한 활동을 기반으로 한 '교수-학습 지침' 등을 상세하고 구체적으로 기술한 지도서를 개발함.

- 단원별로 수행 과제로 부과할 만한 교육 활동을 제공하거나 여건에 따라 마무리 활동을 과제로 전환할 수 있도록 유도하여 교사들의 편의를 도모함.

- 다양한 유형의 지도서 사용자들을 고려해 단계에 맞는 교사 언어를 제공함.

다양한 교육 현장에서의 활용을 고려한 지도서

- 교재의 단원 구성 원리와 교수 절차에 맞춰 개발함으로써 실제 사용상의 효율성을 높인 지도서를 개발함.

- 단원별로 10차시를 적절한 교육 시수로 설정하였으나, 현장의 상황이나 여건에 맞춰 선택적 사용이 가능하도록 내용을 구성함.

- 교재와 익힘책의 긴밀성을 확보하는 방향으로 지도서의 내용을 구성함.

학령기 청소년 학습자의 특성을 고려한 교수 방안

- 성인 학습자에 비해 경험의 폭이 한정되어 있고 학습 동기의 양상도 다른 학령기 청소년 학습자를 배려한 교수 방안을 개발함.

- 교사로 하여금 《중고등학생을 위한 표준 한국어》에 반영되어 있는 학령기 청소년의 관심사를 이끌어 낼 수 있게 도와주고, 학습자가 간접 경험의 기회를 많이 가질 수 있도록 하는 데에 도움을 주는 장치를 다수 마련함.

- 청소년들이 일상적으로 이용하는 IT(정보통신)기술의 적용을 감안한 교수 방안을 개발함.

수업 전반의 진행 방식 및 각 단계의 진행 방식의 구체적인 방법을 제시하는 지도서

- '교사 지식' 항목을 통해 사전에 교사가 숙지해야 할 내용을 제공하여 지도서가 교사 재교육에 일조할 수 있도록 함.

- '교수-학습 지침' 항목을 두어 교육 내용별 다양한 활동을 제안하고, 교육 현장별로 진도를 융통성 있게 운영할 수 있도록 함.

알아 두기

자가 확인과 종합 문제에 대한 적절한 지도를 위해 알아 두어야 할 사항

- 교사는 학습자가 '자가 확인'을 통해 해당 권을 학습하기 전 스스로 한국어 실력을 확인해 볼 수 있도록 지도한다.
  - 자가 확인에서 제시된 문제의 70% 이상을 이해하였을 때, 해당 교재를 학습하기 위한 최소한의 언어 능력이 있다고 판단할 수 있다.
- 교사는 학습자로 하여금 교재의 해당 권을 모두 학습한 후에 '종합 문제'를 통해 종합적 연습을 할 수 있도록 지도한다.
  - '종합 문제'에서 제시된 문제의 80% 이상을 이해하였을 때 해당 교재의 내용을 충분히 학습하였다고 판단한다. 단 학생이나 현장의 특성에 따라 '꼭 배워요'만 학습하고 '종합 문제'를 접하게 된 경우에 '종합 문제'를 80% 미만으로 이해하였다고 판단되면 해당 교재의 '꼭 배워요'를 복습하거나 '더 배워요'를 학습하도록 지도할 수 있다.

교재 속 QR 코드 사용 알아 두기

- 각 교재의 '대화해 봐요 1, 2'에 제시된 QR 코드 속 내용은 휴대 전화를 사용하여 직접 영상을 확인해 볼 수 있다.
- 컴퓨터 사용 시에는 '국립국어원-한국어교수학습샘터-자료나눔터 한국어 교육자료'에 들어가 음원을 내려받을 수 있다.

익힘책 지도 내용에 대해 알아 두기

- 교사가 익힘책을 지도하면서 참고해야 할 정보는 지도서의 마지막에 제시하였다.
- 교사가 교실 현장의 상황에 따라 교재의 내용을 모두 지도한 후 익힘책 내용을 지도할 수 있으며, 영역별 지도가 가능하도록 내용을 구분하여 구성하였다.

2. 지도서의 단원 구성

《중고등학생을 위한 표준 한국어 의사소통 교사용 지도서》의 단원은 다음과 같은 순서로 구성되어 있다.

단원 제목 → 단원 목표 → 단원 내용(주요 내용) → 수업 개요 → 전 단원 복습 → 〈꼭 배워요〉 도입 → 어휘를 배워요 → 발음 → 문법을 배워요 1 → 문법을 배워요 2 → 문법을 배워요 3 → 문법을 배워요 4 → 문화 → 〈더 배워요〉 도입 → 대화해 봐요 1 → 대화해 봐요 2 → 읽고 써 봐요: 읽기 → 읽고 써 봐요: 쓰기 → 익힘책 교수-학습 지침

3. 지도서의 단원별 내용 구성

《중고등학생을 위한 표준 한국어 의사소통 교사용 지도서》의 내용 구성과 제시의 특징은 다음과 같다.

① 단원 목표 및 내용 제시

- 지도서의 단원별 제목, 단원 목표, 단원 내용을 명확하게 제시함.
- 단원 내용은 〈꼭 배워요〉 주제, 기능, 어휘, 문법, 문화, 〈더 배워요〉 대화 1, 2, 읽기, 쓰기를 중심으로 단원에서 중점적으로 학습할 내용을 간단히 제시하여 학습 지도 방향을 명확하게 함.

② 수업 개요

- 〈꼭 배워요〉에서 학습할 내용과 기능을 포함한 목표를 차시별로 제시함.
- 지도서의 내용 흐름은 수업 진행의 흐름과 맥을 같이 하여 수업 교안 모형이 반영되도록 함.

③ 교수-학습 방법 제시

> 지시문 제시 → 교사 언어 제시 → 어휘, 문법, 발음 등 학습 내용 제시 → 과제 활동 제시

④ 교수 내용 구성

- '교사 지식' 항목을 설정하여 수업을 원활하게 진행하는 데에 필요한 전문 지식을 적절한 양과 수준으로 제시함.
- '교수-학습 지침' 항목을 설정하여 교사가 수업을 원활하게 진행하는 데에 필요한 교수 방법 및 교육 정보를 제공함.
- '교사 언어'를 제공하여 실제 수업에서 교사가 교육 내용을 어떻게 발화해야 하는지를 구체적으로 제시해 줌. 지도서에는 '🔟'로 표시함.
- '더 알아보기'를 제공하여 문화 정보가 담긴 어휘나 문화 지식에 대한 내용을 교사 언어로 풀이해 학생들에게 쉽게 설명할 수 있도록 구성하여 제시함.

4. 지도서의 단계별 세부 사항

1쪽
수업 개요

〈단원의 시작〉

- 단원 목표, 단원 내용, 수업 개요의 순으로 구성함.
- 수업 개요를 제시함으로써 교사가 수업의 전반적인 내용을 파악할 수 있도록 함.

1차시
도입

〈복습〉

- 예문 위주의 경험적 접근을 통해 내용 이해가 가능하도록 함.

〈꼭 배워요〉 도입

- 학습하게 될 주제에 대한 질문, 대화의 세부 내용에 대한 질문을 교사 언어로 제공하여 취사선택하도록 도움.

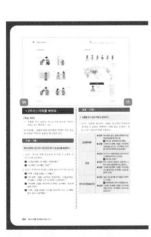

2차시
어휘를 배워요

〈어휘〉

- 어휘 교육 내용은 '정의, 예시, 정보, 설명'의 순으로 구성함 (어휘에 따라 '정보' 항목은 선택적으로 제시할 수도 있음).
  - **정의:** 한국어기초사전의 의미를 제시함(정의의 의미는 학생들에게 알려 주는 것이 아니라 교사에게 주는 정보임).
  - **예시:** 해당 어휘 의미가 문맥에 잘 나타난 예문을 새롭게 제시함.
  - **정보:** 유의어, 반의어, 상위어, 하위어 등에 대한 정보를 제시함.
  - **설명:** 어휘의 성격에 따라 다르게 적용함. 구체물일 때는 사진이나 실물 자료를 활용하도록 하고, 추상적인 개념일 때는 교사가 수업 시간에 실제 설명하는 방식으로 교사 언어의 질문으로 제시함.

3~6차시
문법을 배워요
	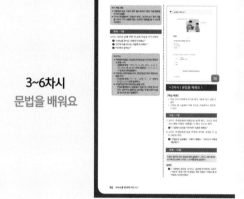	**〈문법〉**
		• 문법 교육 내용은 '설명, 예시, 정보, 확인'의 순으로 구성함.
		  – **설명**: 학습자 언어 등급에 맞는 용어와 문장을 통해 문법을 새롭게 설명함(해당 문법의 모든 의미가 아닌 해당 단원에서 쓰인 문법의 의미만을 설명함. 교재에 제시된 문법 설명과 동일한 설명은 되도록 지양함).
		  – **예시**: 교재 예문과 중복되지 않은 예문으로 3~4개 더 추가함.
		  – **정보**: 교사가 참고할 정보로 형태 정보, 제약 정보, 주의 사항 등을 담음.
		  – **확인**: 확인 과정은 문법 아래 연습을 통해 이루어짐.

문화		**〈문화〉** • 주제와 관련한 질문을 통해 학생들에게 주제를 추측할 수 있도록 도움을 줄 수 있는 교사 언어를 제시함. • '교수-학습 지침'에 문화와 관련 있는 활동 1~2개를 제시하여 교사가 교육 현장에서 유연성 있게 사용할 수 있도록 구성함. • '더 알아보기'는 보충적인 내용이나 문화 어휘 의미 풀이를 교사 언어로 제공함.
7·8차시 〈더 배워요〉 도입 대화해 봐요 1, 2		**〈단원의 시작〉** • 〈더 배워요〉 학습 목표, 〈학습 도구 한국어〉 학습 목표, 〈더 배워요〉 도입의 순으로 구성함. **〈더 배워요〉 도입** • 학습하게 될 대화 내용의 핵심적인 주제에 대한 질문을 교사 언어로 제공하여 도입할 수 있도록 구성함. **〈대화해 봐요 1, 2〉** • '대화해 봐요'를 '도입-전개-활용-정리'의 순으로 제시함.

〈부가 문법〉

- 대화에 사용된 부가 문법을 '설명, 예시, 정보'의 순으로 제시함.

〈목표 표현 1, 2〉

- 대화에서 사용된 목표 표현에 대한 '설명'과 '예시'를 제시함.

9차시
읽고 써 봐요
– 읽기

〈읽고 활동하기〉

- '읽고 써 봐요-읽기'를 '읽기 전-읽기 중-읽기 후'의 순으로 제시함.
  - 주제와 관련된 질문을 교사 언어로 제시하였으며, 문제를 풀고 확인하는 방법을 자세히 기술함.

10차시
읽고 써 봐요
– 쓰기

〈쓰고 활동하기〉

- '읽고 써 봐요-쓰기'를 '쓰기 전-쓰기 중-쓰기 후'의 순으로 제시함.
  - 쓰기 내용을 추측할 수 있는 질문을 교사 언어로 제시하였으며, 쓰기 활동 방법을 자세히 기술함.

익힘책

〈익힘책 교수-학습 지침〉

- 익힘책에 제시된 어휘, 문법 문제에 대한 의도와 특징을 설명하고, 주의하며 지도해야 하는 정보를 제공함.

지도서 사용 예시

1과 제목이 뭐예요?
함께 읽어 볼까요?
'와니의 생일 파티에 가기로 했어'

---

① 여러분, 그림을 보세요.
와니가 정호에게 무엇을 주고 있어요? 맞아요. 여러분, 무슨 일이 있을 때 친구에게 초대장을 줘요?

② 대화를 한번 읽어 볼까요?
정호와 와니가 무슨 이야기를 하고 있어요?
언제 와니 집에 가요? 왜 가요?

③ 함께 이야기해 볼까요? 여러분, 이번 주에 친구하고 약속이 있어요? 무슨 약속이에요?

④ 여러분, 1과에서는 친구하고 약속을 해요. 어떻게 말해요?
다른 친구가 잘하는 것이 있어요. 친구에게 어떻게 말해요? 이것을 공부할 거예요.

① 어휘를 함께 공부해 볼까요?

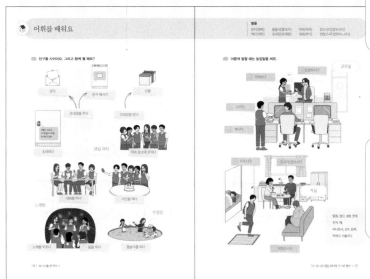

② 18쪽에 있는 그림을 보세요. 친구를 사귀어요. 함께 무엇을 해요?
여러분은 생일에 친구들과 무엇을 해요?

③ 19쪽에 있는 그림을 보세요. 친구에게 말해요. 선생님에게 말해요.
어떻게 달라요?
여러분은 어른께 높임말을 쓰고 있어요?

---

① 휴대 전화로 전화를 해요. (문자 메시지를 쓰는 행동을 하며)
또 친구와 휴대 전화로 무엇을 할 수 있어요?
친구에게 '문자 메시지'를 보내요. '문자 메시지'는 휴대 전화로 글을 보내는 것이에요.

② 옆 반 선생님이 여러분에게 '담임 선생님은 어디에 있어요?' 물어봤어요. 여러분은 어떻게 대답해요?
'선생님은 교실에 있어요.' 대답해요. 맞아요. 그런데 선생님은 여러분보다 나이가 많아요. 높임말을 써야 해요. '있어요'의 높임말은 '계세요'예요. 그래서 '선생님은 교실에 계세요.' 말해야 해요.

③ 오늘 어휘에서 무엇을 배웠어요?
친구를 집에 초대해요? 언제 초대해요? 그때 같이 뭘 해요?
할머니가 아파요. 높임말로 어떻게 말해요?

① 대화문을 한번 읽어 볼까요? (대화를 읽은 후) 오늘 무슨 날이에요? 안나는 왜 집에 안 가요? 무슨 약속이 있어요?

 ② 어떤 행동을 할 것을 결심해요. 그리고 약속을 해요. 이때 '-기로 하다'를 말해요. '-기로 하다'는 동사에만 사용해요. 받침이 있어요. 없어요. 모두 '-기로 하다'를 사용해요.

	받침 O	받침 X, 'ㄹ' 받침
동사	-기로 하다	

 ③ 여러분, '-기로 하다'를 사용하여 〈보기〉와 같이 연습 문제를 풀어 볼까요? 먼저 〈보기〉를 함께 읽어 봅시다. (잠시 후) 1번을 함께 말해 볼까요?
가: 영수야, 주말에 친구들하고 어디에 가기로 했어?
나: 노래방에 가기로 했어.
2번은 어떻게 말할까요?
가: 영수야, 주말에 친구들하고 언제 모이기로 했어?
나: 2시에 모이기로 했어.

 ④ 여러분은 방학에 누구하고 뭘 할 거예요? '-기로 하다'를 사용하여 말해 보세요.

---

 ① 여러분, 공공장소가 무슨 뜻일까요? 공공장소는 공원, 우체국처럼 많은 사람이 함께 이용하는 곳이에요. 또 어떤 공공장소가 있을까요?

 ③ (25쪽 그림을 보면서 설명한다)
공공장소에서 무엇을 해도 돼요?

 ② (24쪽 그림을 보면서 설명한다)
여러분, 공공장소에서 무엇을 하면 안 돼요?

 ④ 한국의 공공장소 예절과 다른 나라의 예절이 달라요? 다른 나라에는 어떤 공공 예절이 있어요? 한국과 다른 공공 예절을 말해 보세요.

① 지난 시간에 무엇을 공부 했어요? 친구들과 약속이 있어요? 뭘 하기로 했어요? 친구들은 누구처럼 무엇을 잘 해요?

② 여러분은 다른 사람과 사이가 어때요? 좋아요? 안 좋아요?

③ (첫 번째 그림을 보면서) 여기가 어디예요? 두 사람이 무엇을 해요?
(두 번째 그림을 보면서) 친구의 바지가 어때요? 어떻게 칭찬해요?
(세 번째 그림을 보면서) 두 사람이 무엇을 사요? 문제집은 어디에서 사요?
(네 번째 그림을 보면서) 두 사람이 무엇을 하고 있어요? 친구와 어떤 약속을 해요?

④ 사람들은 언제 초대장을 보내요?
친구에게 어떤 문자 메시지를 보내요?

---

① 오늘이 생일이에요. 선물로 무엇을 받고 싶어요? 그리고 생일 파티에서 친구와 무엇을 할 거예요?

⑤ 다시 한번 책을 보면서 읽어 볼까요? (읽은 후에) 음식을 누가 준비했어요? 밥을 다 먹으면 무엇을 할 거예요? (대화가 끝나고 29쪽 위에 있는 새 표현을 설명한다. 새 표현: 숟가락과 젓가락 사진을 보여 주며) 이것을 언제 써요? 이걸 언제 써요? '이것을', '이걸'은 같아요.

⑥ 한 명은 정호, 한 명은 와니가 되어서 다시 읽어 볼까요?

② (첫 번째 QR 코드를 가리키며) 정호와 와니가 이야기를 하고 있어요. 무슨 이야기를 해요? 함께 확인해 봐요.
(QR 코드를 본 후) 정호는 어디에 갔어요? 정호는 와니에게 무엇을 선물했어요?

③ (두 번째 QR 코드를 가리키며) 와니가 생일 파티를 해요. 두 사람이 무엇을 해요? 함께 확인해 봐요.
(두 번째 QR 코드를 본 후) 어디에서 생일 파티를 해요? 집에서 무엇을 해요?

④ 와니 어머니가 음식을 만들었어요. '와니 어머니가' 맞아요? 아니에요. 와니 어머니는 여러분보다 나이가 많아요. '가, 이'의 높임말 '께서'를 써야 해요. 그래서 '와니 어머니께서 음식을 만들었어요.' 말해야 해요.

① 여러분 문제를 풀어 볼까요? 내용이 같으면 O, 다르면 X 하세요.
1번을 함께 봐요. 와니가 음식을 준비했어요? 내용과 같아요? 달라요?

② (첫 번째 QR 코드를 가리키며) 와니와 정호는 생일 파티가 끝나고 무엇을 해요? 함께 확인해 봐요.
(첫 번째 QR 코드를 본 후) 와니는 정호에게 왜 '고마워.' 말했어요?

③ 안나가 와니를 칭찬하고 있어요. 어떤 칭찬을 하고 있어요? 대화를 읽어 볼까요? (대화를 읽은 후) 누가 와니에게 바지를 사 줬어요? 와니의 바지가 어때요?
다시 읽어 볼까요? 누가 '와니'를 읽고 싶어요? 누가 '안나'를 읽을 거예요?

④ 여러분, 마지막으로 전체 대화를 한번 들어 볼까요?

---

① 여러분, 보통 사람들은 언제 초대장을 줘요? 초대장에는 어떤 내용을 써요? 모바일 초대장이 뭐예요?

③ 읽기에 있는 새 표현을 알아볼까요? (달력의 오늘에 해당하는 날짜를 손가락으로 가리키며) 오늘이에요. 이번 주는 이날부터 이날까지예요.

④ 다시 읽어 보세요.
(읽은 후) 와니의 생일은 언제예요? 와니의 생일 파티는 어디에서 하기로 했어요? 생일 파티에서 무엇을 할 거예요?

② 여러분, 여기를 보세요. 이게 뭐예요? 어떤 내용이 있어요?

⑤ 여러분, 문제를 풀어 볼까요? 읽은 내용과 같으면 O, 다르면 X 하세요.
1번 같이 볼까요? 9월 20일은 와니의 생일이에요. 내용과 같아요? 달라요?
2번 와니는 왜 초대장을 보냈어요? 네, 생일 파티에 초대하고 싶어서 초대장을 보냈어요.

⑥ (읽기 수업을 정리하면서) 여러분은 언제 초대장을 받았어요? 초대장에 무슨 내용이 있었어요?

① 여러분, 친구 생일 파티에 갔어요. 생일 파티에서 무엇을 했어요? ('무엇을 했어요?'라고 쓰인 칸을 가리키며) 여기에 써 보세요. 생일 파티는 어땠어요? ('어땠어요?'라고 쓰인 칸을 가리키며) 여기에 쓰세요.

② 생일 파티에 가면 무엇이 재미있어요? 기분이 어때요?
여러분이 위에서 '친구의 생일 파티에서 무엇을 했어요?'를 썼어요. 이것을 사용해 문자 메시지를 쓸 거예요. 와니의 생일 파티에 갔어요. 무엇을 했어요? 기분이 어때요? 와니에게 문자 메시지를 써 보세요.

③ (쓰기 수업을 정리하면서) 여러분이 쓴 것을 말해 볼까요?

익힘책: 자가 확인 및 종합 연습 활용

자가 확인

이 문제는 학생들의 실력을 확인하기 위해 제작되었습니다. 각 문제는 전 권의 각 단원과 연계되어 있으므로 결과를 통해 학생의 이해도를 확인할 수 있습니다. 틀린 문제를 통해 전권에서 이해가 부족한 단원만을 선별적으로 가려내어 복습을 진행할 수 있습니다.

이 문제는 단순히 전 권의 내용을 확인하는 성취도 문제가 아니며, 해당 등급을 공부한 학생이라면 풀 수 있는 문제들로 구성하였습니다. 본 문제를 통해 학생들의 한국어 숙달도를 판단할 수 있으며, 평가 결과를 통해 학생의 부족한 어휘와 문법 표현을 파악할 수 있습니다.

문항 번호	구성 과	문항 번호	구성 과
1	1권 예비 1과 19쪽	13	1권 예비 2과 37쪽
2	1권 예비 1과 23쪽	14	1권 예비 2과 38쪽
3	1권 예비 1과 18~22쪽	15	1권 예비 2과 38~39쪽
4	1권 예비 1과 23~24쪽	16	1권 예비 2과 38~39쪽
5	1권 예비 1과 26쪽	17	1권 예비 2과 40쪽
6	1권 예비 1과 27쪽	18	1권 예비 2과 41쪽
7	1권 예비 1과 26쪽	19	1권 예비 2과 41쪽
8	1권 예비 1과 27쪽	20	1권 예비 2과 44~45쪽
9	1권 예비 1과 30쪽	21	1권 예비 2과 46쪽
10	1권 예비 1과 30쪽	22	1권 예비 2과 47쪽
11	1권 예비 1과 28~29쪽	23	1권 예비 2과 47쪽
12	1권 예비 1과 31쪽	24	1권 예비 2과 47쪽

종합 연습

이 문제는 학생들이 이번 권의 내용을 잘 이해했는지 확인하기 위해 제작되었습니다. 결과를 통해 이번 권에 대한 학생들의 성취도를 평가할 수 있습니다.

- **80점 이상:** 성취도가 높습니다. 다음 권으로 넘어갈 수 있는 수준입니다.
- **60점 이상 80점 미만:** 틀린 문제를 중심으로 복습을 할 필요가 있습니다. 아직은 헷갈리는 부분이 많은 상태입니다.
- **60점 미만:** 이번 권의 내용을 충분히 숙지하지 못했습니다. 이 상태로 다음 단계에 가면 많은 어려움을 겪을 수 있습니다.

내용 구성표

차례

의사소통 한국어 교사용 지도서

한글: 모음과 자음 1

● 단원 목표

한글 모음과 자음의 소리를 발음하고, 읽고 쓸 수 있다.

● 단원 내용

꼭 배워요 (필수)	• 주제: 한글
	• 기능: 모음과 자음 익히기, 자음과 모음의 결합 익히기
	• 어휘: 모음 기초 어휘, 자음 기초 어휘 　　자모음 결합 어휘(1)
	• 문법: 모음(1) ㅏ ㅓ ㅗ ㅜ ㅡ ㅣ ㅐ ㅔ 　　자음(1) ㄱ ㄴ ㄷ ㄹ ㅁ ㅂ ㅅ ㅇ ㅈ ㅎ 　　모음(2) ㅑ ㅕ ㅛ ㅠ ㅒ ㅖ 　　자음(2) ㅋ ㅌ ㅍ ㅊ ㄲ ㄸ ㅃ ㅆ ㅉ
문화	• 쉬어 가기: 한국의 글자

예비 1
한글: 모음과 자음 1

꼭 배워요(필수)
글자와 발음 1

16 • 의사소통 한국어 1

● 수업 개요

〈꼭 배워요〉 학습 목표

• 한글 모음과 자음의 소리를 알고 발음할 수 있다.
• 한글 모음과 자음을 읽고 쓸 수 있다.

1차시	• 수업 시간에 사용하는 언어 표현을 익히고 한글의 특징에 대해 이해한다.
2차시	• 모음의 특징에 대해 이해하고 모음의 발음과 쓰는 순서를 익힌다. • 모음으로만 이루어진 단어를 읽고 쓸 수 있다.
3차시	• 모음으로만 이루어진 단어를 읽을 수 있다. • 모음으로만 이루어진 단어의 발음을 듣고 구분하여 쓸 수 있다.
4차시	• 자음의 특징에 대해 이해하고 자음 글자의 발음과 쓰는 순서를 익힌다. • 자음 글자와 모음 글자를 합하여 쓰고, 읽을 수 있다.
5차시	• 자음과 모음이 결합된 음절로 이루어진 단어를 읽을 수 있다. • 자음과 모음이 결합된 음절로 이루어진 단어의 발음을 듣고 구분할 수 있다.

6차시	• 자음과 모음을 결합하여 음절을 만들어 쓸 수 있다. • 단어를 듣고 찾아 쓸 수 있다.
7차시	• 이중 모음의 특징에 대해 이해하고 자음 글자의 발음과 쓰는 순서를 익힌다. • 이중 모음을 읽고 쓸 수 있다.
8차시	• 이중 모음이 포함된 단어를 읽을 수 있다. • 이중 모음을 듣고 구분할 수 있다.
9차시	• 거센소리가 나는 자음을 읽고 쓸 수 있다. • 된소리가 나는 자음을 읽고 쓸 수 있다.
10차시	• 거센소리와 된소리를 듣고 구분할 수 있다. • 거센소리 글자와 된소리 글자를 읽고 쓸 수 있다.

• 1차시 | 단원 복습 및 도입

[학습 목표]
• 수업 시간에 사용하는 언어 표현을 익히고 한글의 특징에 대해 이해한다.

도입 학습

교수-학습 지침
교사는 우리말과 글을 전혀 모르는 학생들과 수업을 해야 하므로 학생들이 이해할 수 있는 언어의 표현을 준비하여 수업을 진행하는 것이 도움이 된다. 교실에서 자주 쓰는 용어들은 교사가 학생들을 지도할 때에 필요한 표현이므로 어휘와 문법의 난이도를 떠나 하나의 용어로 익히도록 지도한다. 이때 각 용어들을 하나씩 충분히 익힌 후에 다음 용어를 익히도록 지도한다.

1) 교사는 수업 중 자주 쓰는 표현들을 학생들이 익힐 수 있도록 한다.
   📖 "(책을 들어 가리키며) 책. (교사 자신의 두 눈을 가리키고 다시 책을 가리키며) 보세요. (한 학생을 가리켜 책을 보도록 하며) 책을 보세요."
   📖 "(몸짓으로 듣는 동작을 하며) 들으세요."
   📖 "(책을 들고 읽는 동작을 보여 주며) 읽으세요."
   📖 "(연필을 들고 공책에 쓰는 동작을 하며) 쓰세요."
   📖 "안녕하세요. (학생들의 얼굴을 보며) 따라해 보세요."

2) 한글은 자음 글자와 모음 글자를 결합하여 쓰는 글자임을 판서를 통해 간단히 보여 준다. 칠판에 다음과 같이 자음을 먼저 쓰고 옆에 모음을 써서 간단하게 자음의 결합 글자를 보여 주고 손가락으로 자기 자신을 가리키며 '나'라고 말한다.

ㄴ + ㅏ = 나

3) 교사는 자음+모음+자음의 결합 글자를 보여 주기 위해 아래의 글자를 천천히 쓴 후에 자신의 손을 가리키며 '손'이라고 한 번 더 말한다.

ㅅ + ㅗ + ㄴ = 손

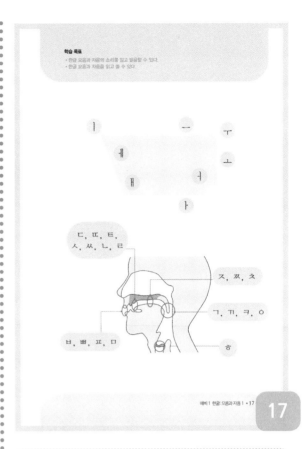

학습 목표
• 한글 모음과 자음의 소리를 읽고 발음할 수 있다.
• 한글 모음과 자음을 읽고 쓸 수 있다.

ㅣ   ㅡ   ㅜ
ㅔ   ㅗ
ㅐ   ㅓ
      ㅏ
ㄷ, ㄸ, ㅌ,
ㅅ, ㅆ, ㄴ, ㄹ
              ㅈ, ㅉ, ㅊ
              ㄱ, ㄲ, ㅋ, ㅇ
ㅂ, ㅃ, ㅍ, ㅁ   ㅎ

예비 1 한글: 모음과 자음 1 · 17

17

교수-학습 지침
학생들이 한국어를 어느 정도 습득할 때까지 '교사의 시범 보이기+학생의 모방하기(따라 하기)' 위주로 수업을 진행한다. 교사의 시범은 학생이 눈으로, 귀로, 몸으로 확인할 수 있도록 칠판에 쓰거나, 들려주거나, 행동으로 보여 주도록 하고 학생은 이를 따라 하도록 하면서 배울 수 있도록 지도한다.

모음 1

다음을 들어 보세요.

ㅏ ㅓ ㅗ ㅜ ㅡ ㅣ ㅐ ㅔ

다음을 보고 써 보세요.

ㅏ	ㅏ	ㅏ
ㅓ	ㅓ	ㅓ
ㅗ	ㅗ	ㅗ
ㅜ	ㅜ	ㅜ
ㅡ	ㅡ	ㅡ
ㅣ	ㅣ	ㅣ
ㅐ	ㅐ	ㅐ
ㅔ	ㅔ	ㅔ

18

• 2차시

[학습 목표]

- 모음의 특징에 대해 이해하고 모음의 발음과 쓰는 순서를 익힌다.
- 모음으로만 이루어진 단어를 읽고 쓸 수 있다.

모음 1

교수-학습 지침
'ㅏ'와 'ㅓ', 'ㅓ'와 'ㅗ', 'ㅗ'와 'ㅜ', 'ㅡ'와 'ㅜ'의 구분을 어려워할 수 있으므로 이들 발음을 확실히 변별하여 발음하도록 지도한다.

1. 본 활동은 모음을 듣고 따라 하는 활동이다.

1) 먼저 QR 코드(01)를 통해 두 번 정도 들은 후, 교사가 모음을 하나씩 천천히 읽으면 학생들은 교사의 발음을 따라 읽으며 각 모음의 발음을 명확하게 익힌다.

2) 교사는 아래의 모음들을 학생들이 소리 내어 읽게 한다.

ㅏ ㅓ ㅗ ㅜ ㅡ ㅣ ㅐ ㅔ

3) 다시 한번 QR 코드(01)를 통해 듣고 큰 소리로 읽는다.

4) 교사는 학생들이 모음을 개별적으로 발음해 보도록 하고, 학생들이 모음을 제대로 발음하는지 확인한다.

2. 본 활동은 모음을 읽고 쓰는 활동이다.

1) 각 모음의 쓰는 순서(위에서 아래로, 왼쪽에서 오른쪽으로)를 칠판에 쓰며 설명한다.

2) 표 안에 있는 각 모음을 큰 소리로 읽으며 희미하게 쓰인 모음 글자 위에 겹쳐 쓰게 한다.

3) 각 모음을 큰 소리로 읽으며 빈칸에 네 번씩 쓰게 한다.

4) 위의 글자들을 큰 소리로 한 명씩 돌아가면서 읽게 한다. 이때 교사는 학생들의 발음을 교정해 준다.

교수-학습 지침
'ㅐ'와 'ㅔ'는 단모음이며 각각 전설모음, 평순모음이다. 'ㅔ'는 중모음이고 'ㅐ'는 저모음으로 혀의 높낮이에 따라 발음이 달라진다. 따라서 [ㅐ]는 [ㅔ]보다 입을 옆으로 더 긴장감 있게 벌려 발음하게 된다. 그러나 한국어 모어 화자들도 'ㅐ'와 'ㅔ'의 발음을 잘 구별하지 못하는 경우가 흔하므로 학생들에게도 이들의 차이에 대해 지나치게 강조하지 않아도 된다.

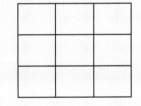

연습해 봐요 1

3. 본 활동은 모음으로만 구성된 음절을 익히는 활동이다.

1) 먼저 QR 코드(02)를 통해 두 번 정도 들은 후, 교사가 모음을 하나씩 천천히 읽으면서 학생들에게 교사의 발음을 따라 읽게 한다.

2) 모음만으로 음절을 구성할 경우에는 왼쪽 또는 위쪽에 자음 글자 'ㅇ'를 붙여 씀을 설명하며 한 글자씩 읽고 학생들에게 큰 소리로 따라 하게 한다. 이때 교사는 칠판에 'ㅏ'를 쓰고 [아]라고 읽으면서 학생들에게 따라 하게 한다. 그런 다음 그 아래에 '아'라고 쓰고 [아]라고 읽고 따라 하게 한다. 이와 같은 방식으로 아래의 글자들의 발음도 알게 한다.

아 어 오 우 으 이 애 에

3) 'ㅇ'과 모음이 결합된 글자를 판서하며 한 글자씩 쓰고 학생들에게 따라 읽게 한다.

4. 본 활동은 모음을 읽고 쓰는 활동이다.

1) 교사는 한 글자씩 천천히 칠판에 쓰고 학생들은 교사의 동작을 따라 하며 쓰는 방법을 익힌다.

2) 표 안에 있는 글자를 큰 소리로 읽으며 희미하게 쓰인 글자 위에 겹쳐 쓰게 한다.

---

3) 각 모음을 큰 소리로 읽으며 빈칸에 쓰게 한다.

4) 위의 글자들을 큰 소리로 한 명씩 돌아가면서 읽게 한다. 이때 교사는 학생들의 발음을 교정해 준다.

교수-학습 지침

▶ 듣고 받아쓰기 게임

① 4~5명이 한 조를 이루어 한 줄로 서게 한다.

② 교사는 입을 가리고 위에서 배운 모음을 한 음절씩 두 번 읽는다.

③ 학생들은 자신의 차례가 되면 교사의 발음을 듣고 앞에 나와 칠판에 쓴 다음 재빨리 자기 팀의 맨 뒤로 가서 선다.

④ 교사는 다음 학생들을 위해 ②와 같은 방법으로 다른 글자를 읽는다.

⑤ 위와 같은 순서대로 차례로 칠판에 쓴 글자를 팀별로 큰 소리로 하나씩 읽는다.

⑥ 어느 팀이 더 많이 맞혔는지 확인하고 승패를 정한다.

▶ 빙고 게임

① 8개 음절 '아, 어, 오, 우, 으, 이, 애, 에'를 마음대로 빈칸에 쓰게 한다. 이때 남은 빈칸에는 8개의 모음 중에 원하는 모음을 하나 더 쓰게 한다.

② 교사가 발음하는 부분을 듣고 맞는 것에 동그라미 표시를 한다.

③ 표시한 동그라미들이 일직선으로 두 개가 나오면 손을 들게 한다.

④ 학생들이 교사의 설명을 이해하기 어려울 수 있으므로 교사는 돌아다니며 수시로 학생들의 활동을 확인하고 누가 먼저 빙고를 만들었는지 찾도록 한다.

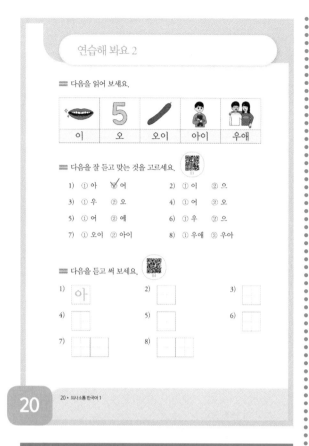

들에게 고르게 한다.

2) 다시 한번 듣고 자신의 답이 맞는지 확인하게 한다.

3) 다 함께 들으면서 정답을 확인한다.

> **정답**
> 1) 어 2) 으 3) 오 4) 어 5) 에 6) 우 7) 오이 8) 우애

3. 본 활동은 모음을 듣고 쓰는 활동이다.

1) QR 코드(04)를 통해 듣고, 들은 것을 학생들에게 쓰게 한다.

2) 다시 한번 듣고 자신의 답이 맞는지 확인하게 한다.

3) 다 함께 다시 들으면서 정답을 확인한다. 이때 교사는 정답을 칠판에 쓰고 학생들과 함께 읽는다.

> **정답**
> 1) 아 2) 우 3) 오 4) 이 5) 어 6) 으 7) 오이 8) 아이

● 3차시

[학습 목표]

- 모음으로만 이루어진 단어를 읽을 수 있다.
- 모음으로만 이루어진 단어의 발음을 듣고 구분하여 쓸 수 있다.

연습해 봐요 2

1. 본 활동은 모음으로만 이루어진 단어를 읽는 활동이다.

1) 그림을 보고 교사는 큰 소리로 천천히 그림의 단어를 하나씩 읽는다.

2) 한 단어씩 교사가 천천히 읽으면 학생들도 큰 소리로 교사의 발음을 따라 하게 한다. 두세 번 정도 발음을 반복하면서 연습한다.

3) 한 단어씩 천천히 읽으면서 학생들도 큰 소리로 교사의 발음을 따라 하게 한다. 이를 두세 번 정도 반복하면서 단어의 발음을 연습한다.

4) 20쪽 단어의 그림을 확대 복사하여 카드를 만들어 준비한다. 준비한 단어 카드를 무작위로 하나씩 들어 학생들에게 단어를 읽게 한다.

2. 본 활동은 모음의 발음을 듣고 해당 모음을 고르는 활동이다.

1) QR 코드(03)를 통해 듣고, 들은 것과 같은 것을 학생

로 읽는다.

3) 위와 같은 방법으로 한 글자씩 큰 소리로 읽으면서 빈 칸에 맞게 쓰게 한다.

4) 위의 글자들을 큰 소리로 한 명씩 돌아가면서 읽게 한다. 이때 교사는 학생들의 발음을 교정해 준다.

> **교수-학습 지침**
>
> 자음 글자는 발음 기관을 본떠 만들었다는 것을 알려 준다. 그림 자료를 가지고 각각의 자음이 어느 위치에서 발음되며, 혀의 모양이 어떠한지를 알 수 있도록 지도한다.
>
>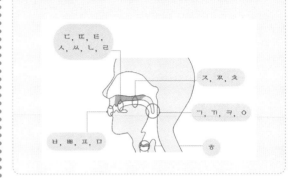

• 4차시

[학습 목표]

- 자음의 특징에 대해 이해하고 자음 글자의 발음과 쓰는 순서를 익힌다.
- 자음 글자와 모음 글자를 합하여 쓰고 읽을 수 있다.

자음 1

1. 본 활동은 자음을 익히는 활동이다.

1) 먼저 QR 코드(05)를 통해 두 번 정도 들어 본다.

2) 교사는 다음의 자음들을 하나씩 천천히 읽으면서 학생들에게 따라 읽게 한다. 단, 이때 자음의 이름(기역, 니은 등)은 알려 주지 말고 자음의 음가([그], [느] 등)를 알려 준다.

ㄱ ㄴ ㄷ ㄹ ㅁ ㅂ ㅅ ㅇ ㅈ ㅎ

3) 위의 과정을 두세 번 정도 반복한다.

2. 본 활동은 자음을 읽고 쓰는 활동이다.

1) 교사는 한 글자씩 천천히 칠판에 쓰고 학생들은 교사의 동작을 따라 하며 쓰는 방법을 익힌다.

2) 희미하게 쓰인 글자들 위에 하나씩 겹쳐 쓰면서 큰 소리

으로 한 번 읽는 방법으로 자모음 결합 음절을 읽으면서 익히도록 한다.

연습해 봐요 1

■ 다음을 듣고 따라 해 보세요.

가 나 다 라 마 바 사 아 자 하

ㄱ + ㅏ = 가	ㄱ + ㅐ = 개	ㄱ + ㅗ = 고
ㄴ + ㅓ = 너	ㄴ + ㅔ = 네	ㄴ + ㅜ = 누
ㄷ + ㅣ = 디		ㄷ + ㅡ = 드

■ 다음을 읽고 써 보세요.

모음 자음	ㅏ	ㅓ	ㅗ	ㅜ	ㅡ	ㅣ	ㅐ	ㅔ
ㄱ	가							
ㄴ		너						
ㄷ			도					
ㄹ				루				
ㅁ					므			
ㅂ						비		
ㅅ							새	
ㅇ								에
ㅈ	자							
ㅎ	허							

22 22 • 의사소통 한국어 1

교수-학습 지침

▶받아쓰기

① 교사는 입을 가리고 한 음절씩 천천히 발음하고 메모지에 발음한 글자를 메모한다.

② 학생들은 교사의 발음을 듣고 공책에 쓴다.

③ 교사는 다시 한번 위에서 발음한 글자들을 천천히 한꺼번에 모두 발음하고 학생들에게 각자 확인하게 한다.

④ 공책에 쓴 글자들을 하나씩 다 함께 읽게 하고 교사는 들은 내용(정답)을 칠판에 쓴다.

⑤ 칠판에 쓴 정답과 공책에 각자 받아쓴 것을 확인하도록 한다.

연습해 봐요 1

3. 본 활동은 자음과 모음으로 이루어진 음절을 익히는 활동이다.

1) 먼저 QR 코드(06)를 통해 두 번 정도 들은 후, 교사가 모음을 하나씩 천천히 읽으면서 학생들에게 교사의 발음을 따라 읽게 한다.

2) 자음과 모음으로 음절을 구성할 경우에는 왼쪽 또는 위쪽에 자음을 쓰고 자음의 오른쪽이나 아래쪽에 모음을 붙여 씀을 설명하며 한 글자씩 읽고 학생들에게 큰 소리로 따라 읽게 한다.

가 나 다 라 마 바 사 아 자 하

3) 자음과 모음이 결합된 글자를 한 글자씩 쓰고 학생들에게 따라 읽게 한다.

4. 본 활동은 자음과 모음을 결합하여 '자음+모음' 형태의 음절을 쓰는 활동이다.

1) 모음을 큰 소리로 함께 읽는다.

2) 자음을 큰 소리로 함께 읽는다.

3) 표에 나와 있는 희미한 글자들을 함께 읽는다.

4) 자음과 모음이 결합된 글자를 읽으면서 빈칸에 쓴다.

5) 표에 쓴 것을 다 함께 큰 소리로 읽는다. 이때에는 종(위에서 아래)으로 한 번 읽고, 다시 횡(왼쪽에서 오른쪽)

23

● 5차시

[학습 목표]

- 자음과 모음이 결합된 음절로 이루어진 단어를 읽을 수 있다.
- 자음과 모음이 결합된 음절로 이루어진 단어의 발음을 듣고 구분할 수 있다.

연습해 봐요 2

1. 본 활동은 자음과 모음이 결합된 음절로 이루어진 단어를 읽는 활동이다.

1) 교사가 한 단어씩 읽고 학생들은 교사의 발음을 듣고 단어를 보며 따라 읽는다.

2) 교사는 표 안의 단어들에 해당하는 그림이나 사진을 가지고 단어의 의미를 설명한다.

3) 두 명씩 짝을 지어 읽기 연습을 한다. 이때 교사는 개별적으로 발음을 지도한다.

4) 단어를 읽으면서 암기한다.

2. 본 활동은 여러 가지 단어를 듣고 고르는 활동이다.

1) QR 코드(07)를 통해 듣고, 들은 것과 같은 것을 학생들에게 고르게 한다.

2) 다시 한번 듣고 자신의 답이 맞는지 확인하게 한다.

3) 다 함께 들으면서 정답을 확인한다.

정답

1) 가구 2) 나무 3) 다리 4) 노래 5) 머리 6) 바지 7) 시조 8) 호미

3. 본 활동은 단어를 듣고 쓰는 활동이다.

1) QR 코드(08)를 통해 듣고, 들은 것을 학생들에게 쓰게 한다.

2) 다시 한번 듣고 자신의 답이 맞는지 확인하게 한다.

3) 다 함께 다시 들으면서 정답을 확인한다. 이때 교사는 정답을 칠판에 쓰고 학생들과 함께 읽는다.

정답

1) 고기 2) 나라 3) 마루 4) 소리 5) 지도 6) 호두 7) 라디오
8) 다리미

로 교사는 돌아다니며 수시로 학생들의 활동을 확인
하고 누가 먼저 빙고를 만들었는지 찾도록 한다.

7) 오른쪽 표도 위와 같은 방법과 순서로 빙고 게임을
진행한다. 이때에는 학생들에게 한 명씩 돌아가면서
직접 자신이 쓴 음절을 하나씩 읽어 보게 한다.

> **2. 본 활동은 단어를 듣고 해당하는 모든 음절을 찾아 써 보는
> 활동이다.**

1) 먼저 QR 코드(09)를 통해 1번 단어를 예시로 들려주
어 들은 단어를 어떻게 찾아 써야 하는지 활동의 예를
보여 준다.

2) 교사는 나머지 단어들을 들려주고 학생들에게 해당
하는 단어를 찾아 표시하게 한다. 이때 한 단어씩 들
려주도록 하며, 학생들이 단어를 찾아 표시하고 쓸 수
있는 시간을 충분히 주도록 한다.

3) 학생들에게 찾은 단어를 그림 아래의 빈칸에 쓰게 한다.

4) 다시 한번 모든 단어들을 천천히 들려주고 학생들이
맞게 썼는지 스스로 점검하게 한다.

5) 다 함께 다시 들으면서 정답을 확인한다. 이때 교사는
정답을 칠판에 쓰고, 학생들에게 소리 내어 읽게 한다.

> **정답**
> 1) 아기 2) 비누 3) 바지 4) 고기 5) 호두 6) 어머니

• 6차시

[학습 목표]

- 자음과 모음을 결합하여 음절을 만들어 쓸 수 있다.
- 단어를 듣고 찾아 쓸 수 있다.

연습해 봐요 3

> **1. 본 활동은 자음과 모음을 결합하여 음절을 만들어 보는 활동
> 이다.**

1) 교사는 왼쪽 표에 예시로 쓰인 '로, 누, 하, 디'가 결합
되는 과정을 판서하며 보여 준다.

2) 학생들에게 자음과 모음을 하나씩 골라서 한 음절로 결
합하게 한 뒤, 왼쪽 표의 빈칸에 쓰게 한다. 이때 교사는
돌아다니며 학생들이 맞게 골라 쓰고 있는지 확인한다.

3) 학생들이 모든 빈칸에 한 음절씩 쓰고 나면 빙고 게임
을 진행한다.

4) 교사는 무작위로 음절을 하나씩 말하고, 학생들에게
해당하는 음절이 있으면 동그라미 표시를 하거나 색
을 칠하게 한다.

5) 좌우, 상하, 대각선을 네 개의 단어가 일직선을 이루
게 한다. 가장 먼저 네 개의 일직선을 만들면 '빙고'를
외치고 손을 들게 한다.

6) 학생들이 교사의 설명을 이해하기 어려울 수 있으므

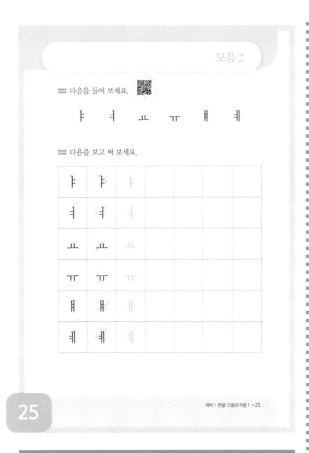

모음 2

≡ 다음을 들어 보세요.

ㅑ ㅕ ㅛ ㅠ ㅒ ㅖ

≡ 다음을 보고 써 보세요.

ㅑ	ㅑ	ㅑ		
ㅕ	ㅕ	ㅕ		
ㅛ	ㅛ	ㅛ		
ㅠ	ㅠ	ㅠ		
ㅒ	ㅒ	ㅒ		
ㅖ	ㅖ	ㅖ		

25

• 7차시

[학습 목표]

- 이중 모음의 특징에 대해 이해하고 자음 글자의 발음과 쓰는 순서를 익힌다.
- 이중 모음을 읽고 쓸 수 있다.

모음 2

1. 본 활동은 이중 모음을 듣고 따라 하는 활동이다.

1) 먼저 QR 코드(10)를 통해 두 번 정도 들은 후, 교사가 모음을 하나씩 천천히 읽으면 학생들은 교사의 발음을 듣고 따라 읽으며 각 모음의 발음을 명확하게 익힌다.

2) 교사는 아래의 모음들을 학생들에게 소리 내어 읽게 한다.

ㅑ ㅕ ㅛ ㅠ ㅒ ㅖ

3) 다시 한번 QR 코드(10)를 통해 듣고 함께 큰 소리로 읽는다.

4) 학생들이 모음을 개별적으로 발음해 보도록 하고, 학생들이 모음을 제대로 발음하는지 확인한다.

5) 'ㅒ'와 'ㅖ'의 발음의 차이에 주의하며 발음하도록 지도한다.

---

2. 본 활동은 이중 모음을 읽고 쓰는 활동이다.

1) 각 모음의 쓰는 순서(위에서 아래로, 왼쪽에서 오른쪽으로)를 칠판에 쓰며 설명한다.

2) 표 안에 있는 각 모음을 큰 소리로 읽으며 희미하게 쓰인 글자 위에 겹쳐 쓰게 한다.

3) 각 모음을 큰 소리로 읽으며 빈칸에 세 번씩 써 보게 한다.

4) 위의 글자들을 큰 소리로 한 명씩 돌아가면서 읽게 한다. 이때 교사는 학생들의 발음을 교정해 준다.

연습해 봐요 1

다음을 듣고 따라 해 보세요.

야   여   요   유   애   예

ㅇ + ㅑ = 야	ㅇ + ㅒ = 얘	ㅇ + ㅛ = 요
ㅇ + ㅕ = 여	ㅇ + ㅖ = 예	ㅇ + ㅠ = 유
ㄱ + ㅑ = 갸	ㄱ + ㅒ = 걔	ㄱ + ㅛ = 교
ㄹ + ㅕ = 려	ㄹ + ㅖ = 례	ㄹ + ㅠ = 류

다음을 읽고 써 보세요.

야	여	요	유	애	예
야	여	요	유	애	예

연습해 봐요 1

3. 본 활동은 이중 모음으로 이루어진 음절을 익히는 활동이다.

1) 먼저 QR 코드(11)를 통해 두 번 정도 들은 후, 교사가 모음을 하나씩 천천히 읽으면서 학생들에게 교사의 발음을 따라 읽게 한다.

2) '교사의 시범 보이기'와 '학생의 모방하기'를 반복함으로써, 학생들이 모음만으로 음절을 구성할 경우에는 왼쪽에 'ㅇ'를 붙여 쓰는 것을 알아 갈 수 있도록 유도한다. 그리고 교사는 칠판에 'ㅑ'를 크게 쓰고 [야]라고 읽고, 학생들에게 따라 하게 한다. 그런 다음 그 아래에 '야'를 쓰고 [야]라고 읽고 따라 하게 한다. 아래 글자들도 이와 같은 방식으로 진행한다.

야   여   요   유   애   예

3) 'ㅇ'과 모음이 결합된 글자를 한 글자씩 쓰고 학생들에게 따라 읽게 한다.

4. 본 활동은 이중 모음을 읽고 쓰는 활동이다.

1) 교사는 한 글자씩 칠판에 쓰고 학생들은 교사의 동작을 따라 하며 쓰는 방법을 익힌다.

2) 다음의 희미하게 쓰인 글자들 위에 하나씩 겹쳐 쓰면서 큰 소리로 읽는다.

야	여	요	유	애	예

3) 위와 같은 방법으로 한 글자씩 큰 소리로 읽으면서 빈 칸에 쓴다.

4) 위의 글자들을 한 명씩 돌아가면서 큰 소리로 읽게 한다. 이때 교사는 학생들의 발음을 교정해 준다.

교수-학습 지침

▶받아쓰기
① 교사는 입을 가리고 한 글자씩 천천히 발음하고 발음한 글자를 메모한다.
② 학생들은 교사의 발음을 듣고 공책에 쓴다.
③ 교사는 다시 한번 위에서 발음한 글자들을 천천히 한꺼번에 모두 발음하고 학생들에게 각자 확인하도록 한다.
④ 공책에 쓴 글자들을 학생들에게 읽게 하고 교사는 들은 내용(정답)을 칠판에 쓴다.
⑤ 칠판에 쓴 정답과 공책에 각자 받아쓴 것을 확인하도록 한다.

▶듣고 쓰기 게임
① 학생들을 두 팀으로 나누어 줄을 서게 한다.
② 교사는 입을 가리고 큰 소리로 이중 모음 중의 하나를 두 번 발음한다.
③ 학생들은 자신의 차례가 되면 교사의 발음을 듣고 앞에 나와 칠판에 쓴 다음 재빨리 자기 팀의 맨 뒤로 가서 선다.
④ 게임이 끝나면 어느 팀이 정확하게 많이 썼는지 확인한다.
⑤ 어느 팀이 더 많이 맞혔는지 확인하고 승패를 정한다.

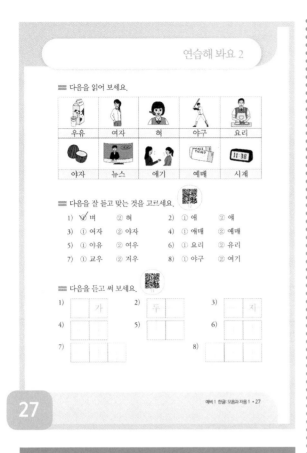

들에게 고르게 한다.

2) 다시 한번 듣고 자신의 답이 맞는지 확인하게 한다.

3) 다 함께 들으면서 정답을 확인한다.

정답

1) 벼 2) 애 3) 여자 4) 애매 5) 야유 6) 요리 7) 교우 8) 야구

3. 본 활동은 이중 모음이 포함된 단어를 듣고 쓰는 활동이다.

1) QR 코드(13)를 통해 듣고, 들은 것을 학생들에게 쓰게 한다.

2) 다시 한번 듣고 자신의 답이 맞는지 확인하게 한다.

3) 다 함께 다시 들으면서 정답을 확인한다. 이때 교사는 정답을 칠판에 쓰고 학생들과 함께 읽는다.

정답

1) 여가 2) 두유 3) 휴지 4) 교수 5) 시야 6) 효자 7) 이야기
8) 아니요

8차시

[학습 목표]

• 이중 모음이 포함된 단어를 읽을 수 있다.

• 이중 모음을 듣고 구분할 수 있다.

연습해 봐요 2

1. 본 활동은 이중 모음이 포함된 단어를 읽는 활동이다.

1) 그림을 보고 교사는 큰 소리로 천천히 그림의 단어를 읽는다.

2) 한 단어씩 교사가 천천히 읽으면 학생들도 큰 소리로 교사의 발음을 따라 읽는다. 두세 번 발음 연습을 반복한다.

3) 교사는 각 학생들에게 한 단어씩 큰 소리로 읽게 하고 학생들의 발음을 교정해 준다.

4) 27쪽 단어의 그림을 확대 복사하여 그림 카드를 만들어 준비한다. 교사는 준비한 그림 카드를 무작위로 하나씩 들어서 학생들에게 그림에 맞는 단어가 무엇인지 말하게 한다.

2. 본 활동은 이중 모음의 발음을 듣고 해당 모음을 고르는 활동이다.

1) QR 코드(12)를 통해 듣고, 들은 것과 같은 것을 학생

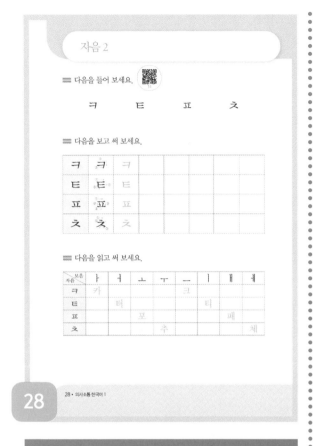

2. 본 활동은 자음과 모음을 결합하여 '자음+모음' 형태의 음절을 쓰는 활동이다.

1) 모음을 큰 소리로 함께 읽는다.

2) 자음을 큰 소리로 함께 읽는다.

3) 표에 나와 있는 희미한 글자들을 함께 읽는다.

4) 자음과 모음이 결합된 글자를 읽으면서 빈칸에 쓴다.

5) 표에 쓴 것을 다 함께 큰 소리로 읽는다. 이때에는 종(위에서 아래)으로 한 번 읽고, 다시 횡(왼쪽에서 오른쪽)으로 한 번 읽는 방법으로 자모음 결합 음절을 읽으면서 익히도록 한다.

• 9차시

[학습 목표]

- 거센소리가 나는 자음을 읽고 쓸 수 있다.
- 된소리가 나는 자음을 읽고 쓸 수 있다.

자음 2

1. 본 활동은 자음을 듣고 따라 하는 활동이다.

1) 먼저 QR 코드(14)를 통해 두 번 정도 들은 후, 교사가 자음을 하나씩 천천히 읽으면 학생들은 교사의 발음을 듣고 따라 읽으며 각 자음의 발음을 명확하게 익힌다.

2) 교사는 아래의 자음들을 학생들에게 소리 내어 읽게 한다.

ㅋ　　ㅌ　　ㅍ　　ㅊ

3) 학생들에게 자음을 개별적으로 발음해 보도록 하고, 학생들이 제대로 발음하는지 확인한다.

4. 본 활동은 자음과 모음을 결합하여 '자음+모음' 형태의 음절을 쓰는 활동이다.

1) 모음을 큰 소리로 함께 읽는다.

2) 자음을 큰 소리로 함께 읽는다.

3) 표에 나와 있는 희미한 글자들을 함께 읽는다.

4) 자음과 모음이 결합된 글자를 읽으면서 빈칸에 쓴다.

5) 표에 쓴 것을 다 함께 큰 소리로 읽는다. 이때에는 종(위에서 아래)으로 한 번 읽고, 다시 횡(왼쪽에서 오른쪽)으로 한 번 읽는 방법으로 자모음 결합 음절을 읽으면서 익히도록 한다.

교수-학습 지침
교사는 칠판에 예사소리, 거센소리, 된소리를 모두 쓴 다음 각 자음의 발음을 순서대로 발음해 보는 연습을 한 다음, 학생들에게 개별적으로 발음해 보게 하고 발음을 교정할 수 있도록 지도한다.

교사 지식
▶된소리(경음)
후두 근육을 긴장하거나 성문을 폐쇄하고 숨을 내쉬는 것이 거의 없이 내는 음으로 된소리, 또는 경음이라고도 한다. 'ㄲ', 'ㄸ', 'ㅃ', 'ㅆ', 'ㅉ' 등이 이에 속한다.
▶예사소리(평음)
입 안의 기압 및 발음 기관의 긴장도가 낮아 약하게 파열되는 음으로 된소리에 대하여 'ㄱ', 'ㄷ', 'ㅂ', 'ㅅ', 'ㅈ' 같은 것을 이른다.

3. 본 활동은 자음을 듣고 따라 하는 활동이다.

1) 먼저 QR 코드(15)를 통해 두 번 정도 듣는다.

2) 교사가 된소리 글자를 하나씩 천천히 읽으면 학생들은 교사의 발음을 따라 읽는다.

ㄲ   ㄸ   ㅃ   ㅆ   ㅉ

3) 다시 한번 큰 소리로 읽으며 된소리 글자의 발음을 명확하게 익히도록 한다.

교수-학습 지침
된소리 글자를 읽을 때는 된소리 글자의 이름을 알려 주지 말고 음가([ㄲ], [ㄸ] 등)를 알려 준다.

2) 다시 한번 들으면서 맞게 표시했는지 확인하게 한다.

3) 교사는 정답을 칠판에 하나씩 쓰면서 학생들과 함께 정답을 확인한다.

정답
1) 코트 2) 차다 3) 싸요 4) 뛰다

---

3. 본 활동은 거센소리와 된소리가 포함된 단어를 듣고 쓰는 활동이다.

1) QR 코드(17)를 통해 듣고, 들은 단어를 쓰게 한다.

2) 다시 한번 들으면서 맞게 썼는지 확인한다.

3) 교사는 정답을 칠판에 하나씩 쓰면서 학생들과 함께 정답을 확인한다.

정답
1) 피부 2) 타조 3) 표지 4) 치마 5) 아빠 6) 꼬리

• 10차시

[학습 목표]

• 거센소리와 된소리를 듣고 구분할 수 있다.

• 거센소리 글자와 된소리 글자를 읽고 쓸 수 있다.

연습해 봐요 1

1. 본 활동은 자음과 모음으로 이루어진 단어를 읽는 활동이다.

1) 그림을 보고 교사는 큰 소리로 천천히 그림의 단어를 하나씩 읽는다.

2) 한 단어씩 교사가 천천히 읽으면 학생들도 큰 소리로 교사의 발음을 따라 읽는다. 두세 번 발음 연습을 반복한다.

3) 교사는 각 학생들에게 한 단어씩 큰 소리로 읽게 하고 학생들의 발음을 교정해 준다.

4) 30쪽 단어의 그림을 확대 복사하여 카드를 만들어 준비한다. 준비한 그림 카드를 무작위로 하나씩 들어 학생들에게 그림에 맞는 단어가 무엇인지 말하게 한다.

2. 본 활동은 거센소리와 된소리의 발음을 듣고 해당 거센 소리와 된소리가 있는 음절이나 단어를 고르는 활동이다.

1) QR 코드(16)를 통해 듣고, 맞는 것을 고르게 한다.

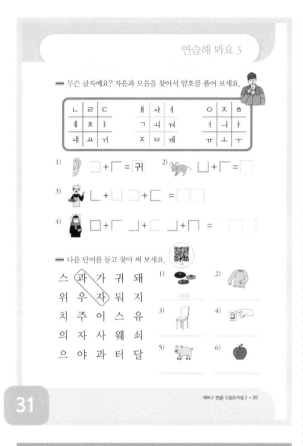

연습해 봐요 3

━ 무슨 글자예요? 자음과 모음을 찾아서 암호를 풀어 보세요.

ㄴ	ㄹ	ㄷ		ㅒ	ㅘ	ㅕ		ㅇ	ㅈ	ㅎ
ㅖ	ㅊ	ㅑ		ㄱ	ㅚ	ㅝ		ㅓ	ㅏ
ㅐ	ㅆ	ㅟ		ㅈ	ㅂ	ㅔ		ㅠ	ㅗ	ㅜ

1) ㄱ + ㅟ = 귀

2) ㄴ + ㅏ = ☐

3) ㄴ + ㅜ + ㄷ = ☐

4) ☐ + ㅏ ㅗ + ㄷ ㅗ + ㅁ = ☐

━ 다음 단어를 들고 찾아 써 보세요.

스	과	가	귀	돼
위	우	자	돼	지
치	주	이	스	유
의	자	사	웨	쇠
으	야	과	터	달

1) (과자)

2)

3)

4)

5)

6)

예비 2 한글: 모음과 자음 2 · 39

31

연습해 봐요 2

4. 본 활동은 거센소리와 된소리를 구분하여 들은 순서대로 단어를 연결하는 활동이다.

1) 교사는 본 활동을 하는 방법을 학생들에게 알려 준다. 먼저 칠판에 시작 지점을 점으로 표기한 다음 그 위쪽으로 '자다'와 '차다'를 나란히 쓴다. 그 다음 '차다'를 발음하고 시작 지점에서 '차다'로 선을 연결한다는 것을 학생들에게 알려 준다.

2) 교사는 QR 코드(18)를 통해 한 단어씩 들려준다. 학생들은 해당 단어를 잘 듣고 순서대로 선을 잇는다.

3) 확인하는 차원에서 교사가 제시된 단어를 다시 한번 천천히 순서대로 읽는다.

4) 들은 순서대로 단어를 연결하여 최종 목적지가 다음과 같은 집이 맞는지 확인한다.

정답
차다 → 뿌리 → 꼬리 → 까치 → 벼 → 피 → 파다 → 도끼 → 따다 → 크다

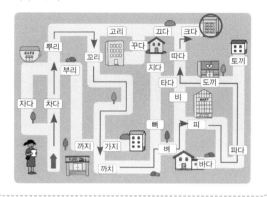

5. 본 활동은 단어를 듣고 해당하는 모든 음절을 찾아 써 보는 활동이다.

1) 먼저 QR 코드(19)를 통해 1번 단어를 예시로 들려주어 들은 단어를 어떻게 찾아 써야 하는지 활동의 예를 보여 준다.

2) 교사는 나머지 단어들을 들려주고 학생들에게 해당하는 단어를 찾아 표시하게 한다. 이때 한 단어씩 들려주도록 하며, 학생들이 단어를 찾아 표시하고 쓸 수 있는 시간을 충분히 주도록 한다.

3) 학생들에게 찾은 단어를 그림 아래의 빈칸에 쓰게 한다.

4) 다시 한번 모든 단어들을 천천히 들려주고 학생들이 맞게 썼는지 스스로 점검하게 한다.

5) 다 함께 다시 들으면서 정답을 확인한다. 이때 교사는 정답을 칠판에 쓰고, 학생들에게 소리 내어 읽게 한다.

정답
1) 카드 2) 스웨터 3) 피아노 4) 아빠 5) 까치 6) 토끼

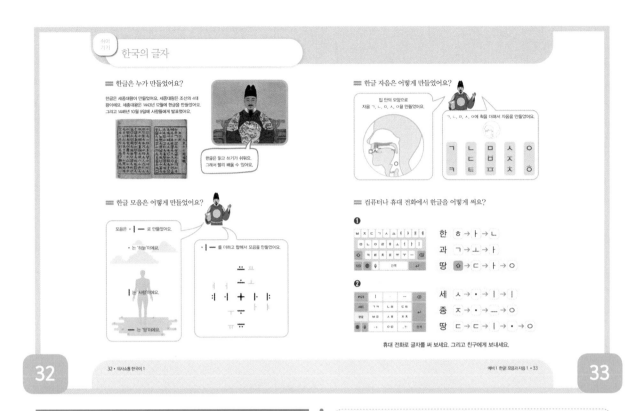

• 쉬어 가기: 한국의 글자

* 한글의 제자 원리를 이해할 수 있다.
* 휴대 전화로 한글의 제자 원리를 익힐 수 있다.

1. 한글을 창제한 인물과 창제 날짜에 대해 간단히 소개한다.

1) 교사는 세종대왕의 사진을 가리키며 세종대왕의 이름을 말해 준다.

2) 칠판에 '1446년 12월'을 쓰고 한글을 완성했다는 것을 알려주고 '1446년 10월 9일'을 판서하고 학생들에게 발표했음을 알려 준다.

2. 모음의 제자 원리를 알려 준다.

1) 하늘(•), 사람(ㅣ), 땅(ㅡ)을 상징하는 •, ㅣ, ㅡ를 가지고 기본 모음들이 만들어졌음을 알려 준다.

2) 칠판에 다음과 같이 판서하여 학생들이 직관적으로 알 수 있게 해 준다.

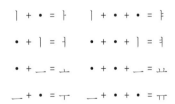

3. 자음의 제자 원리를 알려 준다.

1) 칠판에 입 모양을 그리거나 교재에 제시된 입 모양 그림을 확대 복사한 그림 카드를 칠판에 붙여 놓는다.

2) 'ㄱ'을 발음할 때의 혀 모양을 색깔 분필이나 사인펜으로 입 모양 그림 위에 그리고 빨간색 분필이나 사인펜으로 그 아래에 교재의 그림과 같이 'ㄱ'을 쓰고 발음 원리를 설명하며 따라 읽게 한다.

3) 'ㄴ'을 발음할 때의 혀 모양을 색깔 분필이나 사인펜으로 입 모양 그림 위에 그리고 빨간색 분필이나 사인펜으로 그 아래에 교재의 그림과 같이 'ㄴ'을 쓰고 발음 원리를 설명하며 따라 읽게 한다.

4) 입 모양을 본딴 자음 글자에 'ㅁ'을 그림 위 입술 부분에 'ㅁ' 모양을 씀으로써 입 모양을 본딴 글자임을 알게 한다.

5) 송곳니의 모양을 본딴 자음 글자인 'ㅅ'을 그림 위 송곳니 부분에 'ㅅ' 모양을 씀으로써 이의 모양을 본딴 글자임을 알게 한다.

6) 목구멍을 본딴 자음 글자인 'ㅇ'을 그림 위 목구멍 부분에 'ㅇ' 모양을 씀으로써 목구멍 모양을 본딴 글자임을 알게 한다.

7) 칠판 아래에 다음과 같이 판서하고 나머지 글자들은 'ㄱ', 'ㄴ', 'ㅁ', 'ㅅ', 'ㅈ'에 획을 더하거나 합해서 만든 글자임을 설명해 준다. 이때 더해진 획은 다른 색깔의 펜이나 분필로 표시해 준다.

ㄱ ㄴ ㅁ ㅅ ㅇ

ㄷ ㅂ ㅈ

ㅋ ㅌ ㅍ ㅊ ㅎ

4. 휴대 전화를 사용하여 한글을 어떻게 쓸 수 있는지를 설명하고 직접 자판으로 글자를 써 보는 활동을 해 본다.

1) 첫 번째 자판에서 각 글자를 쓰는 방법을 소개한다.

하 : ㅎ → ㅏ

늘 : ㄴ → ㅡ → ㄹ

땅 : ⇧ → ㄷ → ㅏ → ㅇ

2) 두 번째 자판으로 각 글자를 쓰는 방법을 소개한다.

세 : ㅅ → • → ㅣ → ㅣ

종 : ㅈ → • → ㅡ → ㅇ

땅 : ㄷ → ㄷ → ㅏ → ㅇ

5. 교사는 '사랑해' 등 제시어를 주고 학생들끼리 직접 휴대 전화로 문자를 써서 보내 보게 한다. 휴대 전화가 없으면 교과서에 제시된 휴대 전화의 자판을 가지고 조합되는 과정을 써 보게 한다.

1) 첫 번째 자판에서 다음과 같이 쓸 수 있다.

사 : ㅅ → ㅏ

랑 : ㄹ → ㅏ → ㅇ

해 : ㅎ → ㅐ

2) 두 번째 자판에서는 다음과 같이 쓸 수 있다.

사 : ㅅ → ㅣ → •

랑 : ㄹ → ㅣ → • → ㅇ

해 : ㅎ → ㅣ → • → ㅣ

● 메모

예비 2 한글: 모음과 자음 2

● 단원 목표

한글 모음과 자음의 소리를 발음할 수 있으며 받침이 있는 글자를 읽고 쓸 수 있다.

● 단원 내용

꼭 배워요 (필수)	• 주제: 한글
	• 기능: 모음과 자음 익히기, 받침이 있는 글자 읽고 쓰기
	• 어휘: 자모음 결합 어휘(2) 받침 기초 어휘
	• 문법: 모음(3) ㅘ ㅙ ㅚ ㅝ ㅞ ㅟ ㅢ 홑받침 발음 1(겹받침) 발음 2(연음)
문화	• 쉬어 가기: 수업 용어

예비 2

한글: 모음과 자음 2

꼭 배워요(필수)
글자와 발음 2

● 수업 개요

〈꼭 배워요〉 학습 목표

• 한글 모음과 자음의 소리를 알고 발음할 수 있다.
• 받침이 있는 글자를 읽고 쓸 수 있다.

1차시	• 지난 단원을 복습하고 한글 자모음의 결합 구조를 이해한다.
2차시	• 이중 모음의 결합 구조를 알고 읽고 쓸 수 있다. • 이중 모음을 듣고 발음할 수 있다.
3차시	• 자음과 이중 모음이 결합된 음절로 이루어진 단어를 읽고 쓸 수 있다. • 이중 모음이 포함된 단어를 듣고 구분할 수 있다.
4차시	• 모든 자음과 모음을 조합하여 음절을 만들어 쓸 수 있다. • 단어를 듣고 찾아 쓸 수 있다.
5차시	• 받침이 있는 글자의 결합 방법을 안다. • 받침이 있는 글자를 읽고 쓸 수 있다.

6차시	• 받침이 있는 음절의 결합 방법을 이해하고 받침이 있는 단어의 발음을 정확히 읽을 수 있다. • 일곱 개의 받침소리를 이해하고 받침이 있는 글자의 발음을 구분할 수 있다.
7차시	• 받침이 포함된 모든 자모음의 결합 구조를 이해할 수 있다. • 받침이 있는 단어를 듣고 쓸 수 있다.
8차시	• 겹받침 글자의 발음을 알고 읽을 수 있다.
9차시	• 연음 법칙을 이해하고 발음할 수 있다.
10차시	• 기초 단어를 읽고 쓸 수 있다.

● 1차시 | 단원 복습 및 도입

[학습 목표]
• 지난 단원을 복습하고 한글 자모음의 결합 구조를 이해한다.

복습

교사는 예비 1단원에서 배운 자모음과 단어들을 가지고 따라 하게 하거나 읽게 하면서 복습한다.

1) 교사는 단모음을 복습한다.
 🎓 "(숫자 '오' 그림을 보여 주며) 따라해 보세요. 오."
 🎓 "(아이 그림을 보여 주며) 따라해 보세요. 아이."
 🎓 "(오이 그림을 보여 주며) 따라해 보세요. 오이."

2) 교사는 지난 단원에서 학습한 이중 모음을 복습한다. 다음과 같은 방법으로 '야, 여, 요, 유, 애, 예'를 읽어 보게 한다.
 🎓 "('아'에 획을 더해 '야'로 쓰고) 읽으세요."
 🎓 "('어'에 획을 더해 '여'로 쓰고) 읽으세요."

3) 교사는 지난 단원에서 학습한 자음들을 복습한다. 다음과 같은 방법으로 모든 자음을 복습한다.
 🎓 "('가', '카', '까'를 판서하고) 읽으세요."

4) 교사는 지난 단원의 내용 중 단어 읽기 페이지를 보게 한 다음 학생들에게 각 단어를 읽어 보게 한다.
 🎓 "(쪽수를 칠판에 표기하고) 20쪽을 보세요. 단어를 읽으세요."
 🎓 "(쪽수를 칠판에 표기하고) 23쪽을 보세요. 단어를 읽으세요."
 🎓 "(쪽수를 칠판에 표기하고) 27쪽을 보세요. 단어를 읽으세요."
 🎓 "(쪽수를 칠판에 표기하고) 30쪽을 보세요. 단어를 읽으세요."

도입

교사는 예비 1단원에서 배운 자모음과 단어들을 가지고 따라 하게 하거나 읽게 하면서 복습한다.

1) 이중 모음의 결합 구조를 도입 그림을 활용하여 설명해 준다.

2) 교사는 칠판에 '과'가 어떤 형태로 결합하여 만들어진 글자인지 칠판에 쓰고 함께 읽어 보게 한다.

$$ㄱ \atop ㅗ + ㅏ = 과$$

3) 받침이 있는 글자는 자음, 모음, 자음이 결합하여 이루어진다는 것을 도입 그림을 함께 보며 설명한다.

4) 도입 그림의 '받침' 글자의 결합 형태를 칠판에 쓰고 함께 읽어 본다.

5) 도입 그림에서 자음+모음 아래로 색깔이 다르게 표기된 것이 '받침'이라고 하는 것임을 알려 준다.

$$ㅂ + ㅏ + ㄷ = 받$$
$$ㅊ + ㅣ + ㅁ = 침$$

• 2차시

[학습 목표]
- 이중 모음의 결합 구조를 알고 읽고 쓸 수 있다.
- 이중 모음을 듣고 발음할 수 있다.

모음 3

1. 본 활동은 이중 모음을 듣고 따라 하는 활동이다.

1) 먼저 QR 코드(20)를 통해 두 번 정도 들은 후, 교사가 모음을 하나씩 천천히 읽으면 학생들은 교사의 발음을 따라 읽으며 각 모음의 발음을 명확하게 익힌다.

교수-학습 지침
발음을 지도할 때 입 모양 그림이나 사진 등의 보조 자료를 사용하거나 거울을 사용하여 학생들이 교사의 입 모양과 같은 모양으로 따라 하고 있는지 확인하면서 연습하도록 지도한다.

2) 교사는 아래의 모음들을 학생들이 소리 내어 읽게 한다.

ㅘ ㅙ ㅚ ㅝ ㅞ ㅟ ㅢ

3) 다시 한번 QR 코드(20)를 통해 듣고 큰 소리로 읽는다.

4) 교사는 학생들이 모음을 개별적으로 발음해 보도록 하고, 학생들이 모음을 제대로 발음하는지 확인한다.

2. 본 활동은 이중 모음을 읽고 쓰는 활동이다.

1) 각 모음의 쓰는 순서(위에서 아래로, 왼쪽에서 오른쪽으로)를 칠판에 쓰며 설명한다.

2) 표 안에 있는 각 모음을 큰 소리로 읽으며 희미하게 쓰인 모음 글자 위에 겹쳐 쓰게 한다.

3) 각 모음을 큰 소리로 읽으며 빈칸에 네 번씩 쓰게 한다.

교사 지식
'외'와 '위'는 원칙적으로는 이중 모음이 아니라 단모음으로 규정한다. 'ㅚ'는 입술을 둥글게 한 상태에서 'ㅔ'소리를, 'ㅟ'는 입술을 둥글게 한 상태에서 'ㅣ'소리를 내는 발음이다. 그러나 한국어 모어 화자들 대부분이 이 두 모음을 이중 모음으로 소리 내고 있으며 표준 발음법에서도 이를 이중 모음으로 발음할 수 있도록 허용하고 있다.

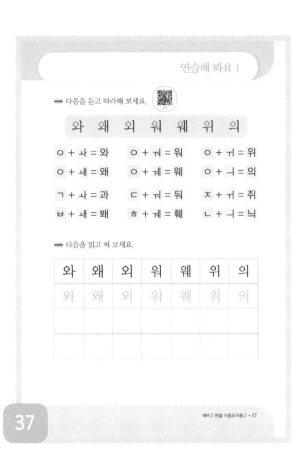

연습해 봐요 1

다음을 듣고 따라해 보세요.

와 왜 외 워 웨 위 의

ㅇ + ㅘ = 와	ㅇ + ㅝ = 워	ㅇ + ㅟ = 위
ㅇ + ㅙ = 왜	ㅇ + ㅞ = 웨	ㅇ + ㅢ = 의
ㄱ + ㅘ = 과	ㄷ + ㅝ = 둬	ㅈ + ㅟ = 쥐
ㅂ + ㅙ = 봬	ㅎ + ㅞ = 훼	ㄴ + ㅢ = 늬

다음을 읽고 써 보세요.

와	왜	외	워	웨	위	의
와	왜	외	워	웨	위	의

37

연습해 봐요 1

3. 본 활동은 이중 모음으로만 구성된 음절을 익히는 활동이다.

1) 먼저 QR 코드(21)를 통해 두 번 정도 들은 후, 교사가 모음을 하나씩 천천히 읽으면서 학생들에게 교사의 발음을 따라 읽게 한다.

2) 모음만으로 음절을 구성할 경우에는 왼쪽 또는 위쪽에 자음 글자 'ㅇ'을 붙여 씀을 설명하며 한 글자씩 읽고 학생들에게 큰 소리로 따라 읽게 한다.

와 왜 외 워 웨 위 의

3) 'ㅇ'과 모음이 결합된 글자를 판서하며 한 글자씩 쓰고 학생들에게 따라 읽게 한다.

4. 본 활동은 이중 모음을 읽고 쓰는 활동이다.

1) 교사는 한 글자씩 천천히 칠판에 쓰고 학생들은 교사의 동작을 따라 하며 쓰는 방법을 익힌다.

2) 표 안에 있는 글자를 큰 소리로 읽으며 희미하게 쓰인 글자 위에 겹쳐 쓰게 한다.

3) 각 글자를 큰 소리로 읽으며 빈칸에 쓰게 한다.

---

4) 위의 이중 모음이 포함된 음절을 큰 소리로 한 명씩 돌아가면서 읽게 한다. 이때 교사는 학생들의 발음을 교정해 준다.

> **교수-학습 지침**
>
> ▶듣고 카드 고르기 게임(이중 모음 글자 카드)
> ① 4~5명이 한 조를 이룬다.
> ② 책상 위에 이중 모음 글자 카드를 무작위로 섞어서 펼쳐 놓는다.
> ③ 학생들은 단어 카드가 놓여 있는 책상 주위에 서서 준비 상태로 대기한다.
> ④ 교사는 글자 카드에 있는 이중 모음이 포함된 음절을 하나 선택하여 큰 소리로 두 번 읽는다. 단, 각 음절을 발음할 때에 교사는 자신이 발음한 음절을 메모해 놓아야 정답을 확인할 수 있다.
> ⑤ 교사의 발음과 같은 카드를 아무나 먼저 가져간다.
> ⑥ 이와 같은 방법을 (④~⑤)으로 교사는 이중 모음을 발음하고, 학생들은 들은 것과 같은 카드를 가져간다.
> ⑦ 가장 많은 카드를 가져간 팀이 이긴다.

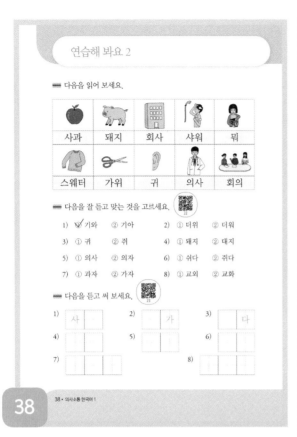

연습해 봐요 2

━ 다음을 읽어 보세요.

사과	돼지	회사	샤워	뭐
스웨터	가위	귀	의사	회의

━ 다음을 잘 듣고 맞는 것을 고르세요.

1) ☑ 기와 ② 기아   2) ① 더위 ② 더워
3) ① 귀 ② 쿼   4) ① 돼지 ② 대지
5) ① 의사 ② 의자   6) ① 쉬다 ② 쥐다
7) ① 과자 ② 가자   8) ① 교외 ② 교화

━ 다음을 듣고 써 보세요.

1) 사 ☐   2) ☐ 가   3) ☐ 다
4)   5)   6)
7)   8)

• 3차시

[학습 목표]
• 자음과 이중 모음이 결합된 음절로 이루어진 단어를 읽고 쓸 수 있다.
• 이중 모음이 포함된 단어를 듣고 구분할 수 있다.

연습해 봐요 2

1. 본 활동은 이중 모음이 포함된 단어를 읽는 활동이다.

1) 그림을 보고 교사는 큰 소리로 천천히 그림의 단어를 하나씩 읽는다.

2) 한 단어씩 교사가 천천히 읽으면 학생들도 큰 소리로 교사의 발음을 따라 하게 한다. 두세 번 정도 발음을 반복하면서 연습한다.

3) 교사는 각 학생들에게 한 단어씩 큰 소리로 읽게 하고 학생들의 발음을 교정해 준다.

4) 38쪽 단어의 그림을 확대 복사하여 카드를 만들어 준비한다. 준비한 그림 카드를 무작위로 하나씩 들어 학생들에게 그림에 맞는 단어가 무엇인지 말하게 한다.

2. 본 활동은 이중 모음이 포함된 단어를 듣고 고르는 활동이다.

1) QR 코드(22)를 통해 듣고, 들은 것과 같은 것을 학생들에게 고르게 한다.

2) 다시 한번 듣고 자신의 답이 맞는지 확인하게 한다.

3) 다 함께 들으면서 정답을 확인한다.

정답
1) 기와 2) 더워 3) 쥐 4) 돼지 5) 의자 6) 쉬다 7) 과자 8) 교외

3. 본 활동은 이중 모음이 포함된 단어를 듣고 쓰는 활동이다.

1) QR 코드(23)를 통해 듣고, 들은 것을 학생들에게 쓰게 한다.

2) 다시 한번 듣고 자신의 답이 맞는지 확인하게 한다.

3) 다 함께 다시 들으면서 정답을 확인한다. 이때 교사는 정답을 칠판에 쓰고 학생들과 함께 읽는다.

정답
1) 사과 2) 화가 3) 쉬다 4) 워드 5) 의미 6) 돼지 7) 스웨터
8) 더워요

39

• 4차시

[학습 목표]
- 모든 자음과 모음을 조합하여 음절을 만들어 쓸 수 있다.
- 단어를 듣고 찾아 쓸 수 있다.

연습해 봐요 3

1.본 활동은 암호 기호에서 자음과 모음을 찾아 결합해 음절을 만들어 쓰는 활동이다.

1) 교사는 암호문에 제시되어 있는 자음과 모음을 발음하고 학생들에게 따라 읽게 한다.

2) 교사는 1번 예시 문제의 답인 '귀'를 학생들에게 읽게 한다. 그리고 각 자음과 음절이 암호문에서 어디에 위치하고 있는지 찾게 한다.

3) 1번 예시 문제의 답을 통해 다음과 같이 암호를 풀어 자음과 모음을 조합할 수 있음을 알려 준다.

$$ ㄱ + ㅟ = 귀 $$

4) 교사는 2번~4번 그림의 단어들도 학생들에게 암호를 풀어 자음과 모음을 조합하여 써 보게 한다. 이때 교사는 학생들에게 암호문의 색깔과 모양에 유의하여 찾을 수 있도록 지도한다.

5) 단어를 맞게 썼는지 정답을 확인한다. 이때 교사는 칠판에 정답의 단어를 쓰고 학생들과 함께 읽어 본다.

> **정답**
> 1) 귀 2) 쥐 3) 화가 4) 추워요

2.본 활동은 단어를 듣고 해당하는 모든 음절을 찾아 써 보는 활동이다.

1) 먼저 QR 코드(24)를 통해 1번 단어를 예시로 들려주어 들은 단어를 어떻게 찾아 써야 하는지 활동의 예를 보여 준다.

2) 교사는 나머지 단어들을 들려주고 학생들에게 해당하는 단어를 찾아 표시하게 한다. 이때 한 단어씩 들려주도록 하며, 학생들이 단어를 찾아 표시하고 쓸 수 있는 시간을 충분히 주도록 한다.

3) 학생들에게 찾은 단어를 그림 아래의 빈칸에 쓰게 한다.

4) 다시 한번 모든 단어들을 천천히 들려주고 학생들이 맞게 썼는지 스스로 점검하게 한다.

5) 다 함께 다시 들으면서 정답을 확인한다. 이때 교사는 정답을 칠판에 쓰고, 학생들과 함께 읽는다.

> **정답**
> 1) 과자 2) 스웨터 3) 의자 4) 스위치 5) 돼지 6) 사과

받침

━ 다음을 들어 보세요.

박 반 받 발 밤 밥 방

━ 다음을 써 보세요.

바+	ㄱ	박			
	ㄴ	반			
	ㄷ	받			
	ㄹ	발			
	ㅁ	밤			
	ㅂ	밥			
	ㅇ	방			

40

● 5차시

[학습 목표]

- 받침이 있는 글자(자음+모음+자음)의 결합 방법을 안다.
- 받침이 있는 글자를 읽고 쓸 수 있다.

받침

1. 본 활동은 받침의 발음을 듣고 따라 하는 활동이다.

1) 먼저 QR 코드(25)를 통해 두 번 정도 들은 후, 교사가 홀받침 글자를 하나씩 천천히 읽으면 학생들은 교사의 발음을 듣고 따라 읽으며 받침 글자의 발음을 명확하게 익힌다. 이때 학생들은 교사의 입 모양을 보고 주의하면서 따라 하도록 한다.

교수-학습 지침
발음을 지도할 때 입 모양 그림이나 사진 등의 보조 자료를 사용하거나 거울을 사용하여 학생들이 교사의 입 모양과 같은 모양으로 따라 할 수 있도록 지도한다.

2) 교사는 아래의 글자들을 학생들에게 소리 내어 읽게 한다.

박 반 받 발 밤 밥 방

3) 다시 한번 QR 코드(25)를 통해 듣고 함께 큰 소리로 읽는다.

4) 학생들에게 모음을 개별적으로 발음해 보도록 하고, 학생들이 모음을 제대로 발음하는지 확인한다.

2. 본 활동은 받침이 있는 음절을 읽고 쓰는 활동이다.

1) 받침이 있는 글자의 쓰는 순서를 칠판에 쓰며 설명한다.

2) 표 안에 있는 글자들을 큰 소리로 읽으며 희미하게 쓰인 글자 위에 겹쳐 쓰게 한다.

3) 각 글자를 큰 소리로 읽으며 빈칸에 다섯 번씩 쓰게 한다.

4) 쓰기 활동이 끝난 후에는 한 명씩 돌아가면서 읽게 한다. 이때 교사는 학생들의 발음을 교정해 준다.

교수-학습 지침
받침 발음을 제시할 때 받침 'ㄱ'과 'ㅇ', 받침 'ㄴ'과 'ㄷ', 받침 'ㅁ'과 'ㅂ'을 대조적으로 제시하여 학생들이 발음의 차이를 구분할 수 있도록 지도한다. 또는 받침 'ㄱ, ㄷ, ㅂ', 받침 'ㅇ, ㄴ, ㅁ'를 세트로 제시해 줄 수도 있다. 예를 들어 '박'과 '방'을 나란히 칠판에 적고 학생들에게 발음하게 하거나 '방, 반, 밤', '박, 받, 밥'을 한 세트로 발음하게 해서 발음이 어떻게 다른지 소리 내는 방식이 어떻게 다른지 학생들이 직관적으로 알 수 있도록 지도한다.

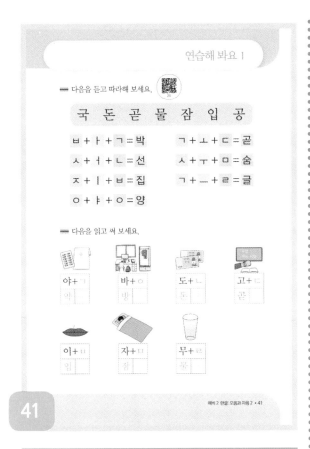

연습해 봐요 1

3. 본 활동은 받침이 포함된 음절을 구성하는 방법을 익히는 활동이다.

1) 먼저 QR 코드(26)를 통해 두 번 정도 들은 후, 교사가 받침이 있는 글자를 하나씩 천천히 읽으면서 학생들에게 교사의 발음을 따라 읽게 한다.

2) '자음+모음+자음'으로 음절을 구성하는 방법에 대해 설명하고 한 글자씩 천천히 쓰는 방법을 익히게 한다.

3) 받침이 있는 글자는 자음과 모음이 결합한 글자 아래에 쓴다는 점에 주의하여 쓰도록 한다.
   예 '아ㄴ'(X), '안'(O)

4. 본 활동은 '자음+모음+자음' 형태의 음절로 된 단어를 읽고 쓰는 활동이다.

1) 교사가 먼저 한 단어씩 읽고 학생들은 따라 읽는다.

2) 학생들에게 각자 소리 내어 읽게 한다.

3) 교사는 학생들에게 희미하게 쓰인 글자 위에 겹쳐 쓰게 한다. 이때 학생들이 읽으면서 쓰도록 한다.

4) 각 단어를 큰 소리로 읽으며 빈칸에 한 번씩 쓰게 한다.

5) 학생들에게 한 명씩 돌아가면서 한 단어씩 큰 소리로 정확하게 읽게 한다. 이때 틀리게 발음을 하는 학생이 있을 경우, 교사가 먼저 다시 읽고 모든 학생들에게 따라 읽게 한다.

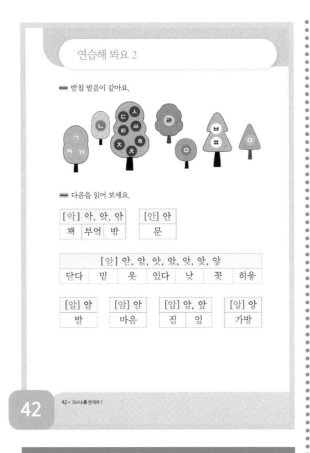

• 6차시

[학습 목표]

- 받침이 있는 음절의 결합 방법을 이해하고 받침이 있는 단어의 발음을 정확히 읽을 수 있다.
- 일곱 개의 받침소리를 이해하고 받침이 있는 글자의 발음을 구분할 수 있다.

연습해 봐요 2

1. 본 활동은 중화 현상에 의해 규정된 7종성법을 이해하고 연습하는 활동이다.

교사 지식

▶7종성법
음절 끝소리가 [ㄱ, ㄴ, ㄷ, ㄹ, ㅁ, ㅂ, ㅇ] 중 하나로 변하여 발음되는 현상은 중화 현상 중의 하나로서 7종성법이라고 한다.

1) 다음과 같이 자음은 다르지만 대표적으로 하나의 발음이 소리가 나는 예를 판서하고 설명한다.

받침 ㄱ, ㄲ, ㅋ → [ㄱ]
받침 ㄴ → [ㄴ]
받침 ㄷ, ㅌ, ㅅ, ㅆ, ㅈ, ㅊ, ㅎ → [ㄷ]
받침 ㄹ → [ㄹ]
받침 ㅁ → [ㅁ]

받침 ㅂ, ㅍ → [ㅂ]
받침 ㅇ → [ㅇ]

2) 교사는 '박, 밖, 부엌'을 쓰고 받침을 다른 색으로 표시한 뒤, 이들이 [ㄱ]로 동일하게 발음되는 것을 알려 준다.

2. 본 활동은 받침이 포함된 단어를 읽는 활동이다.

1) 교사는 먼저 표에 있는 단어를 보고 하나씩 천천히 읽는다.

2) 교사가 표에 제시된 단어를 하나씩 천천히 읽으면 학생들도 큰 소리로 교사의 발음을 따라 한다. 두세 번 정도 교사의 발음을 따라 하게 한다.

3) 따라 읽기 연습이 끝나면 학생들 각자 단어를 큰 소리로 읽게 한다. 이때 교사는 개별적으로 발음 지도를 해 준다.

교수-학습 지침

▶발음에 맞는 카드 고르기
① 학생들을 3~4개 팀으로 나눈다.
② 교실 가운데 바닥 또는 책상을 가운데에 놓고 그 위에 무작위로 발음 카드를 올려놓는다.
③ 교사는 이들 중에 있는 단어 하나를 발음한다.
④ 교사의 발음에 맞는 단어를 먼저 찾는 팀이 그 카드를 가지고 간다.
⑤ 위와 같은 방법으로 교사의 발음과 일치하는 단어 카드 찾기 게임을 한다.
⑥ 가장 많은 카드를 가지고 있는 팀이 이긴다.

정답

ㄱ	책, 학, 밖, 약
ㄴ	눈, 손
ㄷ	곧, 빛, 끝, 갓, 낮
ㄹ	말, 글
ㅁ	밤, 잠
ㅂ	입, 잎, 숲
ㅇ	공, 강

5) 정답을 확인하고 각 블록에 쌓여 있는 글자들을 각각 큰 소리로 읽는 연습을 하게 한다.

---

3. 본 활동은 받침이 있는 단어를 듣고 해당 글자를 고르는 활동이다.

1) QR 코드(27)를 통해 듣고, 들은 것과 같은 것을 학생들에게 고르게 한다.

2) 다시 한번 듣고 자신의 답이 맞는지 확인하게 한다.

3) 다 함께 다시 들으면서 정답을 확인한다.

정답
1) 강 2) 잠 3) 곡 4) 밥 5) 살 6) 양 7) 잔 8) 굽

4. 본 활동은 제시된 단어들의 받침이 동일하게 발음되는 단어들을 골라 찾아 쓰는 활동이다.

1) 교사는 블록 그림에 붙어 있는 받침이 있는 글자를 순서대로 읽으며 학생들에게 따라 읽게 한다.

2) 받침이 [ㄱ], [ㄴ], [ㄷ], [ㄹ], [ㅁ], [ㅂ], [ㅇ]으로 발음되는 각각의 단어를 찾아 같은 것끼리 모아 빈칸 블록 안에 쓰게 한다. 이때 학생들에게 큰 소리로 하나씩 읽으면서 받침소리를 찾게 한다.

3) 학생들이 각 받침들이 같은 발음인지 찾지 못할 경우에는 블록의 색과 모양을 보고 찾아 쓰게 한다. 그 다음에 그것이 같은 소리가 나는 받침 발음임을 인지할 수 있게 해 준다.

4) 교사는 각각의 대표 받침소리에 맞는 단어를 칠판에 쓰고, 학생들이 맞게 썼는지 확인하게 한다.

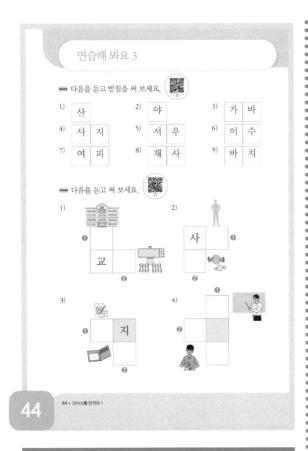

• 7차시

[학습 목표]

- 받침이 포함된 모든 자모음의 결합 구조를 이해할 수 있다.
- 받침이 있는 단어를 듣고 쓸 수 있다.

연습해 봐요 3

1. 본 활동은 단어를 듣고 받침을 써서 음절을 완성하는 활동이다.

1) 먼저 1번의 예시 문제를 QR 코드(28)를 통해 들려주고, 학생들에게 희미한 글자 위에 겹쳐 쓰게 하여 들은 단어의 받침을 쓰는 활동임을 알려 준다.

2) 2번부터 들려주며 학생들에게 들은 것과 같은 받침을 쓰게 한다.

3) 다시 한번 들려주고 학생들에게 자신이 쓴 받침이 맞는지 확인하게 한다.

4) 교사는 정답을 칠판에 하나씩 쓰면서 학생들과 함께 정답을 확인한다.

> **정답**
> 1) 산 2) 약 3) 가방 4) 사진 5) 서울 6) 입술 7) 연필 8) 책상
> 9) 받침

5) 완성된 단어들을 학생들에게 큰 소리로 읽게 한다.

2. 본 활동은 단어를 듣고 받침이 있는 음절을 쓰는 활동이다.

1) 교사는 QR 코드(29)를 통해 들려주고, 학생들에게 들리는 음절을 빈칸에 쓰게 하여 단어를 완성하게 한다. 각 단어의 의미는 그림으로 제시된 것과 같음을 설명한다.

2) 다시 한번 들려주면서 학생들에게 맞게 썼는지 확인하게 한다.

3) 교사는 정답을 칠판에 하나씩 쓰면서 학생들과 함께 정답을 확인한다.

> **정답**
> 1) ① 학교-② 교실 2) ① 사람-② 사탕
> 3) ① 편지-② 지갑 4) ① 선생님-② 학생

4) 완성된 단어들을 하나씩 학생들에게 큰 소리로 읽게 한다.

45

예비 2 한글: 모음과 자음 2 · 45

3. 본 활동은 단어의 음절을 해체하는 과정을 통해 '모음+자음', '자음+모음+자음' 형태의 조합을 이해하기 위한 활동이다.

1) 교사는 1번 예시 문제를 학생들과 함께 풀어 보며 암호를 만드는 방법을 알게 한다. 교사는 단어 '꽃'의 음절을 해체하여 판서하고 각 음소가 암호문에서 어디에 위치하는지 함께 찾아본다.

꽃 = ㄲ + ㅗ + ㅊ

2) 위와 같은 과정을 통해 각 자음과 모음을 아래와 같은 암호 기호로 바꿀 수 있음을 알려 준다.

'ㄲ'= ⊔   ★표의 ㅗ   ▲표의 ㅊ
'ㅗ'= ★   'ㅊ'= ▲

3) 교사는 학생들에게 나머지 그림의 단어들도 해체하여 암호로 만들어 보게 한다. 이때 교사는 돌아다니며 학생들이 맞게 하고 있는지 확인한다.

4) 암호 기호를 맞게 썼는지 칠판에 쓰고 학생들과 함께 정답을 확인한다.

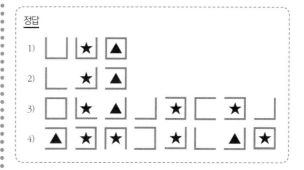
4. 본 활동은 단어를 듣고 해당하는 모든 음절을 찾아 써 보는 활동이다.

1) 먼저 QR 코드(30)를 통해 1번 단어를 예시로 들려주어 들은 단어를 어떻게 찾아 써야 하는지 활동의 예를 보여 준다.

2) 교사는 나머지 단어들을 들려주고 학생들에게 해당하는 단어를 찾아 표시하게 한다. 이때 한 단어씩 들려주도록 하며, 학생들이 단어를 찾아 표시하고 쓸 수 있는 시간을 충분히 주도록 한다.

3) 학생들에게 찾은 단어를 그림 아래의 빈칸에 쓰게 한다.

4) 다시 한번 모든 단어들을 천천히 들려주고 학생들이 맞게 썼는지 스스로 점검하게 한다.

5) 다 함께 다시 들으면서 정답을 확인한다. 이때 교사는 정답을 칠판에 쓰고, 학생들에게 소리 내어 읽게 한다.

정답
1) 수박 2) 사랑 3) 김치 4) 엄마 5) 이불 6) 우산

발음 1 (겹받침)

다음을 들어 보세요.

못 앉다 많다 밟다 끓다 훑다 없다 외곬

다음을 읽어 보세요.

받침		발음	받침		발음
ㄳ	ㄱ	삯[삭]	ㄵ	ㄴ	앉다[안따]
ㄶ	ㄴ	끊다[끈타]	ㄼ	ㄹ	여덟[여덜]
ㄻ	ㄴ	잃다[일타]	ㄾ	ㄹ	핥다[할따]
ㅄ	ㅂ	값[갑]	ㄿ	ㄹ	외곬[외골]

다음을 들어 보세요.

닭   젊다   읊다

다음을 읽어 보세요.

받침		발음	받침		발음
ㄺ	ㄱ	흙[흑]	ㄻ	ㄴ	삶다[삼따]
ㄿ	ㄴ	읊다[읍따]			

46 · 의사소통 한국어 1

46

• 8차시

[학습 목표]
• 겹받침 글자의 발음을 알고 읽을 수 있다.

발음 1 (겹받침)

1. 본 활동은 겹받침 중 앞 자음으로 발음되는 글자의 발음을 듣고 따라 하는 활동이다.

1) 먼저 QR 코드(31)를 통해 두 번 정도 들은 후, 교사가 겹받침 글자를 하나씩 천천히 읽으면 학생들은 교사의 발음을 따라 읽으며 받침 글자의 발음을 명확하게 익힌다. 이때 학생들은 교사의 입 모양을 보고 주의하면서 따라 하도록 한다.

교수-학습 지침
발음을 지도할 때 입 모양 그림이나 사진 등의 보조 자료를 사용하거나 거울을 사용하여 학생들이 교사의 입 모양과 같은 모양으로 따라 하고 있는지 확인하면서 연습하게 할 수 있도록 지도한다.

2) 아래의 단어들을 학생들이 소리 내어 읽게 한다.

못 앉다 많다 밟다 끓다 훑다 없다 외곬

2. 본 활동은 앞 자음으로 발음되는 겹받침이 포함된 단어를 읽는 활동이다.

1) 교사가 표 안에 있는 단어를 하나씩 먼저 읽고 학생들에게 따라 읽게 한다.

2) 교사는 칠판에 하나씩 단어를 쓰고 읽으면서 옆에 발음기호를 쓰고, 학생들에게 따라 읽게 한다.

3) 학생들에게 겹받침 중 앞 자음으로 발음되는 것을 알 수 있게 받침을 가리키면서 다시 읽고, 학생들에게 따라 읽게 한다.

4) 학생들에게 겹받침이 있는 단어를 개별적으로 발음해 보도록 하고, 학생들이 제대로 발음하는지 확인한다.

3. 본 활동은 겹받침 중 뒤 자음으로 발음되는 글자의 발음을 듣고 따라 하는 활동이다.

1) 먼저 QR 코드(32)를 통해 두 번 정도 들은 후, 교사가 겹받침 글자를 하나씩 천천히 읽으면 학생들은 교사의 발음을 따라 읽으며 받침 글자의 발음을 명확하게 익힌다. 이때 학생들은 교사의 입 모양을 보고 주의하면서 따라 하도록 한다.

2) 아래의 단어들을 학생들이 소리 내어 읽게 한다.

닭   젊다   읊다

4. 본 활동은 뒤 자음으로 발음되는 겹받침이 포함된 단어를 읽는 활동이다.

1) 교사가 표 안에 있는 단어를 하나씩 먼저 읽고 학생들에게 따라 읽게 한다.

2) 교사는 칠판에 하나씩 단어를 쓰고 읽으면서 옆에 발음기호를 쓰고, 학생들에게 따라 읽게 한다.

3) 학생들에게 겹받침의 두 자음 중 뒤 자음으로 발음되는 것을 알 수 있게 받침을 가리키면서 다시 읽고, 학생들에게 따라 읽게 한다.

4) 학생들에게 겹받침이 있는 단어를 개별적으로 발음해 보도록 하고, 학생들이 제대로 발음하는지 확인한다.

발음 2(연음)

■ 다음을 들어 보세요.

한국어 일요일 단어 음악

■ 다음을 보고 읽어 보세요.

책+이 = 책이[채기]
밥+을 = 밥을[바블]
있+어요 = 있어요[이써요]

외국어[외구거]	직업[지겁]	언어[어너]
금요일[그묘일]	임원[이뭔]	깊이[기피]
닦아요[다까요]	놀아요[노라요]	웃어요[우서요]
앉아요[안자요]	했어요[해써요]	같아요[가타요]

■ 다음 문장을 따라 읽어 보세요.

1) 눈이 와요.   2) 꽃이 피었어요.
3) 잊어버렸어요.   4) 산에 가고 싶어요.
5) 이 옷을 입으세요. 6) 집에서 밥을 먹어요.

예비 2 한글: 모음과 자음 2 · 47

47

• 9차시

[학습 목표]
• 연음 법칙을 이해하고 발음할 수 있다.

발음 2 (연음)

교사 지식
▶연음 법칙
앞 음절의 끝 자음이 모음으로 시작되는 뒤 음절의 초성으로 이어져 나는 소리를 연음이라고 한다.
예 집에[지베], 작아요[자가요]

1. 본 활동은 연음 법칙이 일어나는 단어를 따라 읽는 활동이다.

1) 먼저 QR 코드(33)를 통해 두 번 정도 들은 후, 교사가 글자를 하나씩 천천히 읽으면 학생들은 교사의 발음을 따라 읽으며 받침 글자의 발음을 명확하게 익힌다.

2) 아래의 단어들을 함께 소리 내어 읽기를 반복한다.

한국어 일요일 단어 음악

2. 본 활동은 연음 법칙의 원리를 이해하고 익히는 활동이다.

1) 받침으로 끝나는 음절과 모음으로 시작하는 단어를

읽을 때 나타나는 연음 법칙에 대해 설명하면서 판서한다.

2) 교재 47쪽에 있는 대표적인 어휘들을 분필 색깔을 달리하여 판서하면서 설명한다.

3) 학생들에게 쓰는 것과 발음하는 것이 다르다는 것을 알게 한다.

4) 표 안의 있는 단어들을 교사가 먼저 읽고 학생들에게 따라 읽게 한다.

5) 학생들에게 각자 소리 내어 읽게 한다. 이때 교사는 개별적으로 발음 지도를 한다.

3. 본 활동은 연음 법칙이 일어나는 문장을 따라 읽는 활동이다.

1) 먼저 QR 코드(34)를 통해 두 번 정도 들려준다.

2) 교사가 먼저 각각의 문장을 하나씩 읽으면 학생들도 교사의 발음을 잘 듣고 한 문장씩 따라 읽는다.

3) 두세 번 정도 반복해서 따라 읽는다.

4) 학생들에게 각자 읽게 하고, 교사는 개별적으로 발음 지도를 한다.

5) 한 명씩, 한 문장씩 읽게 하고 틀린 발음에 대해서는 모든 학생들이 교사의 정확한 발음을 따라 할 수 있도록 교사가 먼저 읽고 학생들에게 따라 읽게 한다.

단어를 읽으면 학생들은 그에 맞는 단어를 고른다. 이런 방법으로 맞는 단어 카드 고르기 활동을 한다.

교수–학습 지침

▶ 듣고 받아쓰기 활동
① 교사는 교재 48쪽 단어들 중에서 10개를 선택하여 각각 3번씩 읽는다.
② 학생들은 교사가 읽은 단어를 듣고 공책에 받아쓴다.
③ 학생들이 다 쓴 단어를 하나씩 큰 소리로 읽고 교사는 들은 단어를 칠판에 쓴다.
④ 맞게 썼는지 확인한다.
⑤ 다시 한번 칠판에 쓰인 정답을 함께 큰 소리로 읽는다.

• 10차시

[학습 목표]
• 기초 단어를 읽고 쓸 수 있다.

종합 연습

1. 본 활동은 제시된 단어들을 읽고 쓰는 활동이다.

1) 교재 48쪽 그림 아래에 있는 단어들을 다 함께 큰 소리로 천천히 읽는다.

2) 교사가 먼저 한 단어씩 읽고 학생들은 따라 읽는다. 각 단어의 의미는 그림을 통해 알게 한다.

3) 학생들에게 각자 소리 내어 읽게 한다.

4) 희미하게 쓰인 글자 위에 겹쳐 쓰게 한 뒤, 그 아래 빈칸에도 한 번씩 더 쓰게 한다. 이때 학생들은 소리 내어 읽으면서 쓰도록 한다.

5) 다시 한번 큰 소리로 다 함께 읽어 본다.

6) 학생들에게 한 명씩 돌아가면서 한 단어씩 큰 소리로 정확하게 읽게 한다. 이때 틀리게 발음을 하는 학생이 있을 경우, 교사가 먼저 다시 읽고 모든 학생들에게 따라 읽게 한다.

7) 48쪽 단어의 그림을 확대 복사하여 만든 카드를 준비한다. 개별 단어 카드를 무작위로 바닥 또는 가운데 책상 위에 펼쳐 놓는다. 그리고 교사는 무작위로 한

단어를 쓰고 빙고 게임을 해 보세요.

집	방	밥	문	돈	표	엄마	아빠	사람
학교	교실	학생	선생님	책상	의자	칠판	이름
치약	숟가락	볼펜	남자	여자	사랑	과자	가위

학교

다음 단어를 듣고 찾아 써 보세요.

머리
눈
목
손
배
다리
코
얼굴
귀
어깨
팔
엉덩이
무릎
발

예비 2 한글: 모음과 자음 2 · 49

49

---

2. 본 활동은 기초 단어들을 활용해 빙고 게임을 하는 활동이다.

1) 교사는 교재에 제시된 단어들을 발음하고 학생들에게 따라 읽게 한다.

2) 교사는 각 단어의 의미를 그림 자료를 보여 주거나 실제 물건을 가리켜 간단히 설명해 준다.

3) 왼쪽 표에 예시로 쓰인 '학교' 단어와 같이 학생들에게 단어를 하나씩 골라 빈칸에 쓰게 한다.

4) 교사는 돌아다니며 학생들이 잘 골라서 쓰고 있는지 확인한다.

5) 빈칸을 다 채운 후, 한 명씩 돌아가면서 단어를 말하면 해당하는 단어에 동그라미를 표시하거나 색칠을 하게 한다.

6) 좌우, 상하, 대각선을 네 개의 단어가 일직선을 이루게 한다.

7) 가장 먼저 네 개의 일직선을 만들고 '빙고'를 외치는 사람이 이기는 게임이다.

8) 왼쪽 표의 게임이 끝나면 오른쪽 표도 위와 같은 방법으로 한 번 더 빙고 게임을 진행을 한다.

3. 본 활동은 단어를 듣고 해당하는 신체 어휘를 찾아 써 보는 활동이다.

1) 먼저 QR 코드(35)를 통해 1번 단어를 예시로 들려주어 들은 단어를 어떻게 찾아 써야 하는지 활동의 예를

보여 준다.

2) 교사는 나머지 단어들을 들려주고 학생들에게 각 번호에 맞는 신체 어휘를 찾아 쓰게 한다. 이때 한 단어씩 들려주도록 하며, 학생들이 단어를 찾아 쓸 수 있는 시간을 충분히 주도록 한다.

3) 다시 한번 모든 단어들을 천천히 들려주고 학생들이 맞게 썼는지 스스로 점검하게 한다.

4) 다 함께 다시 들으면서 정답을 확인한다. 이때 교사는 정답을 칠판에 쓰고, 학생들에게 소리 내어 읽게 한다.

정답
1) 머리 2) 눈 3) 얼굴 4) 팔 5) 손 6) 다리 7) 발 8) 코 9) 귀
10) 목 11) 어깨 12) 배 13) 엉덩이 14) 무릎

교수-학습 지침
▶ 동요 '머리 어깨 무릎 발' 게임
① 먼저 동요 '머리 어깨 무릎 발'을 배운다.
② 교사가 먼저 한 단락씩 노래를 부르면 학생들에게 따라 하게 한다.
③ 다 함께 천천히 노래를 불러 본다.
④ '노래 배우기'가 끝나면 마지막 가사 '머리 어깨 귀 코 귀'의 마지막 부분을 교사가 마음대로 바꿔서 동작 없이 '귀 코 눈/코/입/목/손/팔/배······.'로 말하고, 학생들에게 들은 대로 맞는 부분을 정확하게 짚어 보이도록 지도한다.

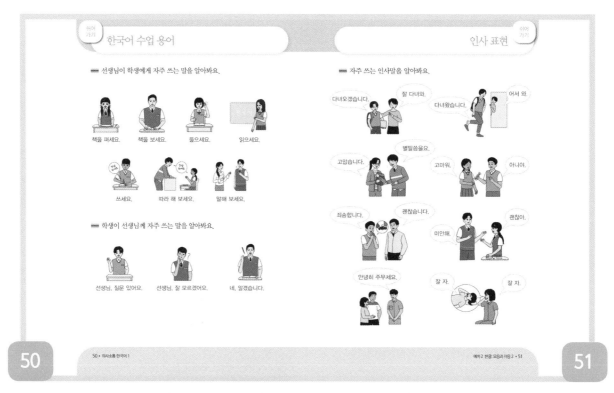

• 쉬어 가기: 한국어 수업 용어

- 한국어 수업 용어를 안다.
- 자주 사용하는 인사 표현을 알고 말할 수 있다.

1. 교사가 학생들에게 자주 쓰는 표현들을 알아본다.

1) '책을 펴세요' 표현에 대하여 교사는 학생들에게 책을 들고 펼치면서 학생들에게 "책을 펴세요."라고 말한다.

2) '책을 보세요' 표현에 대하여 교사는 책을 들고 눈을 가리키며 보는 동작을 하면서 이 표현의 의미를 이해시킨다. 이때 '책' 어휘 대신에 칠판을 가리키고 "칠판을 보세요."라고 말해 표현을 확장해 준다.

3) '들으세요' 표현에 대하여 교사는 손을 귀에 가까이 가져가서 모으는 동작을 하면서 의미를 이해시킨다.

4) '읽으세요'의 표현에 대하여 교사는 책을 들고 손가락으로 글자를 가리키며 읽는 모습을 보여 주는 것으로 의미를 이해시킨다.

5) '쓰세요'에 대하여 교사는 펜을 쥐고 쓰는 동작을 묘사함으로써 이 표현의 의미를 이해시킨다.

6) '따라 해 보세요'에 대하여 교사는 손으로 자신을 가리킨 다음 "안녕하세요." 하고 말하고, 다시 학생들에게 손을 내밀어 눈짓을 하면서 "따라 하세요."라고 말한다. 그 다음 교사는 몸을 반대편으로 돌려 서서 "안녕하세요."라고 했던 말을 반복하여 말한다. 그리고 다시 교사는 손바닥으로 스스로 가리키며 "고마워요."라고 말한 다

음 학생들에게 손을 내밀어 눈짓을 하면서 "따라 하세요."라고 말한다. 이때는 학생들이 교사의 말을 따라 할 때까지 기다려 준다.

7) '말해 보세요'에 대하여 교사는 입 주변에 손을 대고 소리를 내는 동작을 한 다음 "말해 보세요."라고 말한다. 그리고 교사는 학생 쪽으로 귀를 가까이 대고 듣는 동작 묘사를 하여 의미를 이해시킨다.

2. 학생이 교사에게 자주 쓸 수 있는 표현에 대해 알아본다.

1) '선생님, 질문 있어요.'에 대하여 교사는 책을 보면서 골똘히 고민하는 표정을 지어 보였다가 손을 들고 "선생님, 질문 있어요."라고 말함으로써 의미를 이해시킨다.

2) '선생님, 잘 모르겠어요.'를 설명할 때 교사는 1권 8과의 문장 중 하나를 학생들에게 읽어 준 다음 학생들의 반응을 살피며 "여러분, 알겠어요?" 하고 묻는다. 그리고 이어 선생님이 갸우뚱하는 표정으로 직접 고개를 좌우로 흔들면서 "선생님, 잘 모르겠어요."라고 말해 주는 것으로써 의미를 이해시킨다.

3) '네, 알겠습니다.'의 경우는 먼저 교사가 "쓰세요."라고 말한 다음 다시 몸을 반대편으로 돌려 서서 고개를 끄덕이며 "네, 알겠습니다."라고 말하는 것으로써 의미를 이해시킨다.

3. 일상생활에서 자주 사용하는 인사 표현에 대해 알아본다.

1) 제시된 그림을 함께 확인하며 어떤 상황인지 이해하게 한다. 이때 교사는 그림 속의 각 인물들의 서열이

나 관계를 학생들이 잘 인지할 수 있게 해 준다.

2) 해당 인사 표현들을 천천히 읽은 다음 학생들에게 따라 읽게 한다.

3) 교사와 학생이 서로 역할을 나누어 인사를 주고받는 연습을 해 본다. 학생이 먼저 "다녀오겠습니다."라고 인사하면 교사는 "잘 다녀와."라고 인사를 받는다.

4) 다시 한번 학생들이 짝을 이루어 대화를 읽으면서 인사하는 역할극을 해 본다.

5) 그림 상황 중 하나의 대화를 선택하여 교사가 먼저 인사를 하면 학생들이 그에 맞는 인사를 하도록 한다.

● 메모

• 단원 목표

인사를 하고 자기소개를 할 수 있다.

• 단원 내용

꼭 배워요 (필수)	• 주제: 등하교
	• 기능: 인사하기, 자기소개하기
	• 어휘: 자기소개 관련 어휘, 숫자
	• 문법: 이에요, 은, 이야, 이 아니에요/아니야
문화	• 문화: 한국의 인사 예절을 알아보다
더 배워요 (선택)	• 대화 1: 격식적 상황에서 자기소개하기 • 대화 2: 비격식적 상황에서 자기소개하기
	• 읽기: 학생증
	• 쓰기: 자기소개 쓰기

01 안녕하세요?

● 1과에서 무엇을 배우는지 알아봅시다.

더 배워요(선택)
누구예요?

꼭 배워요(필수)
이름이 뭐예요?

52 • 의사소통 한국어 1

• 수업 개요

〈꼭 배워요〉 학습 목표
• 인사를 할 수 있다. • 자기소개를 할 수 있다.

1차시	• 도입 대화를 통해 본 단원의 주제에 대해 이해하고 말할 수 있다.
2차시	• 상황별 인사 표현과 자기소개에 필요한 어휘와 표현을 알고 활용할 수 있다.
3차시	• 처음 만난 사람에게 인사를 하고 이름을 묻고 답할 수 있다. • '이에요'를 사용하여 어떤 사실을 서술하거나 질문할 수 있다.
4차시	• 처음 만난 사람에게 자신을 소개할 수 있다. • '은'을 사용하여 문장 속에서 어떤 대상이 화제임을 나타낼 수 있다.
5차시	• 친근한 상대에게 몇 반인지 묻고 답할 수 있다. • '이야'를 사용하여 친구나 아주 친한 사이 또는 아랫사람에게 어떤 사실을 서술하거나 질문할 수 있다.

6차시	• 어떤 내용이나 사실을 부정하는 표현을 할 수 있다. • '이 아니에요/아니야'를 사용하여 어떤 사실이나 내용을 부정할 수 있다.

• 1차시 | 복습 및 〈꼭 배워요〉 도입

[학습 목표]
• 도입 대화를 통해 본 단원의 주제에 대해 이해하고 말할 수 있다.

복습 – 20분

예비 단원에 나온 주요 어휘 및 한국어 수업 용어를 복습한다.

1) 교사는 예비 단원에 나온 주요 어휘를 판서하고 학생들에게 읽게 한다.
  📖 "선생님, 학생."
  📖 "여자, 남자."
  📖 "학교, 교실."
  📖 "책, 연필."
  📖 "책상, 의자."

2) 교사는 예비 단원 50쪽에 나온 수업 용어를 학생들에게 읽게 한다.
  📖 "책을 펴세요."
  📖 "책을 보세요."
  📖 "들으세요."
  📖 "읽으세요."
  📖 "쓰세요."
  📖 "따라 해 보세요."
  📖 "말해 보세요."

3) 교사는 학생들에게 수업 용어를 여러 번 반복하여 읽게 하여 발음과 의미를 숙지하게 한다.

4) 교사는 예비 단원 51쪽에 나온 인사말을 학생들에게 읽게 한다.
  📖 "다녀오겠습니다. 잘 다녀와."
  📖 "다녀왔습니다. 어서 와."
  📖 "고맙습니다. 별말씀을요."
  📖 "죄송합니다. 괜찮습니다."
  📖 "고마워. 아니야."
  📖 "미안해. 괜찮아."
  📖 "안녕히 주무세요. 잘 자."

5) 교사는 학생들에게 인사말을 여러 번 반복하여 읽게 하여 발음과 의미를 숙지하게 한다.

〈꼭 배워요〉 도입 – 25분

1) 교사는 학생들과 교재 53쪽의 그림을 보면서 학습하게 될 주제에 대해 이야기한다.
  📖 "어디예요?"
  📖 "학교예요. 따라 해 보세요. 학교."
  📖 "누구예요?"
  📖 "학생이에요. 따라 해 보세요. 학생."

2) 교사는 학생들에게 교재 53쪽의 대화를 읽게 한다. 그리고 세부 내용을 이해했는지 확인하는 질문을 한다.
  📖 "(그림에서 여학생을 가리키며) 이름이 뭐예요?"
  📖 "(그림에서 여학생을 가리키며) 몇 반이에요?"

3) 교사는 학생들에게 '함께 이야기해 봐요'의 질문을 하면서 단원의 주제를 도입한다.
  📖 "이름이 뭐예요?"
  📖 "몇 반이에요?"

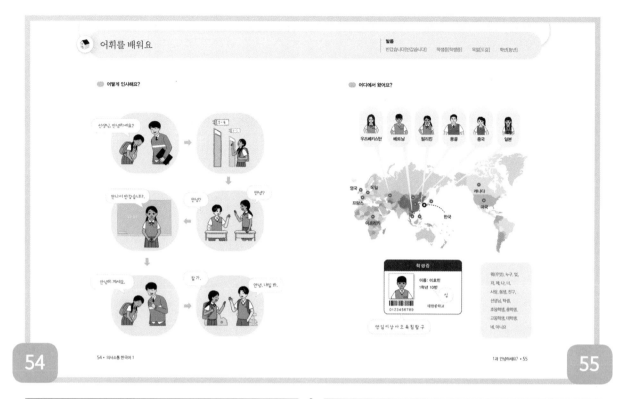

54

55

● 2차시 | 어휘를 배워요

[학습 목표]

* 상황별 인사 표현과 자기소개에 필요한 어휘와 표현을 알고 활용할 수 있다.

본 단원에는 상황에 따른 인사말과 학생의 개인 정보에 관련된 어휘 및 표현이 제시되어 있다.

도입 – 5분

예비 단원에 나온 주요 어휘 및 한국어 수업 용어를 복습한다.

1) 교사는 질문을 통해 학습하게 될 어휘 및 표현을 자연스럽게 노출한다.
   * 📖 "선생님이에요. 인사해요. 안녕하세요?"
   * 📖 "친구예요. 인사해요. 안녕?"
2) 교사는 학생들과 제시된 그림을 보며 이야기를 나눈다.
   * 📖 "54쪽 그림을 보세요. 누구예요?"
   * 📖 "(첫 번째 그림을 가리키며) 학생이에요. 선생님이에요. 인사해요. (고개를 숙여 인사하며) 안녕하세요?"
   * 📖 "(세 번째 그림을 가리키며) 친구예요. 인사해요. (손을 흔들며) 안녕?"
   * 📖 "55쪽 그림을 보세요. (나나를 가리키며) 나나. 나나예요. 중국. 중국 사람이에요."

전개 – 35분

1. 상황별 인사 관련 어휘 및 표현이다.

1) 교사는 다음에 제시되는 내용을 참고하여 학생들에게 어휘 및 표현을 설명한다. 이때 새로 등장하는 발음 규칙이 있다면 함께 설명한다.

안녕하세요	◆ **정의** 서로 만날 때 친근하게 높여 하는 인사말. 예 선생님, 안녕하세요? ● **설명** "(54쪽 첫 번째 그림을 가리키며) 선생님을 만나요. 인사해요. (허리를 숙여 인사하며) 안녕하세요."
안녕	◆ **정의** 친구 또는 아랫사람과 서로 만나거나 헤어질 때 하는 인사말. 예 와니야, 안녕? ◆ **정보** 친한 사이거나 말하는 사람보다 나이가 어린 사람에게 쓰는 말이다. ● **설명** "(54쪽 세 번째 그림을 가리키며) 친구를 만나요. 인사해요. (손을 흔들며) 안녕?"
만나서 반갑습니다	◆ **정의** 처음 만났을 때 반가움을 표현하는 인사말. 예 안녕하세요? 만나서 반갑습니다. ● **설명** "(54쪽 네 번째 그림을 가리키며) 처음 만나요. 인사해요. 만나서 반갑습니다."

안녕히 계세요	◆ **정의** 서로 헤어질 때 친근하게 높여 하는 인사말. 예 선생님, 안녕히 계세요. ● **설명** "(54쪽 다섯 번째 그림을 가리키며) 집에 가요. 선생님에게 인사해요. (허리를 숙여 인사하며) 안녕히 계세요."
잘 가	◆ **정의** 친근한 상대에게 헤어질 때 하는 인사말. 예 유미야, 잘 가. ● **설명** "(54쪽 여섯 번째 그림에서 와니를 가리키며) 집에 가요. 친구에게 인사해요. (손을 흔들며) 잘 가."
내일 봐	◆ **정의** 친근한 상대와 헤어질 때 다음 날 다시 만날 것을 알고 하는 인사말. 예 정호야, 내일 봐. ● **설명** "(54쪽 여섯 번째 그림에서 영수를 가리키며) 친구하고 헤어져요. 인사해요. 잘 가. 그리고 또 있어요. 내일 봐."

2) 교사는 질문을 통해 학생들이 어휘 및 표현을 잘 이해했는지 확인한다.

교 "선생님을 만나요. 어떻게 인사해요?"

교 "집에 가요. 선생님에게 어떻게 인사해요?"

교 "친구를 만나요. 어떻게 인사해요?"

교 "집에 가요. 친구에게 어떻게 인사해요?"

교 "친구를 처음 만나요. 어떻게 인사해요?"

2. 나라 이름 및 개인 정보 관련 어휘 및 표현이다.

1) 교사는 다음에 제시되는 내용을 참고하여 학생들에게 어휘 및 표현을 설명한다. 이때 새로 등장하는 발음 규칙이 있다면 함께 설명한다.

한국	◆ **정보** 국기를 보여 주며 설명한다. 예 한국 사람이에요. ● **설명** "(교재 55쪽 세계 지도에서 한국을 가리키며) 한국이에요."
우즈베키스탄	◆ **정보** 국기를 보여 주며 설명한다. 예 우즈베키스탄 사람이에요. ● **설명** "(교재 55쪽 세계 지도에서 우즈베키스탄을 가리키며) 우즈베키스탄이에요. 안나는 우즈베키스탄 사람이에요."
베트남	◆ **정보** 국기를 보여 주며 설명한다. 예 쌀국수는 베트남 음식이에요. ● **설명** "(교재 55쪽 세계 지도에서 베트남을 가리키며) 베트남이에요. 호민은 베트남 사람이에요."
필리핀	◆ **정보** 국기를 보여 주며 설명한다. 예 필리핀은 동남아시아에 있어요. ● **설명** "(교재 55쪽 세계 지도에서 필리핀을 가리키며) 필리핀이에요. 와니는 필리핀 사람이에요."

몽골	◆ **정보** 국기를 보여 주며 설명한다. 예 수호는 몽골 사람이에요. ● **설명** "(교재 55쪽 세계 지도에서 몽골을 가리키며) 몽골이에요. 수호는 몽골 사람이에요."
중국	◆ **정보** 국기를 보여 주며 설명한다. 예 베이징은 중국의 수도예요. ● **설명** "(교재 55쪽 세계 지도에서 중국을 가리키며) 중국이에요. 나나는 중국 사람이에요."
일본	◆ **정보** 국기를 보여 주며 설명한다. 예 스시는 일본 음식이에요. ● **설명** "(교재 55쪽 세계 지도에서 일본을 가리키며) 일본이에요. 유미는 일본 사람이에요."
학생증	◆ **정의** 학생의 신분임을 밝힌 증명서. 예 학생증이 있어요. ● **설명** "(실물의 학생증을 보여 주며) 학생증이에요."
이름	◆ **정의** 다른 사람과 구분하여 부르는 말. 예 제 이름은 안나예요. ● **설명** "(학생증에서 이름 부분을 가리키며) '이호민', 이름이에요."
학년	◆ **정의** 학습 수준에 따라 일 년 단위로 구분한 학교 단계. 예 호민이는 1학년이에요. ● **설명** "(교실 푯말 '1-3'을 가리키며) 몇 학년이에요? 1학년이에요."
반	◆ **정의** 학교에서 한 학년을 교실 단위로 나눈 집단. 예 호민이는 10반이에요. ● **설명** "(교실 푯말을 가리키며) 1학년이에요. 그리고 몇 반이에요? 3반이에요."

2) 교사는 질문을 통해 학생들이 어휘 및 표현을 잘 이해했는지 확인한다.

교 "(교재 55쪽의 캐릭터들을 한 명씩 가리키며) 어디에서 왔어요?"

교 "(학생증의 캐릭터 사진을 가리키며) 이름이 뭐예요?"

교 "(학생증을 가리키며) 몇 학년이에요? 몇 반이에요"

3. 0부터 10까지의 숫자와 관련된 어휘 및 표현이다.

1) 교사는 0부터 10까지의 숫자를 칠판에 판서하고 학생들에게 천천히 따라 읽게 한다. 학생들이 숫자를 읽는 것이 익숙해질 때까지 여러 번 반복하여 읽게 한다.

2) 교사는 질문을 통해 학생들이 어휘 및 표현을 잘 이해했는지 확인한다.

교 "(판서한 숫자를 하나씩 가리키며) 숫자를 말해 보세요."

※ 고등학생 대상 수업의 경우 필수적으로 5분간 다음 활동을 추가로 진행함.
→ 교사는 학생들에게 '선생님과 학생', '친구와 친구' 등의 역할을 나누어 주고 상황에 맞는 인사하기 활동을 할 수 있도록 지도한다.

정리 – 5분

교사는 질문을 통해 어휘 및 표현 학습을 마무리한다.

🔲 "선생님을 만나요. 어떻게 인사해요?"

🔲 "친구와 처음 만나요. 어떻게 인사해요?"

🔲 "어디에서 왔어요?"

교사 지식

→ '학생증[학쌩쯩], 반갑습니다[반갑씀니다]'에서 확인되는 발음 규칙:
  · 경음화 ▶ 받침 'ㄱ(ㄲ, ㅋ, ㄳ, ㄺ), ㄷ(ㅅ, ㅆ, ㅈ, ㅊ, ㅌ), ㅂ(ㅍ, ㄼ, ㄿ, ㅄ)' 뒤에 연결되는 'ㄱ, ㄷ, ㅂ, ㅅ, ㅈ'은 된소리로 발음된다.
→ '반갑습니다[반갑씀니다], 학년[항년]'에서 확인되는 발음 규칙:
  · 비음화 ▶ 받침 'ㄱ', 'ㄷ', 'ㅂ'은 'ㄴ', 'ㅁ' 앞에서 [ㅇ], [ㄴ], [ㅁ]으로 발음한다.
→ '독일[도길]'에서 확인되는 발음 규칙:
  · 연음 법칙 ▶ 홑받침이나 쌍받침이 모음으로 시작된 조사나 어미, 접미사와 결합되는 경우에는 제 음가대로 뒤 음절 첫소리로 옮겨 발음한다.

• 3차시 | 문법을 배워요 1

[학습 목표]

• 처음 만난 사람에게 인사를 하고 이름을 묻고 답할 수 있다.

• '이에요'를 사용하여 어떤 사실을 서술하거나 질문할 수 있다.

도입 – 5분

1) 교사는 학생들에게 대화문을 읽게 한다. 그리고 학생들이 대화 상황을 이해했는지 확인 질문을 한다.

🔲 "(그림에서 호민을 가리키며) 이름이 뭐예요?"

2) 교사는 학생들에게 목표 문법의 의미를 추측할 수 있는 질문을 한다.

🔲 "선생님이 질문해요. '이름이 뭐예요?' 호민이가 어떻게 대답해요?"

전개 – 35분

다음의 절차에 따라 문법에 대해 설명한다. 그리고 새로 제시되는 어휘 및 표현이 있다면 그 의미를 함께 설명한다.

[설명]

🔲 "(그림에서 호민을 가리키고 칠판에 판서하며) 이호민. ('이호민' 옆에 다른 색 분필로 목표 문법인 '이에요'를 판

서하며) 이호민이에요."

- 📖 "('이호민이에요' 문장 아래 '유미'를 판서하고) 유미. ('유미' 옆에 다른 색 분필로 목표 문법인 '예요'를 판서하며) 유미예요."
- 📖 "(교사 자신을 가리키며) 선생님, 이름이 뭐예요? OOO이에요/예요."
- 📖 "(그림에서 호민을 가리키며) 이름이 뭐예요? 이호민이에요."
- 📖 "(학생들을 가리키며) 이름이 뭐예요? (대답한 학생의 이름을 판서하고) OOO이에요/예요."

[예시]

- 친구예요.
- 어머니예요.
- 선생님이에요.
- 동생이에요?

[정보]

▶형태 정보:

	받침 ○	받침 X
명사	이에요	예요

① 명사 끝음절에 받침이 있으면 '이에요', 명사 끝음절에 받침이 없으면 '예요'를 쓴다.

▶주의 사항:

① '이에요'는 조사 '이다'에 해요체 어미 '-에요'가 결합한 형태이며 '이에요'의 줄어든 형태가 '예요'이다.

② 질문을 할 때에는 문장 끝에서 억양을 올려 말하고, 대답을 할 때는 문장 끝을 내린다는 것을 알게 한다.

[확인]

교사는 문법을 설명한 뒤에 아래 '연습 문제'를 통해 학생들이 문법을 이해했는지 확인한다.

정답
(1) 친구예요
(2) 동생이에요

어휘 및 표현

뭐	◆ 정의 모르는 사실이나 사물을 가리키는 말. 📖 뭐예요? ● 설명 "(물건을 가리키며) 이름? (고개를 저으며) 몰라요. 말해요. 뭐예요?"
이름이 뭐예요?	◆ 정의 상대의 이름을 물을 때 쓰는 표현. 📖 선생님 이름이 뭐예요? ◆ 정보 나이가 많은 상대나 윗사람에게는 사용하지 않도록 주의시킨다. ● 설명 "친구 이름을 몰라요. 말해요. 이름이 뭐예요?"

누구	◆ 정의 모르는 사람을 가리키는 말. 📖 누구예요? ● 설명 "(학생들에게 낯선 사람의 사진을 준비해 보여 주며) 이 사람을 알아요? 아니요, 몰라요. 말해요. 누구예요?"
친구	◆ 정의 사이가 가까워 서로 친하게 지내는 사람. 📖 고향 친구예요. ◆ 정보 한국에서는 가까운 사이라고 하더라도 나이가 같지 않으면 친구라고 하지 않는 경우가 많다. ● 설명 "(친구와 어깨동무를 하고 찍은 사진을 보여 주며) 친구예요."
동생	◆ 정의 같은 부모에게서 태어난 형제자매나 친척 형제자매 사이에서 나이가 적은 사람을 이르거나 부르는 말. 📖 제 동생은 초등학생이에요. ● 설명 "(형제가 있는 가족사진을 보여 주고 어린 동생을 가리키며) 동생이에요."
중학생	◆ 정의 중학교에 다니는 학생. 📖 저는 중학생이에요. ● 설명 "(중학교 사진을 보여 주며) 중학교 학생. 중학생이에요."

교수-학습 지침

※ 고등학생 대상 수업의 경우 필수적으로 5분간 다음 활동을 추가로 진행함.

→ 교사는 학생들에게 목표 문법을 활용할 수 있는 새로운 화제를 제시한다.

📖 "(세계 지도를 자료로 준비하여 각 나라를 가리키며) 어디예요? '이에요'를 사용하여 말해 보세요."

예시 답안
베트남이에요. 프랑스예요.

정리 - 5분

1) 교사는 학생들에게 대화문을 다시 한번 읽게 한다.

2) 교사는 교재에 제시된 열린 질문을 통해 학생들에게 배운 문법을 활용하여 자유롭게 이야기를 나누게 한다.

📖 "(학생 쪽을 가리키며) 이름이 뭐예요? '이에요'를 사용하여 말해 보세요."

예시 답안
이선영이에요. 김영수예요.

• 4차시 | 문법을 배워요 2

[학습 목표]

- 처음 만난 사람에게 자신을 소개할 수 있다.
- '은'을 사용하여 문장 속에서 어떤 대상이 화제임을 나타낼 수 있다.

도입 – 5분

1) 교사는 학생들에게 대화문을 읽게 한다. 그리고 학생들이 대화 상황을 이해했는지 확인 질문을 한다.
   - 🔲 "(그림에서 정호를 가리키며) 학생 이름은 뭐예요?"
   - 🔲 "(그림에서 선생님을 가리키며) 선생님 이름은 뭐예요?"

2) 교사는 학생들에게 목표 문법의 의미를 추측할 수 있는 질문을 한다.
   - 🔲 "이름을 말해요. 어떻게 말해요?"

전개 – 35분

다음의 절차에 따라 문법에 대해 설명한다. 그리고 새로 제시되는 어휘 및 표현이 있다면 그 의미를 함께 설명한다.

[설명]

- 🔲 "(그림에서 정호를 가리키고 칠판에 판서하며) 정호. ('정호' 옆에 다른 색 분필로 목표 문법인 '는'을 판서하며) 정호는 학생이에요."

- 🔲 "(그 아래에 '동생'을 판서하고) 동생. ('동생' 옆에 다른 색 분필로 목표 문법인 '은'을 판서하며) 동생은 학생이에요."

[예시]

- · 저는 중학생이에요.
- · 제 이름은 영수예요.
- · 동생은 초등학생이에요.
- · 여러분은 중학생이에요?

[정보]

▶형태 정보:

	받침 ○	받침 X
명사	은	는

① 명사 끝음절에 받침이 있으면 '은', 명사 끝음절에 받침이 없으면 '는'를 쓴다.

▶주의 사항:

① '은'은 문장에서 '주제나 화제', '강조', '비교 · 대조' 등의 의미를 나타내는데 본 단원에서는 '주제'의 의미를 학습한다.

[확인]

교사는 문법을 설명한 뒤에 아래 '연습 문제'를 통해 학생들이 문법을 이해했는지 확인한다.

정답
(1) 수호는, 고등학생이에요
(2) 동생은, 초등학생이에요

어휘 및 표현

저	◆ 정의 말하는 사람이 듣는 사람에게 자신을 낮추는 말. 예 저는 학생이에요. ● 설명 "(가슴에 손을 대고) 말해요. 저. (자신의 이름을 말하며) '저'는 OOO이에요/예요."
제	◆ 정의 말하는 사람이 자신을 낮추어 가리키는 말인 '저'에 '의'가 붙은 '저의'가 줄임말. 예 제 이름은 수호예요. ● 설명 "(학생의 책을 들고) 누구 책이에요? 말해요. 제 책이에요."
초등학생	◆ 정의 초등학교에 다니는 학생. 예 동생은 초등학생이에요. ◆ 정보 한국의 교육과정을 순서에 따라 판서한 뒤 다음과 같은 어휘를 함께 학습한다. '초등학생→중학생→고등학생→대학생' ● 설명 "(초등학교 사진을 보여 주며) 초등학교 학생. 초등학생이에요."

고등학생	◆ **정의** 고등학교에 다니는 학생. 圓 저는 고등학생이에요. ● **설명** "(고등학교 사진을 보여 주며) 고등학교 학생. 고등학생이에요."
네	◆ **정의** 윗사람의 물음이나 명령에 긍정하여 대답할 때 쓰는 말. 圓 네, 친구예요. ◆ **정보** 같은 의미로 '예'도 사용할 수 있다. ● **설명** "(학생을 가리키며) 학생이에요? 대답해요. 네, 학생이에요."

교수-학습 지침

※ 고등학생 대상 수업의 경우 필수적으로 5분간 다음 활동을 추가로 진행함.

➔ 교사는 학생들에게 목표 문법을 활용할 수 있는 새로운 화제를 제시한다.

圓 "가족 이름이 뭐예요? '은'을 사용해서 말해 보세요."

예시 답안

아버지는 ○○○이에요. 동생은 ○○○이에요.

정리 - 5분

1) 교사는 학생들에게 대화문을 다시 한번 읽게 한다.

2) 교사는 교재에 제시된 열린 질문을 통해 학생들에게 배운 문법을 활용하여 자유롭게 이야기를 나누게 한다.

圓 "여러분 친구는 누구예요? '은'을 사용하여 말해 보세요."

예시 답안

제 친구는 정호예요. 정호는 중학생이에요.

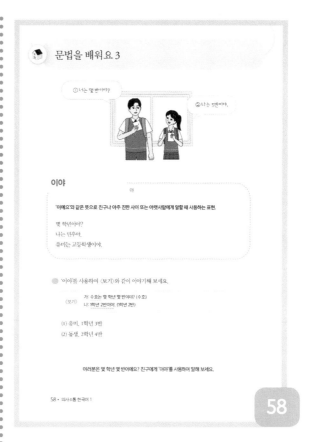

• 5차시 | 문법을 배워요 3

[학습 목표]

• 친근한 상대에게 몇 반인지 묻고 답할 수 있다.

• '이야'를 사용하여 친구나 아주 친한 사이 또는 아랫사람에게 어떤 사실을 서술하거나 질문할 수 있다.

도입 - 5분

1) 교사는 학생들에게 대화문을 읽게 한다. 그리고 학생들이 대화 상황을 이해했는지 확인 질문을 한다.

圓 "(그림에서 나나를 가리키며) 몇 반이에요?"

2) 교사는 학생들에게 목표 문법의 의미를 추측할 수 있는 질문을 한다.

圓 "여러분, 나나는 몇 반이에요? 선생님에게 대답해요. '5반이에요.' 그럼 친구에게 어떻게 대답해요?"

전개 - 35분

다음의 절차에 따라 문법에 대해 설명한다. 그리고 새로 제시되는 어휘 및 표현이 있다면 그 의미를 함께 설명한다.

[설명]

圓 "선생님에게 말해요. '저는 학생이에요, 저는 영수예요'. 친구에게 말해요. '나는 학생이야. 나는 영수야'."

📋 "(그림에서 세인을 가리키고 칠판에 판서하며) 세인. ('세인' 옆에 다른 색 분필로 목표 문법인 '이야'를 판서하며) 세인이야."

📋 "('세인이야' 문장 아래 '나나'를 판서하고) 나나. ('나나' 옆에 다른 색 분필로 목표 문법인 '야'를 판서하며) 나나야."

[예시]
· 나는 중학생이야.
· 영수는 1반이야?
· 나는 나나야.
· 너는 누구야?

[정보]
▶형태 정보:

	받침 ○	받침 X
명사	이야	야

① 명사 끝음절에 받침이 있으면 '이야', 명사 끝음절에 받침이 없으면 '야'를 쓴다.

▶주의 사항:
① 잘 알고 지내는 친구나 아랫사람에게만 사용하며, 잘 알지 못하는 사람이나 낯선 사람이라면 나이가 같거나 자신보다 어려도 사용하지 않는다.

[확인]
교사는 문법을 설명한 뒤 '연습 문제'를 통해 학생들이 문법을 이해했는지 확인한다.

> 정답
> (1) 유미는, 1학년 3반이야
> (2) 동생은, 2학년 4반이야

어휘 및 표현

몇	◆ 정의 잘 모르는 수를 물을 때 쓰는 말. 📋 몇 쪽이에요? ● 설명 "학년, 반을 몰라요. 질문해요. 몇 학년이에요? 몇 반이에요?"
나	◆ 정의 말하는 사람이 친구나 아랫사람에게 자기를 가리키는 말. 📋 나는 1학년 2반이야. ◆ 정보 '나'는 반말 표현과 함께 사용해야 하며 높임 표현과 쓸 때는 '저'라고 해야 한다. ● 설명 "선생님에게 말해요, 저는. 친구에게 말해요, 나는."
너	◆ 정의 듣는 사람이 친구나 아랫사람일 때, 그 사람을 가리키는 말. 📋 너는 몇 반이야? ◆ 정보 상대가 윗사람이거나 친하지 않은 상대에게는 사용하지 않는다. ● 설명 "친구 이름을 몰라요. 말해요. 너. 너는 이름이 뭐야?"

> 교수-학습 지침
> ※ 고등학생 대상 수업의 경우 필수적으로 5분간 다음 활동을 추가로 진행함.
> → 교사는 학생들에게 목표 문법을 활용할 수 있는 새로운 화제를 제시한다.
> 📋 "친구의 이름이 뭐예요? 몇 반이에요? '이야'를 사용해서 말해 보세요."
>
> 예시 답안
> 안나야. 3반이야.

정리 – 5분

1) 교사는 학생들에게 대화문을 다시 한번 읽게 한다.

2) 교사는 교재에 제시된 열린 질문을 통해 학생들에게 배운 문법을 활용하여 자유롭게 이야기를 나누게 한다.
   📋 "여러분은 몇 학년 몇 반이에요? 친구에게 '이야'를 사용하여 말해 보세요."

> 예시 답안
> 1학년이야. 2반이야. 2학년 3반이야.

• 6차시 | 문법을 배워요 4

[학습 목표]

- 어떤 내용이나 사실을 부정하는 표현을 할 수 있다.
- '이 아니에요/아니야'를 사용하여 어떤 사실이나 내용을 부정할 수 있다.

도입 – 5분

1) 교사는 학생들에게 대화문을 읽게 한다. 그리고 학생들이 대화 상황을 이해했는지 확인 질문을 한다.

   📖 "(그림에서 여학생을 가리키며) 1학년이에요?"

2) 교사는 학생들에게 목표 문법의 의미를 추측할 수 있는 질문을 한다.

   📖 "(선생님을 가리키며) 학생이에요? 아니요, 학생이 아니에요. 선생님이에요."

   📖 "(학생을 가리키며) 선생님이에요? 아니요, 선생님이 아니에요. 학생이에요."

전개 – 35분

다음의 절차에 따라 문법에 대해 설명한다. 그리고 새로 제시되는 어휘 및 표현이 있다면 그 의미를 함께 설명한다.

[설명]

📖 "(교사 자신을 가리키며) 학생이에요? 아니요, 학생이 아

니에요. 선생님이에요."

📖 "(학생을 가리키며) 유미예요? 아니요, 유미가 아니에요. ○○이에요/예요."

📖 "(책상을 가리키며) 의자예요? 아니요, 의자가 아니에요. 책상이에요."

[예시]

- 학생이 아니에요.
- 친구가 아니에요.
- 가방이 아니야.
- 나는 초등학생이 아니야.

[정보]

▶형태 정보:

	받침 ○	받침 X
명사	이 아니에요/이 아니야	가 아니에요/가 아니야

① 명사 끝음절에 받침이 있으면 '이 아니에요/아니야', 명사 끝음절에 받침이 없으면 '가 아니에요/아니야'를 쓴다.

▶주의 사항:

① 대화 상대에 따라 다르게 사용하며 대화 상대가 윗사람일 경우에는 '이 아니에요'를, 친구나 아랫사람일 경우에는 '이 아니야'를 사용한다.

[확인]

교사는 문법을 설명한 뒤 '연습 문제'를 통해 학생들이 문법을 이해했는지 확인한다.

정답
(1) 가: 1반이에요?
   나: 1반이 아니에요. 2반이에요.
(2) 가: 친구예요?
   나: 친구가 아니에요. 동생이에요.

어휘 및 표현

아니요	◆ 정의 윗사람이 묻는 말에 대하여 부정하며 대답할 때 쓰는 말. 예 아니요, 중학생이 아니에요. ◆ 정보 '네'를 함께 제시해 주어 학생들의 이해를 높인다. ● 설명 "(학생을 가리키며) 선생님이에요? (고개를 저으며) 아니요. 학생이에요."
대학생	◆ 정의 대학교에 다니는 학생. 예 누나는 대학생이에요. ● 설명 "(대학교 사진을 보여 주며) 대학교 학생. 대학생이에요."

교수-학습 지침

※ 고등학생 대상 수업의 경우 필수적으로 5분간 다음 활동을
추가로 진행함.

➔ 교사는 학생들에게 목표 문법을 활용할 수 있는 새로운 화제
를 제시한다.

📖 "여러분은 2학년이에요? 대학생이에요? 친구에게 '이
아니야'를 사용해서 말해 보세요."

예시 답안
나는 2학년이 아니야. 나는 대학생이 아니야.

정리 – 5분

1) 교사는 학생들에게 대화문을 다시 한번 읽게 한다.

2) 교사는 교재에 제시된 열린 질문을 통해 학생들에게
배운 문법을 활용하여 자유롭게 이야기를 나누게 한다.

📖 "여러분은 초등학생이에요? 선생님이에요? '이 아니에
요/이 아니야'를 사용하여 말해 보세요."

정답
저는 초등학생이 아니에요. 저는 선생님이 아니에요.

● 문화

[학습 목표]
- 한국의 인사법을 알고 상황에 맞게 인사할 수 있다.
- 한국의 전통 인사법을 알고 여러 나라의 인사 예절과 비교하여 이야기할 수 있다.

1) 질문을 통해 학생들에게 주제를 추측하게 한다.
- 교 "여러분, 친구를 만나요. 친구에게 어떻게 인사해요?"
- 교 "여러분, 선생님을 만나요. 선생님에게 어떻게 인사해요?"
- 교 "여러분, 한국의 전통 인사를 알아요?"

2) 교재 60쪽을 보며 한국의 인사법에 대해 설명한다.

교수-학습 지침

교사는 역할극을 통해 본 한국의 인사법에 대한 문화 활동을 진행할 수 있다. 학생들에게 다양한 연령층의 역할을 분담해 주고 상황을 제시해 준다. 그리고 그 상황에서 인사를 해 보는 활동을 할 수 있도록 지도한다.

3) 교재 61쪽을 보며 한국의 전통 인사인 '큰절'을 하는 방법에 대해 설명한다.

교수-학습 지침

교사는 체험 활동으로 학생들에게 직접 큰절을 해 보는 문화 활동을 진행할 수 있다. 인터넷에서 남녀가 큰절을 하는 동영상을 찾아 직접 보여 준다. 그리고 교재의 그림과 영상을 참고하여 학생들에게 직접 큰절을 해 볼 수 있도록 지도한다.

4) 본 문화와 관련하여 상호문화적 관점에서 이야기할 수 있도록 한다.
- 교 "다른 나라에서는 어떻게 인사해요?"

더 알아보기

프랑스	프랑스식 인사법으로 '비쥬'가 있다. 비쥬는 서로 양쪽 볼을 번갈아 가면서 '쪽' 하고 입으로 소리를 두 번 내는 것이다.
태국	태국의 전통 인사법으로 '와이'가 있다. 두 손을 모으고 팔과 팔꿈치를 붙인 채 '와이'라고 말하면서 고개를 숙인다. 이때 합장한 손이 위로 올라갈수록 공경의 정도가 커진다.

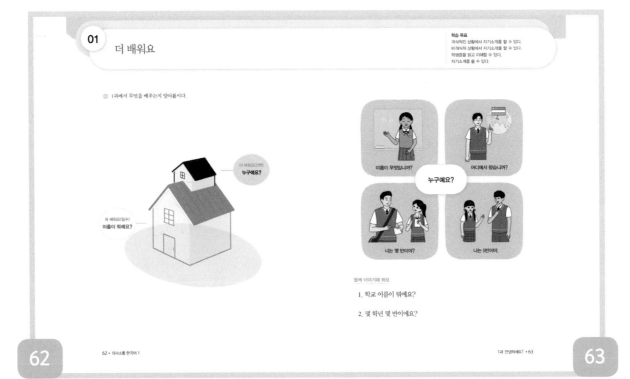

62

63

〈더 배워요〉 학습 목표

- 격식적인 상황에서 자기소개를 할 수 있다.
- 비격식적인 상황에서 자기소개를 할 수 있다.

7차시	• 격식적인 상황에서 자기소개를 할 수 있다.
8차시	• 비격식적인 상황에서 개인 정보를 묻고 답할 수 있다.
9차시	• 학생증을 읽고 이해할 수 있다.
10차시	• 자기소개를 쓸 수 있다.

• 7차시 | 〈더 배워요〉 도입 및 대화해 봐요 1

〈더 배워요〉 도입 - 5분

1) 〈꼭 배워요〉의 목표 어휘 및 문법 등을 확인할 수 있는 질문을 통해 학생들이 해당 표현을 사용하여 답할 수 있도록 유도한다.
- 📖 "이름이 뭐예요?"
- 📖 "몇 학년이에요? 몇 반이에요?"
- 📖 "친구예요? 동생이에요?"

2) '대화해 봐요 1, 2'에서 학습할 내용을 대표하는 네 개의 그림들을 확인하며 학생들이 앞으로 배우게 될 주제 및 내용을 추측할 수 있도록 한다.
- 📖 "누구예요?"
- 📖 "자기소개를 해요. 이름을 말해요."
- 📖 "어디에서 왔어요?"
- 📖 "몇 반이에요?"

3) '함께 이야기해 봐요'에 제시된 질문을 통해 이야기를 나눔으로써 '읽고 써 봐요'에서 학습할 내용을 추측하게 한다.
- 📖 "학교 이름이 뭐예요?"
- 📖 "몇 학년 몇 반이에요?"

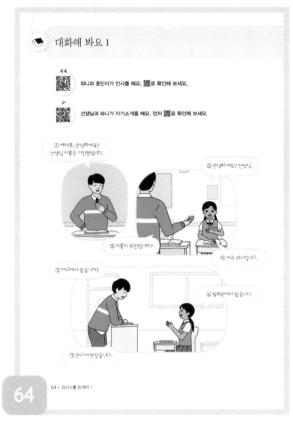

64

[학습 목표]

- 격식적인 상황에서 자기소개를 할 수 있다.
- 부가 문법: 입니다
- 목표 표현: 저는 ~입니다
  ~에서 왔습니다

도입 – 5분

1) 교사는 학생들에게 '대화해 봐요 1'의 내용을 추측할 수 있는 질문을 한다.
   - 📖 "(그림에서 선생님을 가리키며) 선생님이에요. (그림에서 학생을 가리키며) 학생이에요. 인사해요. 어떻게 인사해요?"
   - 📖 "이름이 무엇입니까?"

2) 교사는 학생들에게 64쪽의 첫 번째 QR 코드 속 영상을 보게 한다.
   - 📖 "남학생, 여학생이 인사해요. 어떻게 인사해요. 확인해 봐요."

3) 교사는 학생들이 대화 내용을 잘 이해했는지 질문을 한다. 그리고 새 표현이 있다면 그 의미를 함께 설명한다.
   - 📖 "남학생 이름이 뭐예요? 여학생 이름이 뭐예요?"

전개 – 20분

1) 교사는 학생들에게 본 대화 내용을 소개하며 64쪽의 두 번째 QR 코드 속 영상을 보게 한다.
   - 📖 "선생님이 자기소개를 해요. 학생이 자기소개를 해요. 함께 확인해 봐요."

2) 교사는 학생들이 대화의 전체 내용을 이해했는지 확인하는 질문을 한다.
   - 📖 "(64쪽의 선생님을 가리키며) 이름이 뭐예요?"
   - 📖 "(64쪽의 학생을 가리키며) 이름이 뭐예요?"

3) 교사는 학생들에게 대화문을 읽게 한다. 그리고 세부 내용을 이해했는지 확인하는 질문을 한다.
   - 📖 "선생님이 어떻게 인사해요?"
   - 📖 "와니는 어디에서 왔어요?"

4) 대화에 제시된 새 표현의 의미를 설명한다.

어휘 및 표현

여러분	◆ **정의** 듣는 사람이 여러 명일 때 그 사람들을 높여 이르는 말. 📖 여러분, 책을 보세요. ● **설명** "(선생님이 앞에 서 있고 학생들이 수업을 듣는 사진을 보여 주며) 학생이 많이 있어요. 선생님이 이 학생들에게 말해요. 여러분."
무엇	◆ **정의** 모르는 사실이나 사물을 가리키는 말. 📖 이름이 무엇입니까? ◆ **정보** '뭐'의 본말로 격식적인 상황이나 문어에서 주로 쓰인다. ● **설명** "이름을 몰라요. 말해요. 이름이 무엇입니까? '무엇'은 '뭐'하고 같아요."
어디에서 왔습니까?	◆ **정의** 상대방의 출신 국가나 고향을 물을 때 쓰는 표현. 📖 어디에서 왔습니까? ◆ **정보** 하나의 덩어리 표현으로 익힐 수 있도록 지도한다. ● **설명** "한국 사람이 아니에요. 나라를 몰라요. 질문해요. 어디에서 왔습니까?"

5) 교사는 학생들에게 대화문을 다시 한번 읽게 한다. 이때 역할을 나누는 등 다양한 방식으로 읽게 할 수 있다.

6) 교사는 다음의 절차에 따라 부가 문법 '입니다'에 대해 설명한다. 그리고 새로 제시되는 어휘가 있다면 그 의미를 함께 설명한다.

부가 문법　'입니다'

[설명]

- 📖 "(교사 자신을 가리키며) 선생님입니까? 네, 선생님입니다. (학생 한 명을 가리키며) 학생입니까? (학생의 대답을 듣고) 네, 학생입니다."

[예시]

- · 김영수입니다.
- · 친구입니다.

· 동생입니까?

· 고등학생입니까?

[정보]

▶형태 정보:

	받침 ○	받침 X
명사	입니다	

① 명사 끝음절 받침 유무에 관계없이 명사 뒤에 '입니다'를 쓴다.

▶주의 사항:

① 격식적인 상황에서 정중하게 말할 때 사용한다.

② 상대방에게 질문을 할 때는 '입니까?'를 쓴다.

7) 교사는 학생들에게 목표 표현에 대해 설명한다.

목표 표현 1   **'저는 ~입니다'**

[설명]

🔲 "(커피숍에서 대화하는 사진, 회사원들이 휴게실에서 커피를 마시며 대화하는 사진 등 비격식 상황을 나타내는 사진들을 보여 주며) 자기소개를 해요. 저는 OO이에요/예요. (교실에서 발표하는 사진, 회사에서 회의하는 사진 등 격식 상황을 나타내는 사진들을 보여 주며) 자기소개를 해요. 저는 OO입니다."

[예시]

· 저는 이호민입니다.

· 저는 중학생입니다.

· 동생은 초등학생입니다.

· 영수는 제 친구입니다.

목표 표현 1   **'~에서 왔습니다'**

[설명]

🔲 "'~에서 왔습니다'는 고향을 말할 때 사용해요."

[예시]

· 저는 일본에서 왔습니다.

· 친구는 필리핀에서 왔습니다.

· 나나는 중국에서 왔습니다.

· 세인은 우즈베키스탄에서 왔습니다.

8) 교사는 학생들에게 교재의 1번과 2번 문제를 풀게 한다.

9) 교사는 학생들과 함께 문제의 답을 확인한다.

정답
1. (1) ○   (2) ×   (3) ○
2. (출신지)에서 왔습니다.

10) 교사는 학생들에게 65쪽의 첫 번째 QR 코드 속 영상을 보게 한다.

🔲 "호민이가 자기소개를 해요. 함께 확인해 봐요."

11) 교사는 학생들이 대화 내용을 잘 이해했는지 질문을 한다. 그리고 새 표현이 있다면 그 의미를 함께 설명한다.

🔲 "여러분, 호민이는 어디에서 왔어요?"

활용 – 10분

1) 교사는 학생들이 목표 표현을 사용하여 대답할 수 있도록 질문을 한다.

🔲 "이름이 무엇입니까?"

🔲 "어디에서 왔습니까?"

2) 교사는 질문을 통해 학생들이 '활용하기'의 대화 상황을 추측할 수 있도록 한다.

🔲 "안나가 자기소개를 해요. 안나는 어디에서 왔습니까?"

3) 교사는 학생들에게 대화문을 읽게 한 후 대화의 내용을 이해했는지 확인하는 질문을 한다. 그리고 새 표현

이 있다면 그 의미를 함께 설명한다.

📺 "여러분, 안나는 어디에서 왔습니까?"

4) 교사는 학생들에게 대화문을 다시 한번 읽게 한다. 이때 역할을 나누는 등 다양한 방식으로 읽게 할 수 있다.

교수-학습 지침

※ 고등학생 대상 수업의 경우 필수적으로 5분간 다음 활동을 추가로 진행함.

→ 교사는 학생들에게 격식적인 표현을 사용하여 반 친구들 앞에서 자기소개를 하는 활동을 할 수 있도록 지도한다.

정리 – 5분

교사는 학생들에게 65쪽의 '전체 대화를 들어 보세요' QR 코드 속 대화를 듣게 하고 수업을 마무리한다.

• 8차시 | 대화해 봐요 2

[학습 목표]

• 비격식적인 상황에서 개인 정보를 묻고 답할 수 있다.

• 부가 문법: 아(호격)

• 목표 표현: ~는 ~이야

　　　　　　 ~아, 너는?

본 대화는 나나와 수호가 처음 만나서 자기소개를 하고 서로의 반을 묻고 답하는 상황이다.

도입 – 7분

1) 교사는 학생들에게 '대화해 봐요 2'의 내용을 추측할 수 있는 질문을 한다.

📺 "(66쪽 그림에서 수호와 나나를 가리키며) 친구예요. 자기소개를 해요. 어떻게 자기소개를 해요?"

2) 교사는 학생들에게 66쪽의 첫 번째 QR 코드 속 영상을 보게 한다.

📺 "수호와 나나가 자기소개를 해요. 함께 확인해 봐요."

3) 교사는 학생들이 대화 내용을 잘 이해했는지 질문을 한다. 그리고 새 표현이 있다면 그 의미를 함께 설명한다.

📺 "남학생은 이름이 뭐예요?"

📺 "여학생은 이름이 뭐예요?"

어휘 및 표현

내	◆ **정의** '나의'가 줄어든 말. 📖 **예** 내 이름은 선영이야. ◆ **정보** 친구나 나보다 아랫사람에게 쓰는 표현으로 가깝지 않은 사이나 윗사람에게는 '저의'가 줄어든 말인 '제'를 사용해야 한다. 📖 **설명** "선생님에게 말해요. '제' 친구예요. 그리고 친구에게 말해요. '내' 친구야."

전개 – 20분

1) 교사는 학생들에게 본 대화 내용을 소개하며 66쪽의 두 번째 QR 코드 속 영상을 보게 한다.

   📖 "수호와 나나는 몇 반이에요? 함께 확인해 봐요."

2) 교사는 학생들이 대화의 전체 내용을 이해했는지 확인하는 질문을 한다.

   📖 "나나는 1반이에요?"

   📖 "수호는 몇 반이에요?"

3) 교사는 학생들에게 대화문을 읽게 한다. 그리고 세부 내용을 이해했는지 확인하는 질문을 한다.

   📖 "나나는 몇 반이에요?"

   📖 "수호는 친구예요. 나나가 어떻게 인사해요?"

4) 대화에 제시된 새 표현의 의미를 설명한다.

5) 교사는 학생들에게 대화문을 다시 한번 읽게 한다. 이때 역할을 나누는 등 다양한 방식으로 읽게 할 수 있다.

6) 교사는 다음의 절차에 따라 부가 문법 '아'(호격)에 대해 설명한다. 그리고 새로 제시되는 어휘가 있다면 그 의미를 함께 설명한다.

부가 문법 1   '아(호격)'

[설명]

📖 "(그림에서 '나나'를 가리키며) 이름이 뭐예요? 나나예요. (두 손을 입 주변에 대고 상대를 부르는 행동을 하며) 불러요. 나나야. (그림에서 '세인'을 가리키며 이름이 뭐예요? 세인이에요. (손을 들어 손짓하며 상대를 부르는 행동을 하며) 불러요. 세인아."

📖 "'아'는 친구를 부를 때 사용해요."

[예시]

· 호민아.

· 선영아.

· 안나야.

· 영수야.

[정보]

▶형태 정보:

	받침 ○	받침 X
명사	아	야

① 이름 끝음절에 받침이 있으면 '아', 명사 끝음절에 받침이 없으면 '야'를 쓴다.

7) 교사는 학생들에게 목표 표현에 대해 설명한다.

목표 표현 1   '~는 ~이야'

[설명]

📖 "'~는 ~이야'는 친구에게 말할 때 사용해요."

[예시]

· 나는 선영이야.

· 나는 영수야.

· 내 동생은 이선영이야.

· 누나는 고등학생이야.

목표 표현 2   '~아, 너는?'

[설명]

📖 "'~아, 너는?'은 친구에게 앞에서 질문한 것과 같은 질문을 할 때 사용해요."

[예시]

· 안나야, 너는?

· 세인아, 너는?

· 민우야, 너는?

· 호민아, 너는?

새 표현
내 아(호격)

|| 질문에 답해요.

1. 내용과 같으면 O, 다르면 X 하세요.
   (1) 나나는 2반이에요.　　　　　　(　)
   (2) 수호는 5반이 아니에요.　　　　(　)

2. 여러분은 몇 반이에요?
   → ＿＿＿＿＿＿＿＿＿＿＿＿＿

나나는 어디에서 왔어요?
로 확인해 보세요.

전체 대화를
들어 보세요.

■ 활용하기

민우와 유미가 이야기를 해요.

: 유미야, 너는 몇 반이야?

: 나는 3반이야. 너는?

: 나는 5반이야.

: 만나서 반가워.

67

8) 교사는 학생들에게 교재의 1번과 2번 문제를 풀게 한다.

9) 교사는 학생들과 함께 문제의 답을 확인한다.

정답
1. (1) ✕　(2) ○
2. 저는 (반 번호)반이에요.

10) 교사는 학생들에게 67쪽의 첫 번째 QR 코드 속 영상을 보게 한다.

교 "나나는 어디에서 왔어요? 함께 확인해 봐요."

11) 교사는 학생들이 대화 내용을 잘 이해했는지 질문을 한다. 그리고 새 표현이 있다면 그 의미를 함께 설명한다.

교 "나나는 어디에서 왔어요?"
교 "수호는 어디에서 왔어요?"

활용 – 10분

1) 교사는 학생들이 목표 표현을 사용하여 대답할 수 있도록 질문을 한다.

교 "친구와 처음 만나요. 어떻게 인사해요?"
교 "친구예요. 어떻게 자기소개를 해요?"

2) 교사는 질문을 통해 학생들이 '활용하기'의 대화 상황을 추측할 수 있도록 한다.

교 "민우는 유미 친구예요. 유미가 어떻게 불러요?"
교 "민우하고 유미는 처음 만나요. 어떻게 인사해요?"

3) 교사는 학생들에게 대화문을 읽게 한 후 대화의 내용을 이해했는지 확인하는 질문을 한다. 그리고 새 표현이 있다면 그 의미를 함께 설명한다.

교 "민우는 몇 반이에요? 유미는 몇 반이에요?"

4) 교사는 학생들에게 대화문을 다시 한번 읽게 한다. 이때 역할을 나누는 등 다양한 방식으로 읽게 할 수 있다.

교수-학습 지침
※ 고등학생 대상 수업의 경우 필수적으로 5분간 다음 활동을 추가로 진행함.
➔ 교사는 짝 활동, 그룹 활동으로 학생들이 서로 처음 만난 상황을 가정하고 인사해 보는 활동을 할 수 있도록 지도한다.

정리 – 8분

교사는 학생들에게 67쪽의 '전체 대화를 들어 보세요' QR 코드 속 대화를 듣게 하고 수업을 마무리한다.

• 9차시 | 읽고 써 봐요 – 읽기

[학습 목표]

- 학생증을 읽고 이해할 수 있다.

본 활동은 학생증에 적힌 개인 정보를 읽고 이해하기 위한 활동이다.

읽기 전 – 5분

교사는 학생들에게 읽기 내용을 추측할 수 있는 질문을 한다.

- 🔲 "학생증이 있어요?"
- 🔲 "학생증을 보세요. 무엇이 있어요?"
- 🔲 "학생 이름이 뭐예요? 학교 이름이 뭐예요?"

읽기 중 – 30분

1) 교사는 학생들에게 읽기 지문을 큰 소리로 따라 읽게 한다.

- 🔲 "영수는 몇 반이에요? 함께 확인해 봐요."

2) 교사는 학생들이 읽기 지문의 전체 내용을 이해했는지 확인하는 질문을 한다.

- 🔲 "(68쪽의 학생증을 가리키며) 뭐예요?"
- 🔲 "(학생증에서 이름 부분을 가리키며) 이름이 뭐예요?"

3) 교사는 학생들에게 읽기 지문을 읽게 한다. 그리고 세부 내용을 이해했는지 확인하는 질문을 한다.

- 🔲 "김영수는 고등학생이에요?"
- 🔲 "2학년이에요?"
- 🔲 "몇 반이에요?"
- 🔲 "반 번호가 몇 번이에요?"

4) 읽기 지문에 제시된 새 표현의 의미를 설명한다.

어휘 및 표현

번	◆ **정의** 차례를 나타내거나 서로 다른 것과 구별하기 위해 붙이는 숫자. 📄 여권 번호가 몇 번이에요? ◆ **정보** 학교에서 각 반의 학생들에게 번호가 부여된다. ● **설명** "(학생 한 명의 학년, 반, 번호를 판서하고) 1학년이에요. 1반이에요. 10번이에요. 10번은 우리 반 학생 번호예요. 우리반 1번은 누구예요? 2번은 누구예요?"

읽기 후 – 10분

1) 교사는 학생들에게 교재의 문제를 풀게 한다.

2) 교사는 학생들과 함께 문제의 답을 확인한다.

> **정답**
> 1. (1) ○   (2) ×   (3) ×
> 2. 대한중학교예요.
> 3. 1학년 3반이에요.

3) 교사는 질문을 통해 읽기 내용을 재확인하며 수업을 마무리한다.

- 🔲 "(68쪽의 학생증을 가리키며) 이름이 뭐예요?"
- 🔲 "몇 학년이에요? 몇 반이에요?"
- 🔲 "학생증을 보세요. 그리고 이 학생의 정보에 대해 질문해 보세요."

> **교수–학습 지침**
> ※ 고등학생 대상 수업의 경우 필수적으로 5분간 다음 활동을 추가로 진행함.
> → 교사는 실물의 학생증을 활용하여 학생들에게 개인 정보를 확인하는 활동을 할 수 있도록 지도한다.

• 10차시 | 읽고 써 봐요 – 쓰기

[학습 목표]
• 자기소개를 쓸 수 있다.

본 활동은 앞서 학습한 어휘와 격식적인 표현을 활용하여 자신을 소개하는 글을 써 보도록 하는 활동이다.

쓰기 전 – 5분

1) 교사는 학생들에게 쓰기 내용을 추측할 수 있는 질문을 한다.
  📖 "여러분은 이름이 무엇입니까?"
  📖 "중학생입니까? 고등학생입니까?"
  📖 "어디에서 왔습니까?"

2) 교사는 학생들에게 어떤 쓰기 활동을 할 것인지 명확히 알려 준다.
  📖 "자기소개를 쓰세요."

쓰기 중 – 30분

1. 학생의 정보를 쓰는 활동이다.

1) 교사는 학생들에게 무엇을 써야 하는지 알려 준다. 그리고 새 표현이 있다면 그 의미를 함께 설명한다.

📖 "수호하고 나나는 몇 반이에요? 함께 확인해 봐요."

2) 교사는 학생들이 읽기 지문의 전체 내용을 이해했는지 확인하는 질문을 한다.
  📖 "여러분 학생증을 보세요. 여러분의 학교, 학년, 반, 번호를 쓰세요."
  📖 "(교재에 제시된 표의 '이름'을 가리키며) 이름을 쓰세요."
  📖 "(표의 '학교'를 가리키며) 학교 이름을 쓰세요."
  📖 "(표의 '학년/반'을 가리키며) 학년하고 반을 쓰세요."
  📖 "(표의 '번호'를 가리키며) 반 번호를 쓰세요."

3) 교사는 학생들에게 자신의 정보를 쓰게 한다. 이때 교사는 학생들에게 개별적으로 쓰기 지도를 할 수 있다.

2. 자기소개를 쓰는 활동이다.

1) 교사는 학생들에게 무엇을 써야 하는지 알려 준다. 그리고 새 표현이 있다면 그 의미를 함께 설명한다.

📖 "(69쪽의 〈보기〉를 가리키며) 와니가 자기소개를 썼어요. 이름은 와니예요. 대한중학교 학생이에요. 1학년 3반이에요. (학생들이 앞서 쓴 부분을 가리키며) 여러분이 이름, 학교, 학년, 반, 번호를 썼어요. (아래 자기소개 쓰는 곳을 가리키며) 여러분 자기소개를 쓰세요."

2) 교사는 학생들에게 자기소개를 쓰게 한다. 이때 교사는 학생들에게 개별적으로 쓰기 지도를 할 수 있다.

쓰기 후 – 10분

1) 쓰기 활동이 모두 마무리되면 교사는 학생들에게 각자 쓴 것을 발표하게 한다.

2) 교사는 학생증의 정보와 자기소개 내용에 대해 다시 한번 정리하며 수업을 마무리한다.

> **교수–학습 지침**
> ※ 고등학생 대상 수업의 경우 필수적으로 5분간 다음 활동을 추가로 진행함.
> → 교사는 학생들에게 수업 중에 지도받은 내용을 반영해 공책에 글을 다시 쓰게 할 수 있다. 이를 통해 학생들 스스로 자신의 글을 점검하도록 지도한다.

2과 체육복이 어디에 있어요?

단원 목표

물건의 이름을 알고 물건의 위치를 말할 수 있다.

단원 내용

꼭 배워요 (필수)	• 주제: 사물
	• 기능: 물건 유무 묻고 답하기, 물건 위치 말하기
	• 어휘: 물건 관련 어휘, 위치 관련 어휘
	• 문법: 이 있어(요)/없어(요), 에 있어(요)/없어(요), 하고, 의
문화	• 문화: 한국 중고등학생의 필수품을 엿보다
더 배워요 (선택)	• 대화 1: 물건 이름에 대해 묻고 답하기 • 대화 2: 물건의 위치 묻고 답하기
	• 읽기: 메모
	• 쓰기: 메모 쓰기

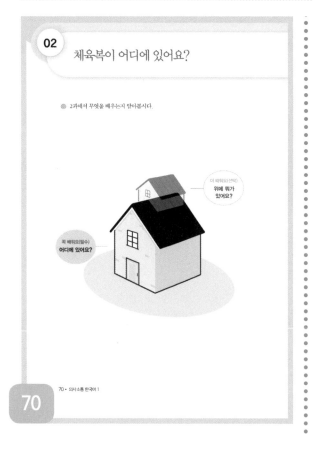

수업 개요

〈꼭 배워요〉학습 목표	

• 물건의 이름을 안다.
• 물건의 위치를 말할 수 있다.

1차시	• 도입 대화를 통해 본 단원의 주제에 대해 이해하고 말할 수 있다.
2차시	• 물건 관련 어휘와 위치 관련 어휘와 표현을 알고 활용할 수 있다.
3차시	• 물건의 유무를 묻고 답할 수 있다. • '이 있어(요)/없어(요)'를 사용하여 사람이나 사물이 존재하거나 존재하지 않는 것에 대해 묻고 답할 수 있다.
4차시	• 물건이 놓인 장소나 위치를 묻고 답할 수 있다. • '에 있어(요)/없어(요)'를 사용하여 사람이나 사물이 있는 장소나 위치를 묻고 답할 수 있다.

5차시	• 두 개 이상의 물건이나 사람 등을 나열하여 말할 수 있다. • '하고'를 사용하여 앞과 뒤의 명사를 같은 자격으로 이어서 말할 수 있다.
6차시	• 물건의 소유자가 누구인지를 묻고 답할 수 있다. • '의'를 사용하여 앞의 말이 뒤의 말에 대하여 소유나 소속, 소재나 관계 또는 기원이나 주체의 관계라는 것을 표현할 수 있다.

교수-학습 지침

※ 고등학생 대상 수업의 경우 필수적으로 5분간 다음 활동을 추가로 진행함.
→ 교사는 짝 활동, 그룹 활동으로 학생들이 자유롭게 서로 자기소개를 하거나 개인 정보를 묻고 답하는 활동을 할 수 있도록 지도한다.

• 1차시 | 복습 및 〈꼭 배워요〉 도입

[학습 목표]
• 도입 대화를 통해 본 단원의 주제에 대해 이해하고 말할 수 있다.

복습 – 20분

1단원에서 배운 주제 및 문법에 대해 복습한다.

1) 교사는 지난 단원의 주제와 관련된 질문을 하여 학생들에게 학습한 내용을 떠올리게 한다.
   📖 "선생님을 만나요. 어떻게 인사해요?"
   📖 "친구를 만나요. 어떻게 인사해요?"
   📖 "이름이 뭐예요?"

2) 교사는 '이에요'와 관련된 질문을 하여 학생들에게 학습한 내용을 떠올리게 한다.
   📖 "자기소개를 해요. 어떻게 말해요?"
   📖 "몇 반이에요?"

3) 교사는 '은'과 관련된 질문을 하여 학생들에게 학습한 내용을 떠올리게 한다.
   📖 "옆 친구를 소개해요. 이름이 뭐예요?"
   📖 "친구는 몇 학년이에요? 몇 반이에요?"

4) 교사는 '이야'와 관련된 질문을 하여 학생들에게 학습한 내용을 떠올리게 한다.
   📖 "친구에게 자기소개를 해요. 어떻게 말해요?"
   📖 "친구의 이름을 몰라요. 어떻게 말해요?"

5) 교사는 '이 아니에요'와 관련된 질문을 하여 학생들에게 학습한 내용을 떠올리게 한다.
   📖 "(교사 자신을 가리키며) "학생이에요?"
   📖 "(학생의 옆에 앉은 친구를 가리키며) 동생이에요?"

〈꼭 배워요〉 도입 – 25분

1) 교사는 학생들과 교재 71쪽의 그림을 보면서 학습하게 될 주제에 대해 이야기한다.
   📖 "어디예요?"
   📖 "누구예요?"
   📖 "(71쪽 그림에 나타난 사물들을 가리키며) 뭐예요?"

2) 교사는 학생들에게 교재 71쪽의 대화를 읽게 한다. 그리고 세부 내용을 이해했는지 확인하는 질문을 한다.
   📖 "연필이 있어요?"
   📖 "연필이 어디에 있어요?"

3) 교사는 학생들에게 '함께 이야기해 봐요'의 질문을 하면서 단원의 주제를 도입한다.
   📖 "무엇이 있어요?"
   📖 "어디에 있어요?"

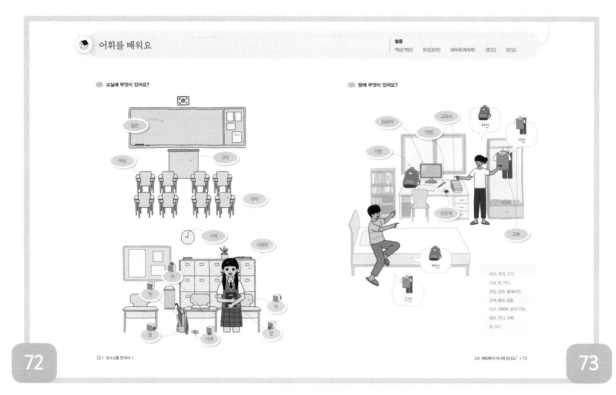

72 • 의사소통 한국어 1

2과 체육복이 어디에 있어요? • 73

● 2차시 | 어휘를 배워요

[학습 목표]

- 물건 관련 어휘와 위치 관련 어휘와 표현을 알고 활용할 수 있다.

본 단원에는 교실과 방에 있는 물건과 물건 위치에 관련된 어휘 및 표현이 제시되어 있다.

도입 – 5분

예비 단원에 나온 주요 어휘 및 한국어 수업 용어를 복습한다.

1) 교사는 질문을 통해 학습하게 될 어휘 및 표현을 자연스럽게 노출한다.
   - 교 "(교실의 책상을 가리키며) 뭐예요? 책상이에요."
   - 교 "(가방을 가리키며) 뭐예요? 가방이에요."

2) 교사는 학생들과 제시된 그림을 보며 이야기를 나눈다.
   - 교 "72쪽 그림을 보세요. 어디예요? 교실이에요. 무엇이 있어요?"
   - 교 "73쪽 그림을 보세요. 어디예요? 방이에요. 무엇이 있어요?"

전개 – 35분

1. 교실 안 사물 관련 어휘 및 표현이다.

1) 교사는 다음에 제시되는 내용을 참고하여 학생들에게 어휘 및 표현을 설명한다. 이때 새로 등장하는 발음 규칙이 있다면 함께 설명한다.

교실	◆ **정의** 교사가 학생들을 가르치는 방. 예 교실에 선생님이 있어요. ● **설명** "(교재 72쪽에서 교실 그림을 가리키며) 어디예요? 교실이에요."
칠판	◆ **정의** 분필로 글씨를 쓰는 짙은 초록색이나 검정색의 판. 예 교실에 칠판이 있어요. ● **설명** "(교재 72쪽의 그림을 가리키며) 뭐예요? 칠판이에요."
교탁	◆ **정의** 수업이나 강의를 할 때에 책이나 물건을 올려 놓기 위해 교단 앞이나 위에 놓은 탁자. 예 교탁은 선생님의 책상이에요. ● **설명** "(교재 72쪽의 교탁 그림을 가리키며) 선생님의 책상이에요. 교탁이에요."
책상	◆ **정의** 책을 읽거나 글을 쓰거나 사무를 볼 때 앞에 놓고 쓰는 상. 예 책상 위에 책이 있어요. ● **설명** "(교실에 있는 책상을 가리키며) 뭐예요? 책상이에요."
의자	◆ **정의** 사람이 엉덩이와 허벅지를 대고 걸터앉는 데 쓰는 기구. 예 의자에 앉아요. ● **설명** "(교실에 있는 의자를 가리키며) 뭐예요? 의자예요."

시계	◆ **정의** 시간을 나타내는 기계. **예** 교실 뒤에 시계가 있어요. ● **설명** "(교실에 있는 시계를 가리키며) 뭐예요? 시계예요."
사물함	◆ **정의** 공공시설을 이용할 때 개인의 물건을 넣어 둘 수 있게 만든 네모난 통. **예** 교실에 사물함이 있어요. ● **설명** "(교실에 있는 사물함을 가리키며) 뭐예요? 사물함이에요"
위	◆ **정의** 어떤 기준보다 더 높은 쪽 또는 중간보다 더 높은 쪽. **예** 책상 위에 책이 있어요. ● **설명** "(교재 72쪽의 책상 위의 책 그림을 가리키며) 책이 있어요. 어디에? (교사가 두 검지로 위를 가리키며) 말해요. 위."
아래	◆ **정의** 일정한 기준보다 낮은 위치. **예** 책상 아래에 지우개가 있어요. ● **설명** "(교재 72쪽의 책상 아래의 지우개 그림을 가리키며) 지우개가 있어요. 어디에? (교사가 두 검지로 아래를 가리키며) 말해요. 아래."
앞	◆ **정의** 향하고 있는 쪽이나 곳. **예** 선생님 앞에 학생들이 있어요. ● **설명** "(교재 72쪽의 책상 앞의 학생 그림을 가리키며) 학생이 있어요. 어디에? (교사가 두 손을 앞으로 내밀며) 말해요. 앞."
뒤	◆ **정의** 향하고 있는 방향의 반대쪽. **예** 선생님 뒤에 칠판이 있어요. ● **설명** "(교재 72쪽의 사물함 그림을 가리키며) 사물함이 있어요. 어디에? (교사가 두 손으로 뒤쪽을 가리키며) 말해요. 뒤."
옆	◆ **정의** 무엇의 왼쪽이나 오른쪽의 면. **예** 책상 옆에 가방이 있어요. ● **설명** "(교사가 교탁 옆에 서서) 선생님이 있어요. 어디에? (손으로 양옆을 한 번씩 가리키며) 말해요. 옆."
안	◆ **정의** 어떤 물체나 공간의 둘레에서 가운데로 향한 쪽. **예** 사물함 안에 책이 있어요. ● **설명** "(교재 72쪽의 가방 안의 우산 그림을 가리키며) 우산이 있어요. 어디에? (교사가 가방 안을 가리키며) 말해요. 안."

2) 교사는 질문을 통해 학생들이 어휘 및 표현을 잘 이해했는지 확인한다.

- 🔲 "교실에 무엇이 있어요?"
- 🔲 "방에 무엇이 있어요?"
- 🔲 "사물함이 어디에 있어요?"
- 🔲 "선생님이 어디에 있어요?"

교수-학습 지침

사물의 위치 어휘를 교수할 때 실물의 상자와 공을 준비하여 교사가 상자를 중심으로 공의 위치를 직접 변경해 주면서 학생들에게 어휘의 의미를 명확하게 이해할 수 있도록 지도한다.

2. 방에 있는 사물 관련 어휘 및 표현이다.

1) 교사는 다음에 제시되는 내용을 참고하여 학생들에게 어휘 및 표현을 설명한다. 이때 새로 등장하는 발음 규칙이 있다면 함께 설명한다.

방	◆ **정의** 사람이 살거나 일을 하기 위해 벽을 둘러서 막은 공간. **예** 방에 컴퓨터가 있어요. ● **설명** "(교재 73쪽 방 그림을 가리키며) 어디예요? 방이에요."
이것	◆ **정의** 말하는 사람에게 가까이 있거나 말하는 사람이 생각하고 있는 것을 가리키는 말. **예** 이것은 무엇입니까? ◆ **정보** 참조어 '이거' ● **설명** "(교사와 학생에게 가까운 물건을 가리키며) 말해요. 이것."
저것	◆ **정의** 말하는 사람과 듣는 사람으로부터 멀리 있는 것을 가리키는 말. **예** 저것은 시계예요? ◆ **정보** 참조어 '저거' ● **설명** "(교사와 학생에게 멀리 있는 물건을 가리키며) 말해요. 저것."
그것	◆ **정의** 듣는 사람에게 가까이 있거나 듣는 사람이 생각하고 있는 것을 가리키는 말. **예** 그것은 정호의 볼펜이에요. ◆ **정보** 참조어 '그거' ● **설명** "(교사가 볼펜을 들고 학생에게 멀리 떨어진 다음 볼펜을 들고) 선생님은 말해요. 이것. 여러분, 말해요. 그것."
컴퓨터	◆ **정의** 전자 회로를 이용하여 문서, 사진, 영상 등의 대량의 데이터를 빠르고 정확하게 처리하는 기계. **예** 컴퓨터로 숙제를 해요. ● **설명** "(컴퓨터를 가리키며) 뭐예요? 컴퓨터예요."
지우개	◆ **정의** 연필로 쓴 것을 지우는, 고무로 만든 물건, 또는 칠판이나 화이트보드에 쓴 것을 지우는 물건. **예** 필통 안에 지우개가 있어요. ● **설명** "(지우개를 들고) 뭐예요? 지우개예요."
가방	◆ **정의** 물건을 넣어 손에 들거나 어깨에 멜 수 있게 만든 것. **예** 가방 안에 무엇이 있어요? ● **설명** "(가방을 가리키며) 뭐예요? 가방이에요."
연필	◆ **정의** 가늘고 긴 검은색 심을 나무 막대 속에 넣어 글씨를 쓰거나 그림을 그릴 때 쓰는 도구. **예** 그것은 연필이에요. ● **설명** "(연필을 들고) 뭐예요? 연필이에요."
교과서	◆ **정의** 학교에서 어떤 과목을 가르치려고 만든 책. **예** 가방 안에 교과서가 있어요. ● **설명** "(학교에 쓰는 교과서를 보여 주며) 뭐예요? 교과서예요."

2) 교사는 질문을 통해 학생들이 어휘 및 표현을 잘 이
   해했는지 확인한다.
   📋 "방에 무엇이 있어요?"
   📋 "(가까이 있는 물건을 가리키며) 이것은 뭐예요?"
   📋 "(멀리 있는 물건을 가리키며) 저것은 뭐예요?"
   📋 "(학생에게 가까이 있는 물건을 가리키며) 그것은 뭐예요?"

교수-학습 지침

※ 고등학생 대상 수업의 경우 필수적으로 5분간 다음 활동을
   추가로 진행함.
➜ 교사는 준비물로 목표 어휘 관련 그림 카드를 준비한다. 학생
   들에게 그림 카드를 보여 주고, 해당 그림의 어휘를 맞춰 보는
   활동을 할 수 있도록 지도한다.

정리 – 5분

교사는 질문을 통해 어휘 및 표현 학습을 마무리한다.
   📋 "교실이에요. 무엇이 있어요?"
   📋 "우산이 어디에 있어요?"

교사 지식

➜ '책상[책쌍], 옷장[옫짱], 체육복[체육뽁]'에서 확인되는 발
   음 규칙:
   · 경음화 ▶ 1과 64쪽 참고
➜ '옆[엽], 앞[압]'에서 확인되는 발음 규칙:
   · 중화 ▶ 음절 끝소리가 [ㄱ, ㄴ, ㄷ, ㄹ, ㅁ, ㅂ, ㅇ] 중 하나
     로 변하여 발음되는 현상은 중화 현상 중의 하나로서, 7종
     성법이라고 한다.

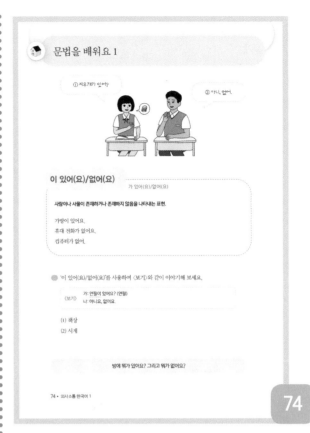

• 3차시 | 문법을 배워요 1

[학습 목표]

• 물건의 유무를 묻고 답할 수 있다.
• '이 있어(요)/없어(요)'를 사용하여 사람이나 사물이
  존재하거나 존재하지 않음을 묻고 답할 수 있다.

도입 – 5분

1) 교사는 학생들에게 대화문을 읽게 한다. 그리고 학생
   들이 대화 상황을 이해했는지 확인 질문을 한다.
   📋 "(74쪽의 지우개를 가리키며) 이게 뭐예요?"
   📋 "여러분, 지우개가 있어요?"

2) 교사는 학생들에게 목표 문법의 의미를 추측할 수 있
   는 질문을 한다.
   📋 "(74쪽의 선영이를 가리키며) 선영이는 연필이 있어요?"
   📋 "(74쪽의 정호를 가리키며) 정호는 지우개가 있어요?"

전개 – 35분

다음의 절차에 따라 문법에 대해 설명한다. 그리고 새로 제시되
는 어휘 및 표현이 있다면 그 의미를 함께 설명한다.

[설명]

   📋 "(지우개를 들고) 지우개예요. (손바닥 위에 지우개를 놓

고 학생들에게 보여 주며) 지우개가 있어요. (손바닥 위에서 지우개를 치우고 학생들에게 빈손을 보여주며) 지우개가 없어요. (한 학생에게) "지우개가 있어요?"

📖 "(연필을 들고) 연필이에요." (손바닥 위에 연필을 놓고 학생들에게 보여 주며) 연필이 있어요. (손바닥 위에서 연필을 치우고 학생들에게 빈손을 보여 주며) "연필이 없어요."

[예시]
· 동생이 있어요.
· 공책이 없어요.
· 시계가 있어.
· 컴퓨터가 없어.

[정보]

▶형태 정보:

	받침 ○	받침 X
명사	이 있어(요)/없어(요)	가 있어(요)/없어(요)

① 명사 끝음절에 받침이 있으면 '이 있어(요)/없어(요)', 명사 끝음절에 받침이 없으면 '가 있어(요)/없어(요)'를 쓴다.

▶주의 사항:

① 대화 상대가 가까운 사이거나 잘 아는 아랫사람인 경우에는 '이 있어/없어'로 말할 수 있다.

[확인]

교사는 문법을 설명한 뒤 '연습 문제'를 통해 학생들이 문법을 이해했는지 확인한다.

> 정답
> (1) 책상이
> (2) 시계가

어휘 및 표현

휴대 전화	◆ 정의 손에 들거나 몸에 지니고 다니면서 걸고 받을 수 있는 무선 전화기. 예 저는 휴대 전화가 없어요. ● 설명 "(휴대 전화 사진을 보여 주며) 이게 뭐예요? 휴대 전화예요."
아니	◆ 정의 아랫사람 또는 나이나 지위 등이 비슷한 사람이 묻는 말에 대해 부정하여 대답할 때 쓰는 말. 예 아니, 초등학생이 아니야. ◆ 정보 참조어 '응' ● 설명 "어머니, 아버지, 선생님에게 '아니요'라고 대답해요. 친구에게 '아니'라고 대답해요."

> 예시 답안
> 시계가 있어요. 옷장이 없어요.

정리 – 5분

1) 교사는 학생들에게 대화문을 다시 한번 읽게 한다.

2) 교사는 교재에 제시된 열린 질문을 통해 학생들에게 배운 문법을 활용하여 자유롭게 이야기를 나누게 한다.
   📖 "방에 뭐가 있어요? 그리고 뭐가 없어요?"

> 예시 답안
> 침대가 있어요. 옷장이 있어요. 책상이 있어요. 의자가 있어요. 텔레비전이 없어요. 칠판이 없어요.

• 4차시 | 문법을 배워요 2

[학습 목표]

- 물건이 놓인 장소나 위치를 묻고 답할 수 있다.
- '에 있어(요)/없어(요)'를 사용하여 사람이나 사물이 있는 장소나 위치를 묻고 답할 수 있다.

도입 – 5분

1) 교사는 학생들에게 대화문을 읽게 한다. 그리고 학생들이 대화 상황을 이해했는지 확인 질문을 한다.

   🔲 "(호민이의 엄마를 가리키며) 누구예요?"

   🔲 "(75쪽의 체육복 그림을 가리키며) 이게 뭐예요?"

2) 교사는 학생들에게 목표 문법의 의미를 추측할 수 있는 질문을 한다.

   🔲 "체육복이 어디에 있어요?"

전개 – 35분

다음의 절차에 따라 문법에 대해 설명한다. 그리고 새로 제시되는 어휘 및 표현이 있다면 그 의미를 함께 설명한다.

[설명]

🔲 "(책상 위에 연필을 놓고) 연필이 어디에 있어요? 연필이 책상 위에 있어요. (책상 위에서 연필을 치우고) 연필이 책상 위에 있어요? (학생의 대답을 기다린 후) 아니요, 연필

이 책상 위에 없어요."

[예시]

- 동생이 방에 있어요.
- 친구가 교실에 없어요.
- 필통이 책상 위에 없어.
- 교과서가 가방 안에 있어.

[정보]

▶형태 정보:

	받침 ○	받침 X
명사	에 있어(요)/없어(요)	

① 명사 끝음절의 받침 유무에 관계없이 명사 뒤에 '에 있어(요)/없어(요)'를 쓴다.

② 장소를 나타내는 지시대명사 '여기, 거기, 저기'와 의문 대명사 '어디'에 붙여 사용할 때는 생략이 가능하다.

[확인]

교사는 문법을 설명한 뒤 '연습 문제'를 통해 학생들이 문법을 이해했는지 확인한다.

> 정답
> (1) 우산이, 의자 아래에
> (2) 교과서가, 사물함 안에

어휘 및 표현

엄마	◆ 정의 격식을 갖추지 않아도 되는 상황에서 어머니를 이르거나 부르는 말. 예 엄마, 지금 어디에 있어요? ● 설명 "(가족사진을 보여 주고 엄마를 가리키며) 누구예요? 어머니예요. 여러분이 어머니를 불러요. 엄마."
옷장	◆ 정의 옷을 넣어 두는 가구. 예 옷이 옷장 안에 있어요. ● 설명 "(교재 73쪽의 옷장 그림을 가리키며) 안에 옷이 있어요. 옷장이에요."
필통	◆ 정의 연필, 지우개 등을 넣어서 가지고 다니는 주머니나 상자. 예 필통 안에 연필이 있어요. ● 설명 "(필통을 보여 주며) 뭐예요? 필통이에요."
우산	◆ 정의 비가 올 때 손에 들고 머리 위를 가리는 도구. 예 책상 옆에 우산이 있어요. ● 설명 "(우산을 그림을 보여 주며) 뭐예요? 우산이에요."
체육복	◆ 정의 체육을 할 때에 입는 옷. 예 체육 시간에 체육복을 입어요. ● 설명 "(75쪽에서 체육복 그림을 가리키며) 체육복이에요."

어디	◆ 정의 모르는 곳을 가리키는 말.
	   예 교실이 어디에 있어요?
	● 설명 "(특정 장소의 사진을 보여 주며) 여기
	   알아요? 몰라요. 어떻게 질문해요? 어
	   디예요?"

정리 – 5분

1) 교사는 학생들에게 대화문을 다시 한번 읽게 한다.

2) 교사는 교재에 제시된 열린 질문을 통해 학생들에게
배운 문법을 활용하여 자유롭게 이야기를 나누게 한다.
📋 "물건이 어디에 있어요?"

예시 답안
휴대 전화가 가방 안에 있어요. 공책이 책상 위에 있어요.

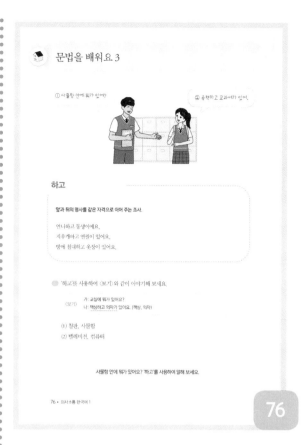

• 5차시 | 문법을 배워요 3

[학습 목표]

• 두 개 이상의 물건이나 사람 등을 같은 자격으로 나열
하여 말할 수 있다.
• '하고'를 사용하여 앞과 뒤의 명사를 같은 자격으로 이
어서 말할 수 있다.

도입 – 5분

1) 교사는 학생들에게 대화문을 읽게 한다. 그리고 학생
들이 대화 상황을 이해했는지 확인 질문을 한다.
📋 "(76쪽의 사물함 그림을 가리키며) 이게 뭐예요?"
📋 "(76쪽의 사물함 그림을 가리키며) 사물함 안에 뭐가 있
어요?"

2) 교사는 학생들에게 목표 문법의 의미를 추측할 수 있
는 질문을 한다.
📋 "사물함 안에 뭐하고 뭐가 있어요?"

전개 – 35분

다음의 절차에 따라 문법에 대해 설명한다. 그리고 새로 제시되
는 어휘 및 표현이 있다면 그 의미를 함께 설명한다.

[설명]
📋 "(책상 위에 연필과 지우개를 놓고) 책상 위에 연필이 있

어요. 책상 위에 지우개가 있어요, 책상 위에 연필하고 지우개가 있어요."

[예시]
· 책상하고 의자가 있어요.
· 유미하고 세인이가 있어요.
· 옷장 안에 교복하고 체육복이 있어요.
· 가방 안에 교과서하고 휴대 전화가 있어요.

[정보]

▶형태 정보:

	받침 ○	받침 X
명사	하고	

① 명사 끝음절의 받침 유무에 관계없이 명사 뒤에 '하고'를 쓴다.

▶주의 사항:

① '하고'는 문장과 문장 사이에는 사용할 수 없으며 이 때에는 '그리고'를 사용한다.
② '명사+하고'를 반복하여 여러 사물들을 연결하여 사용할 수 있다.
   · 교실에 책상하고 의자하고 칠판하고 시계가 있어요.

[확인]

교사는 문법을 설명한 뒤 '연습 문제'를 통해 학생들이 문법을 이해했는지 확인한다.

정답
(1) 칠판하고 사물함이
(2) 텔레비전하고 컴퓨터가

어휘 및 표현

침대	◆ 정의 사람이 누워서 잘 수 있게 만든 가구. 예 방에 침대가 있어요. ● 설명 "(교재 73쪽에서 침대 그림을 가리키며) 뭐예요? 침대예요."
텔레비전	◆ 정의 방송국에서 전파로 보내오는 영상과 소리를 받아서 보여 주는 기계. 예 방에 텔레비전이 있어요. ● 설명 "(교실의 텔레비전을 가리키며) 뭐예요? 텔레비전이에요."
공책	◆ 정의 글씨를 쓸 수 있도록 줄이 그어져 있거나 비어 있는 종이들을 합쳐서 만들어 놓은 책. 예 책상 위에 교과서하고 공책이 있어요. ● 설명 "(공책을 들고) 뭐예요? 공책이에요."
언니	◆ 정의 여자가 형제나 친척 형제들 중에서 자기보다 나이가 많은 여자를 이르거나 부르는 말. 예 저는 언니가 없어요. ● 설명 "(나이 차이가 잘 드러나는 자매 사진을 보여 주고 동생을 가리키며) 여동생이에요. (언니를 가리키며) 언니예요."

교수-학습 지침
※ 고등학생 대상 수업의 경우 필수적으로 5분간 다음 활동을 추가로 진행함.
➜ 교사는 학생들에게 목표 문법을 활용할 수 있는 새로운 화제를 제시한다.
   📖 "여러분 가방 안에 뭐하고 뭐가 있어요? '하고'를 사용해서 말해 보세요."

예시 답안
책하고 필통이 있어요. 우산하고 휴대 전화가 있어요.

정리 – 5분

1) 교사는 학생들에게 대화문을 다시 한번 읽게 한다.

2) 교사는 교재에 제시된 열린 질문을 통해 학생들에게 배운 문법을 활용하여 자유롭게 이야기를 나누게 한다.
   📖 "사물함 안에 뭐가 있어요? '하고'를 사용하여 말해 보세요."

예시 답안
교과서하고 공책이 있어요. 체육복하고 필통이 있어요.

77

● 6차시 | 문법을 배워요 4

[학습 목표]

- 물건의 소유자가 누구인지를 묻고 답할 수 있다.
- '의'를 사용하여 앞의 말이 뒤의 말에 대하여 소유나 소속, 소재나 관계 또는 기원이나 주체의 관계라는 것을 표현할 수 있다.

도입 – 5분

1) 교사는 학생들에게 대화문을 읽게 한다. 그리고 학생들이 대화 상황을 이해했는지 확인 질문을 한다.

📖 "책상 위에 뭐가 있어요?"

2) 교사는 학생들에게 목표 문법의 의미를 추측할 수 있는 질문을 한다.

📖 (그림 속 가방을 손으로 가리키며) "누구의 가방이에요?"

전개 – 35분

다음의 절차에 따라 문법에 대해 설명한다. 그리고 새로 제시되는 어휘 및 표현이 있다면 그 의미를 함께 설명한다.

[설명]

📖 "(책을 들고) 책이에요. 누구의 책이에요? 선생님의 책이에요."

📖 "(한 학생의 연필을 들고) 이게 뭐예요? 누구의 연필이에

요? ○○의 연필이에요."

📖 "(교실 뒤 사물함 쪽으로 가서) 사물함이에요."

📖 "(사물함 하나를 가리키며) 누구의 사물함이에요? ○○의 사물함이에요."

[예시]

- 친구의 가방이에요.
- 동생의 옷이에요.
- 선생님의 우산이 아니에요.
- 이것은 저의 휴대폰이에요.

[정보]

▶ 형태 정보:

	받침 ○	받침 X
명사	의	

① 명사 끝음절의 받침 유무에 관계없이 명사 뒤에 '의'를 쓴다.

▶ 주의 사항:

① 소유-피소유, 전체-부분, 친족 관계를 나타내는 경우에는 '의'를 생략하는 것이 가능하며 그 이외는 잘 생략되지 않는다.

- 선생님의 책 = 선생님 책
- 동생의 손 = 동생 손
- 유미의 아빠 = 유미 아빠

[확인]

교사는 문법을 설명한 뒤 '연습 문제'를 통해 학생들이 문법을 이해했는지 확인한다.

> **정답**
> (1) 휴대 전화예요, 영수의 휴대 전화예요
> (2) 컴퓨터예요, 선생님의 컴퓨터예요

어휘 및 표현

볼펜	◆ **정의** 끝에 작은 볼이 달려 있고 그쪽으로 잉크가 나와 글을 쓸 수 있도록 된 필기구. 📖 선생님의 볼펜이에요. ● **설명** "(실물의 볼펜을 들고) 뭐예요? 볼펜이에요."

> **교수-학습 지침**
> ※ 고등학생 대상 수업의 경우 필수적으로 5분간 다음 활동을 추가로 진행함.
> → 교사는 학생들에게 목표 문법을 활용할 수 있는 새로운 화제를 제시할 수 있다.
> 📖 "(여러 학생들의 물건을 모아 놓고) 교탁 위에 뭐가 있어요? 누구의 물건이에요? '의'를 사용해서 말해 보세요."

> **예시 답안**
> 교탁 위에 교과서가 있어요. 선생님의 교과서예요.

1) 교사는 학생들에게 대화문을 다시 한번 읽게 한다.

2) 교사는 교재에 제시된 열린 질문을 통해 학생들에게 배운 문법을 활용하여 자유롭게 이야기를 나누게 한다.

   📚 "교실에 뭐가 있어요? 누구 것이에요? '의'를 사용하여 말해 보세요."

   예시 답안
   교과서가 있어요. 수호의 교과서예요. 필통이 있어요. 유미의 필통이에요.

● 메모

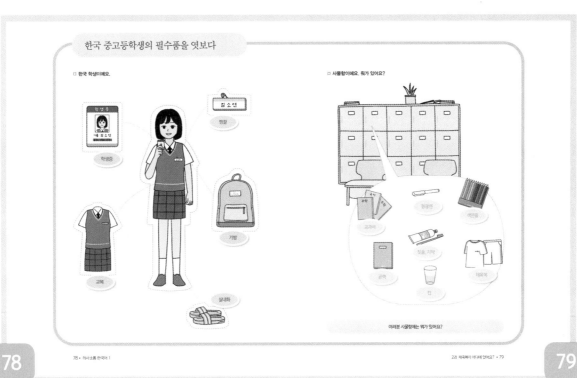

한국 중고등학생의 필수품을 엿보다

□ 한국 학생이에요.

김 소연

명찰

학생증

교복

가방

실내화

□ 사물함이에요. 뭐가 있어요?

필통

공책

컵

지우개

체육복

여러분 사물함에는 뭐가 있어요?

● 문화

[학습 목표]

- 한국 중고등학교의 필수품에 대해 알 수 있다.
- 한국 중고등학생들이 무엇을 가지고 다니는지, 사물함에는 어떤 물건들이 있는지 이야기할 수 있다.

1) 질문을 통해 학생들에게 주제를 추측하게 한다.

   🔲 "(교복 사진을 보여 주며) 이게 뭐예요?"

   🔲 "(사물함 사진을 보여 주며) 이게 뭐예요? 어디에 있어요?"

2) 교재 78쪽을 보며 한국 학생의 필수품에 대해 설명한다.

교수-학습 지침

다른 나라에서도 중고등학생들이 교복을 입는지 교복을 입는다면 어떤 교복을 입는지 서로 이야기해 보는 활동을 할 수 있도록 지도한다.

더 알아보기

베트남	베트남에서 여학생은 아오자이라고 하는 전통 의상을 입기도 한다. 아오자이는 다양한 색이 있지만 학생들은 하얀색을 입는다. 그리고 남학생들은 하얀색 셔츠에 검은색 바지를 입는다.
중국	중국에서는 보통 교복으로 활동하기 편한 체육복 형식의 옷을 입는다. 학교에 따라서는 한국과 같은 형태의 교복을 입는 경우도 있다.

3) 교재 79쪽을 보며 사물함에 있는 필수품에 대해 설명한다.

교수-학습 지침

교재에 제시되어 있는 필수품들을 확인하며 학생들의 사물함에는 어떤 필수품이 있는지 서로 이야기해 보는 활동을 할 수 있도록 지도한다.

4) 본 문화와 관련하여 상호문화적 관점에서 이야기할 수 있도록 한다.

   🔲 "여러분의 사물함에는 뭐가 있어요?"

   🔲 "다른 나라 중고등학생들의 필수품을 알아요? 이야기해보세요."

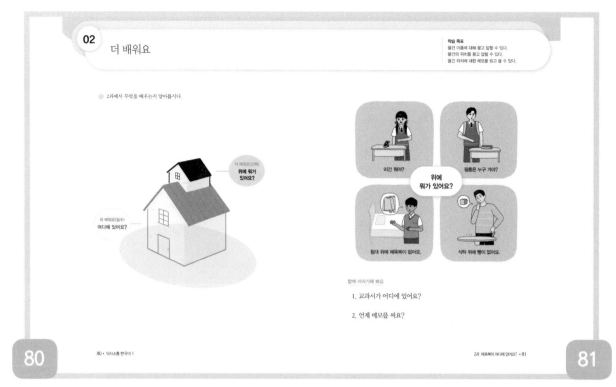

〈더 배워요〉 학습 목표

- 물건 이름에 대해 묻고 답할 수 있다.
- 물건의 위치를 묻고 답할 수 있다.

7차시	• 물건의 이름에 대해 묻고 답할 수 있다.
8차시	• 물건의 위치를 묻고 답할 수 있다.
9차시	• 물건 위치에 대한 메모를 읽을 수 있다.
10차시	• 물건 위치에 대한 메모를 쓸 수 있다.

• 7차시 | 〈더 배워요〉 도입 및 대화해 봐요 1

〈더 배워요〉 도입 – 5분

1) 〈꼭 배워요〉의 목표 어휘 및 문법 등을 확인할 수 있는 질문을 통해 학생들이 해당 표현을 사용하여 답할 수 있도록 유도한다.
   🔲 "교재가 어디에 있어요?"
   🔲 "이것은 누구의 공책이에요?"
   🔲 "사물함 안에 뭐하고 뭐가 있어요?"

2) '대화해 봐요 1, 2'에서 학습할 내용을 대표하는 네 개의 그림들을 확인하며 학생들이 앞으로 배우게 될 주제 및 내용을 추측할 수 있도록 한다.
   🔲 "(첫 번째 그림을 가리키며) 책상 위에 뭐가 있어요?"
   🔲 "(두 번째 그림을 가리키며) 책상 위에 뭐가 있어요?"
   🔲 "(세 번째 그림을 가리키며) 침대 위에 체육복이 있어요?"
   🔲 "(네 번째 그림의 식탁을 가리키며) 식탁 위에 빵이 있어요?"

3) '함께 이야기해 봐요'에 제시된 질문을 통해 이야기를 나눔으로써 '읽고 써 봐요'에서 학습할 내용을 추측하게 한다.
   🔲 "교과서가 어디에 있어요?"
   🔲 "언제 메모를 써요?"

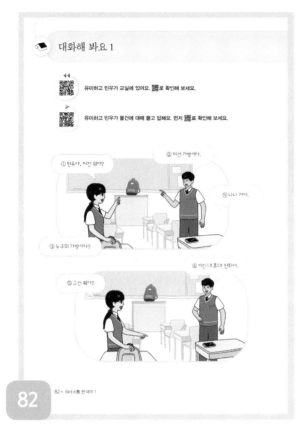

대화해 봐요 1

유미하고 민우가 교실에 있어요. ▣로 확인해 보세요.

유미하고 민우가 물건에 대해 묻고 답해요. 먼저 ▣로 확인해 보세요.

① 민우야, 저건 뭐야?

② 저건 가방이야.

③ 누구의 가방이야?

④ 나나 거야.

⑤ 이건 내 휴대 전화야.

⑥ 그건 뭐야?

82 · 의사소통 한국어 1

[학습 목표]

• 물건의 이름에 대해 묻고 답할 수 있다.

• 목표 표현: 이건/저건/그건 ~이야

　　　　　　이건/저건/그건 ~거야

본 대화는 유미와 민우가 교실에서 물건에 대해 묻고 답하는 상황이다.

도입 – 5분

1) 교사는 학생들에게 '대화해 봐요 1'의 내용을 추측할 수 있는 질문을 한다.

　📖 "교실에 뭐가 있어요?"

　📖 "(앞에서 나오지 않은 물건을 가리키며) 이것은 뭐예요?"

2) 교사는 학생들에게 82쪽의 첫 번째 QR 코드 속 영상을 보게 한다.

　📖 "유미하고 민우가 교실에 있어요. 무슨 이야기를 해요? 확인해 봐요."

3) 교사는 학생들이 대화 내용을 잘 이해했는지 질문을 한다. 그리고 새 표현이 있다면 그 의미를 함께 설명한다.

　📖 "교실에 뭐가 있어요?"

전개 – 20분

1) 교사는 학생들에게 본 대화 내용을 소개하며 82쪽의 두 번째 QR 코드 속 영상을 보게 한다.

📖 "유미하고 민우가 교실에 있는 물건에 대해 묻고 답해요. 교실에 뭐가 있어요? 누구의 물건이에요? 함께 확인해 봐요."

2) 교사는 학생들이 대화의 전체 내용을 이해했는지 확인하는 질문을 한다.

📖 "교실에 무엇이 있어요?"

3) 교사는 학생들에게 대화문을 읽게 한다. 그리고 세부 내용을 이해했는지 확인하는 질문을 한다.

📖 "가방은 누구 거예요?"

📖 "휴대 전화는 누구 거예요?"

4) 대화에 제시된 새 표현의 의미를 설명한다.

어휘 및 표현

이건	◆ 정의 '이것은'의 줄임말. 예 이건 내 가방이야. ◆ 정보 주로 구어에서 쓴다. ● 설명 "(칠판에 '이건=이것은'이라고 판서하고) '이건'은 '이것은'하고 같아요. 말해요. (학생과 교사에게 가까운 책상을 가리키며) 이것은 책상이에요. (조금 쉰 후에) 이건 책상이에요."
저건	◆ 정의 '저것은'의 줄임말. 예 저건 뭐야. ◆ 정보 주로 구어에서 쓴다. ● 설명 "칠판에 '저건=저것은'이라고 판서하고) '저건'은 '저것은'하고 같아요. 말해요. (학생과 교사에게 멀리 있는 시계를 가리키며) 저것은 시계예요. (조금 쉰 후에) 저건 시계예요."
그건	◆ 정의 '그것은'의 줄임말. 예 그건 제 사물함이에요. ◆ 정보 주로 구어에서 쓴다. ● 설명 "칠판에 '그건=그것은'이라고 판서하고) '그건'은 '그것은'하고 같아요. 말해요. (한 학생에게 볼펜을 주고 교사가 멀리 떨어져서) 그것은 볼펜이에요. (조금 쉰 후에) 그건 볼펜이에요."
거	◆ 정의 사람의 소유물임을 나타내는 말. 예 이 우산은 제 거예요. ● 설명 "(선생님의 책을 가리키며) 이 책은 누구의 책이에요? 선생님의 책이에요. 말해요. 선생님 거예요."

5) 교사는 학생들에게 대화문을 다시 한번 읽게 한다. 이때 역할을 나누는 등 다양한 방식으로 읽게 할 수 있다.

6) 교사는 학생들에게 목표 표현에 대해 설명한다.

목표 표현 1   '이건/저건/그건 ~이야'

[설명]

🔳 "(가까이에 있는 연필을 가리키며) 이건 연필이에요. 친구에게 '이건 연필이야.' 말해요. (멀리 있는 의자를 가리키며) 저건 의자예요. 친구에게 '저건 의자야.' 말해요. 친구에게 '이건/저건/그건 ~이야' 말해요."

[예시]

· 이건 칠판이야.
· 저건 컴퓨터야.
· 그건 내 가방이야.
· 저건 선생님 컴퓨터야.

목표 표현 2   '이건/저건/그건 ~거야'

[설명]

🔳 "(교사의 교재를 들고) 이건 누구의 책이에요? 선생님의 책이에요. 이건 누구 거예요? 이건 선생님 거예요. (학생의 가방을 가리키며) 저건 누구의 가방이에요? 저건 나나의 가방이에요. 저건 나나 거예요. 이건/저건/그건 누구의 물건이에요? '이건/저건/그건 ~거야' 말해요."

[예시]

· 이건 민우 거야.
· 저건 선생님 거야.
· 그건 내 동생 거야.
· 이건 내 거야.

교사 지식

'저의', '나의', '너의'는 각각 '제', '내', '네'로 줄여 쓸 수 있다. 이때 '네'의 경우 한국어 모어 화자들이 [니]로 발음하는 경우가 많으나 표준 발음은 [네]이다.

7) 교사는 학생들에게 교재의 1번과 2번 문제를 풀게 한다.

8) 교사는 학생들과 함께 문제의 답을 확인한다.

정답

1. (1) ○ (2) ✕ (3) ✕
2. 지우개가 필통 안에 있어요. 교재가 책상 위에 있어요. 가방이 책상 옆에 있어요. 필통이 가방 안에 있어요.

---

9) 교사는 학생들에게 83쪽의 첫 번째 QR 코드 속 영상을 보게 한다.

🔳 "유미가 휴대 전화가 있어요? 함께 확인해 봐요."

10) 교사는 학생들이 대화 내용을 잘 이해했는지 질문을 한다. 그리고 새 표현이 있다면 그 의미를 함께 설명한다.

🔳 "유미는 휴대 전화가 있어요?"

🔳 "유미의 휴대 전화가 어디에 있어요?"

활용 – 10분

1) 교사는 학생들이 목표 표현을 사용하여 대답할 수 있도록 질문을 한다.

🔳 "(교사에게는 멀고, 학생에게는 가까운 물건을 가리키며) 그건 뭐예요?"

🔳 "(한 학생의 물건을 들고) 이것은 누구 거예요?"

2) 교사는 질문을 통해 학생들이 '활용하기'의 대화 상황을 추측할 수 있도록 한다.

🔲 "책상 위에 필통이 있어요. 소연이와 세인이가 무슨 이야기를 해요?"

3) 교사는 학생들에게 대화문을 읽게 한 후 대화의 내용을 이해했는지 확인하는 질문을 한다. 그리고 새 표현이 있다면 그 의미를 함께 설명한다.
🔲 "필통이 어디에 있어요?"
🔲 "필통은 누구 거예요?"

4) 교사는 학생들에게 대화문을 다시 한번 읽게 한다. 이때 역할을 나누는 등 다양한 방식으로 읽게 할 수 있다.

┌─────────────────────────────────────┐
│ 교수-학습 지침   │
│ ※ 고등학생 대상 수업의 경우 필수적으로 5분간 다음 활동을 │
│   추가로 진행함.   │
│ → 교사는 짝 활동으로 학생들에게 서너 개의 물건을 원하는 위 │
│   치에 배치하게 한다. 그리고 물건을 가리키면서 올바른 지시 │
│   대명사를 사용하여 이름과 소유자를 묻고 답하는 활동을 할 │
│   수 있도록 지도한다.   │
└─────────────────────────────────────┘

정리 – 8분

교사는 학생들에게 83쪽의 '전체 대화를 들어 보세요' QR 코드 속 대화를 듣게 하고 수업을 마무리한다.

84 • 의사소통 한국어 1

84

• 8차시 | 대화해 봐요 2

[학습 목표]
• 물건의 위치를 묻고 답할 수 있다.
• 부가 문법: 도
• 목표 표현: ~도 ~에 있어(요)/없어(요)
　　　　　　 ~은 ~에 있어(요)/없어(요)

본 대화는 유미와 민우가 교실에서 물건에 대해 묻고 답하고 있는 상황이다.

도입 – 5분

1) 교사는 학생들에게 '대화해 봐요 2'의 내용을 추측할 수 있는 질문을 한다.
🔲 "여러분 필통이 어디에 있어요?"
🔲 "여러분 체육복이 어디에 있어요?"

2) 교사는 학생들에게 84쪽의 첫 번째 QR 코드 속 영상을 보게 한다.
🔲 "영수가 필통을 찾아요. 필통이 어디에 있어요? 함께 확인해 봐요."

3) 교사는 학생들이 대화 내용을 잘 이해했는지 질문을 한다. 그리고 새 표현이 있다면 그 의미를 함께 설명한다.
🔲 "필통이 책상 위에 있어요?"
🔲 "필통이 어디에 있어요?"

1) 교사는 학생들에게 본 대화 내용을 소개하며 84쪽의 두 번째 QR 코드 속 영상을 보게 한다.

　📺 "영수의 교복하고 체육복이 어디에 있어요? 함께 확인해 봐요."

2) 교사는 학생들이 대화의 전체 내용을 이해했는지 확인하는 질문을 한다.

　📺 "교복이 있어요?"

　📺 "체육복이 있어요?"

3) 교사는 학생들에게 대화문을 읽게 한다. 그리고 세부 내용을 이해했는지 확인하는 질문을 한다.

　📺 "교복이 어디에 있어요?"

　📺 "체육복이 침대 옆에 있어요?"

　📺 "체육복이 어디에 있어요?"

4) 대화에 제시된 새 표현의 의미를 설명한다.

어휘 및 표현

세탁기	◆ 정의 빨래하는 기계. 　예 세탁기 안에 티셔츠가 있어요. ● 설명 "(세탁기 사진을 보여 주며) 이것은 뭐예요? 세탁기예요."
실내화	◆ 정의 방이나 건물에서 신는 신발. 　예 집에서 실내화를 신어요. ● 설명 "(실내화 사진을 보여 주며) 이것은 실내화예요. 여러분, 실내화가 있어요?"

5) 교사는 학생들에게 대화문을 다시 한번 읽게 한다. 이때 역할을 나누는 등 다양한 방식으로 읽게 할 수 있다.

6) 교사는 다음의 절차에 따라 부가 문법 '도'에 대해 설명한다. 그리고 새로 제시되는 어휘가 있다면 그 의미를 함께 설명한다.

부가 문법　　　'도'

[설명]

　📺 "(필통에서 연필을 꺼내며) 필통에 뭐가 있어요? 연필이 있어요. (필통에서 지우개를 꺼내며) 지우개가 있어요? 네, 지우개도 있어요. 필통에 연필이 있어요. 그리고 지우개도 있어요."

[예시]

· 정호는 휴대 전화가 있어요. 세인도 휴대 전화가 있어요.

· 교실에 책상이 있어요. 의자도 있어요.

· 동생은 학생이에요. 저도 학생이에요.

· 제 방에는 텔레비전이 없어요. 컴퓨터도 없어요.

[정보]

▶형태 정보:

	받침 ○	받침 X
명사	도	

① 명사 끝음절의 받침 유무에 관계없이 명사 뒤에 '도'를 쓴다.

7) 교사는 학생들에게 목표 표현에 대해 설명한다.

목표 표현 1　　　'~도 ~에 있어(요)/없어(요)'

[설명]

　📺 "'~도 ~에 있어(요)/없어(요)'는 이미 있는 것에 다른 것을 하나 더 더해서 있고 없다는 것을 말할 때 사용해요."

[예시]

· 교실에 나나가 없어요. 교실에 수호도 없어요.

· 사물함에 교재가 없어요. 공책도 없어요.

· 식탁 위에 빵이 있어요. 식탁 위에 우유도 있어요.

· 옷장 안에 교복이 있어요. 옷장 안에 양말도 있어요.

목표 표현 2　　　'~은 ~에 있어(요)/없어(요)'

[설명]

　📺 "'~은 ~에 있어(요)/없어(요)'는 이미 앞서 이야기한 물건을 주제로 있고 없다는 것을 말할 때 사용해요."

[예시]

· 컴퓨터가 방에 있어요. 텔레비전은 방에 없어요.

· 교재가 책상 위에 있어요. 공책은 책상 위에 없어요.

· 집에 누나가 있어요. 형은 없어요.

· 내 방에 컴퓨터가 있어. 텔레비전은 없어.

3) 교사는 학생들에게 대화문을 읽게 한 후 대화의 내용을 이해했는지 확인하는 질문을 한다. 그리고 새 표현이 있다면 그 의미를 함께 설명한다.

📢 "빵이 어디에 있어요?"

📢 "우유는 어디에 있어요?"

4) 교사는 학생들에게 대화문을 다시 한번 읽게 한다. 이때 역할을 나누는 등 다양한 방식으로 읽게 할 수 있다.

어휘 및 표현

냉장고	◆ 정의 음식이 상하지 않도록 차갑게 보관할 수 있는 기계. 📙 냉장고에 안에 우유가 있어요. ● 설명 "(냉장고 사진을 보여 주며) 이것은 뭐예요? 냉장고예요."

교수-학습 지침

※ 고등학생 대상 수업의 경우 필수적으로 5분간 다음 활동을 추가로 진행함.
→ 교사는 짝 활동으로 학생들에게 엄마와 아빠, 아들과 딸 등의 역할을 나누어 주고, 높임 표현과 반말 표현을 알맞게 사용하여 물건의 위치를 묻고 답하는 활동을 할 수 있도록 지도한다.

정리 – 8분

교사는 학생들에게 85쪽의 '전체 대화를 들어 보세요' QR 코드 속 대화를 듣게 하고 수업을 마무리한다.

---

8) 교사는 학생들에게 교재의 1번과 2번 문제를 풀게 한다.

9) 교사는 학생들과 함께 문제의 답을 확인한다.

정답
1. (1) × (2) × (3) ○
2. 옷장 안에 있어요. 사물함 안에 있어요. 가방 안에 있어요. 책상 위에 있어요.

10) 교사는 학생들에게 85쪽의 첫 번째 QR 코드 속 영상을 보게 한다.

📢 "영수의 실내화는 어디에 있어요? 함께 확인해 봐요."

11) 교사는 학생들이 대화 내용을 잘 이해했는지 질문을 한다. 그리고 새 표현이 있다면 그 의미를 함께 설명한다.

📢 "실내화가 책상 아래에 있어요?"

📢 "영수의 실내화는 어디에 있어요?"

활용 – 10분

1) 교사는 학생들이 목표 표현을 사용하여 대답할 수 있도록 질문을 한다.

📢 "가방 안에 뭐가 있어요?"

📢 "사물함이 어디에 있어요?"

2) 교사는 질문을 통해 학생들이 '활용하기'의 대화 상황을 추측할 수 있도록 한다.

📢 "(냉장고 사진을 보여 주며) 이것은 뭐예요?"

● 9차시 | 읽고 써 봐요 - 읽기

[학습 목표]

• 물건 위치에 대한 메모를 읽을 수 있다.

본 활동은 어떤 물건이 있는 위치에 대한 간단한 메모를 읽고 이해하기 위한 활동이다.

읽기 전 - 5분

교사는 학생들에게 읽기 내용을 추측할 수 있는 질문을 한다.

🔲 "(메모가 붙어 있는 냉장고 사진을 보여 주며) 냉장고 문 이에요. 냉장고 문에 무엇이 있어요?"

🔲 "여러분은 메모를 써요? 무슨 메모를 써요?"

읽기 중 - 30분

1) 교사는 학생들에게 읽기 지문을 큰 소리로 따라 읽게 한다.

2) 교사는 학생들이 대화의 전체 내용을 이해했는지 확인 하는 질문을 한다.

🔲 "누구의 메모가 있어요?"

3) 교사는 학생들에게 읽기 지문을 읽게 한다. 그리고 세 부 내용을 이해했는지 확인하는 질문을 한다.

🔲 "민우의 연필이 어디에 있어요?"

🔲 "돈이 어디에 있어요?"

🔲 "냉장고 안에 뭐가 있어요?"

4) 대화에 제시된 새 표현의 의미를 설명한다.

어휘 및 표현

아빠	◆ **정의** 격식을 갖추지 않아도 되는 상황에서 '아버지'를 이르거나 부르는 말. 예 아빠는 회사에 있어요. ● **설명** "(가족사진을 보여 주고 아버지를 가리 키며) 누구예요? 아빠예요."
식탁	◆ **정의** 음식을 차려 놓고 둘러앉아서 먹을 때 사용하는 탁자. 예 식탁 위에 빵이 있어요. ● **설명** "(식탁 사진을 보여 주며) 이것이 뭐예 요? 식탁이에요."
돈	◆ **정의** 물건을 사고 팔 때나 일한 값으로 주고 받는 동전이나 지폐. 예 지갑에 돈이 있어요. ● **설명** "(실물의 돈을 보여 주며) 이것이 뭐예 요? 돈이에요."
케이크	◆ **정의** 오븐에 구운 빵에 크림이나 과일 등으 로 장식한 빵. 예 생일에 케이크를 먹어요. ● **설명** "(케이크 사진을 보여 주며) 이것이 뭐 예요? 케이크예요."
아이스크림	◆ **정의** 설탕, 우유, 과일즙 등을 섞어 얼려서 만 든 부드러운 얼음과자. 예 냉장고에 아이스크림이 있어요. ● **설명** "(아이스크림 사진을 보여 주며) 이것 이 뭐예요? 아이스크림이에요."

읽기 후 - 10분

1) 교사는 학생들에게 교재의 문제를 풀게 한다.

2) 교사는 학생들과 함께 문제의 답을 확인한다.

> **정답**
> 1. (1) ○　(2) ×　(3) ×
> 2. 식탁 위에 있어요.
> 3. 민우의 연필하고 지우개가 있어요.

3) 교사는 질문을 통해 읽기 내용을 재확인하며 수업을 마무리한다.

🔲 "냉장고 문에 뭐가 있어요?"

🔲 "누가 메모를 썼어요?"

> **교수-학습 지침**
> ※ 고등학생 대상 수업의 경우 필수적으로 5분간 다음 활동을 추가로 진행함.
> ➔ 교사는 학생들에게 돌아가며 한 문장씩 소리 내어 읽어 보는 활동을 할 수 있도록 지도한다.

● 10차시 | 읽고 써 봐요 - 쓰기

[학습 목표]
- 물건 위치에 대한 메모를 쓸 수 있다.

본 활동은 가족이나 친구에게 물건의 위치를 알리는 간단한 메모를 써 보도록 하는 활동이다.

쓰기 전 - 5분

1) 교사는 학생들에게 쓰기 내용을 추측할 수 있는 질문을 한다.
   - ⌨ "여러분 방에 무엇이 있어요?"
   - ⌨ "책상 위에 무엇이 있어요?"

2) 교사는 학생들에게 어떤 쓰기 활동을 할 것인지 명확히 알려 준다.
   - ⌨ "무슨 물건이 있어요? 그 물건이 어디에 있어요? 물건의 위치를 쓰세요."

쓰기 중 - 30분

1. 그림을 보고 물건이 어디에 있는지 찾아 쓰는 활동이다.

1) 교사는 학생들에게 무엇을 써야 하는지 알려 준다. 그리고 새 표현이 있다면 그 의미를 함께 설명한다.

- ⌨ "여기는 방이에요."
- ⌨ "(연필 그림을 가리키며) 이것은 뭐예요? 어디에 있어요? 책상 위에 있어요."
- ⌨ "가방, 교재, 체육복은 어디에 있어요?"
- ⌨ "(표의 빈칸을 가리키며) 여기에 쓰세요."

2) 교사는 학생들에게 그림 속 사물의 위치를 쓰게 한다. 이때 교사는 학생들에게 개별적으로 쓰기 지도를 할 수 있다.
   - ⌨ "민우의 연필이 어디에 있어요?"
   - ⌨ "돈이 어디에 있어요?"

2. 물건이 어디에 있는지 가족이나 친구에게 메모를 쓰는 활동이다.

1) 교사는 학생들에게 무엇을 써야 하는지 알려 준다. 그리고 새 표현이 있다면 그 의미를 함께 설명한다.
   - ⌨ "여러분 방에 무엇이 있어요?"
   - ⌨ "그 물건이 어디에 있어요?"
   - ⌨ "가족, 친구에게 메모를 쓰세요."

2) 교사는 학생들에게 가족이나 친구에게 메모를 쓰게 한다. 이때 교사는 학생들에게 개별적으로 쓰기 지도를 할 수 있다.

쓰기 후 - 10분

1) 쓰기 활동이 모두 마무리되면 교사는 학생들에게 각자 쓴 것을 발표하게 한다.

2) 교사는 사물 위치와 메모 내용에 대해 다시 한번 정리하며 수업을 마무리한다.

교수-학습 지침

※ 고등학생 대상 수업의 경우 필수적으로 5분간 다음 활동을 추가로 진행함.
→ 교사는 학생들에게 수업 중에 지도받은 내용을 반영해 공책에 글을 다시 쓰게 할 수 있다. 이를 통해 학생들 스스로 자신의 글을 점검하도록 지도한다.

도서관에서 책을 읽어

● 단원 목표

장소의 이름을 알고 무엇을 하고 있는지 말할 수 있다.

● 단원 내용

꼭 배워요 (필수)	• 주제: 장소
	• 기능: 이동 장소 묻고 답하기, 현재 행위 표현하기
	• 어휘: 장소 관련 어휘, 동작 동사(1)
	• 문법: -어(요), 을, 에 가다/오다, 에서
문화	• 문화: 한국 중고등학생의 놀이 문화를 맛보다
더 배워요 (선택)	• 대화 1: 어디에 가서 무엇을 하는지 묻고 답하기 • 대화 2: 어디에서 무엇을 하는지 묻고 답하기
	• 읽기: 문자 메시지
	• 쓰기: 문자 메시지 쓰기

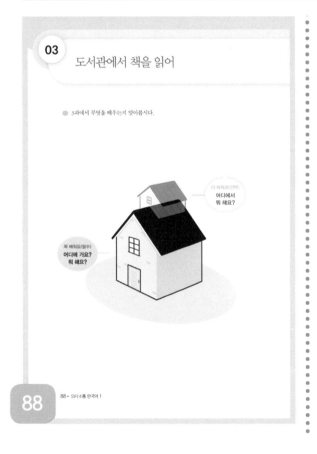

03 도서관에서 책을 읽어

● 3과에서 무엇을 배우는지 알아봅시다.

더 배워요(선택)
어디에서
뭐 해요?

꼭 배워요(필수)
어디에 가요?
뭐 해요?

● 수업 개요

〈꼭 배워요〉 학습 목표	
• 장소의 이름을 안다. • 무엇을 하고 있는지 말할 수 있다.	
1차시	• 도입 대화를 통해 본 단원의 주제에 대해 이해하고 말할 수 있다.
2차시	• 장소 관련 어휘와 동작 동사를 알고 활용할 수 있다.
3차시	• 사실이나 생각을 묻고 답할 수 있다. • '-어(요)'를 사용하여 어떤 사실을 서술하거나 질문, 명령, 권유하는 것을 말할 수 있다.
4차시	• 무엇을 하고 있는지 묻고 답할 수 있다. • '을'을 사용하여 동작이 직접 미치는 대상을 나타낼 수 있다.
5차시	• 이동하는 장소를 묻고 답할 수 있다. • '에 가다/오다'를 사용하여 앞말이 목적지이거나 어떤 행위의 진행 방향이라는 것을 표현할 수 있다.

6차시	• 어떤 장소에서 하는 행동에 대해 묻고 답할 수 있다. • '에서'를 사용하여 앞말이 행동이 이루어지고 있는 장소라는 것을 표현할 수 있다.

● 1차시 | 복습 및 〈꼭 배워요〉 도입

[학습 목표]
• 도입 대화를 통해 본 단원의 주제에 대해 이해하고 말할 수 있다.

복습 – 20분

2단원에서 배운 주제 및 문법에 대해 복습한다.

1) 교사는 지난 단원의 주제와 관련된 질문을 하여 학생들에게 학습한 내용을 떠올리게 한다.
   🔲 "(물건을 가리키며) 이것은 뭐예요?"
   🔲 "교실에 뭐가 있어요?"
   🔲 "방에 뭐가 있어요?"

2) 교사는 '이 있어(요)/없어(요)'와 관련된 질문을 하여 학생들에게 학습한 내용을 떠올리게 한다.
   🔲 "휴대 전화가 있어요?"
   🔲 "체육복이 있어요?"

3) 교사는 '에 있어(요)/없어(요)'와 관련된 질문을 하여 학생들에게 학습한 내용을 떠올리게 한다.
   🔲 "책상 위에 뭐가 있어요?"
   🔲 "사물함 안에 뭐가 있어요? 그리고 뭐가 없어요?"

4) 교사는 '하고'와 관련된 질문을 하여 학생들에게 학습한 내용을 떠올리게 한다.
   🔲 "교실에 뭐하고 뭐가 있어요? 모두 말해 보세요."
   🔲 "가방 안에 뭐가 있어요? 모두 말해 보세요."

5) 교사는 '의'와 관련된 질문을 하여 학생들에게 학습한 내용을 떠올리게 한다.
   🔲 "이것은 누구의 교과서예요?"
   🔲 "그것은 누구의 필통이에요?"

교수–학습 지침

※ 고등학생 대상 수업의 경우 필수적으로 5분간 다음 활동을 추가로 진행함.
➜ 교사는 학생들에게 교실 안에 있는 사물들을 가리키며 물건의 위치와 소유자를 묻고 답하게 할 수 있다. 이때 교사는 지난 단원에서 배운 '이 있어(요)/없어(요)', '에 있어(요)/없어(요)', '하고', '의' 중 세 가지 이상의 문법을 사용하여 대화문을 만들 수 있도록 지도한다.

학습 목표
장소의 이름을 안다.
무엇을 하고 있는지 말할 수 있다.

어휘 장소 관련 어휘, 동작 동사(1)
문법 -에요, 을, 에 가다/오다, 에서

① 영수야, 어디에 가?
② 운동장에 가.
③ 운동장에서 뭐 해?
④ 운동장에서 농구를 해.

함께 이야기해 봐요

1. 오늘 어디에 가요?

2. 그 장소에서 무엇을 해요?

3과 도서관에서 책을 읽어 • 89

89

〈꼭 배워요〉도입 – 25분

1) 교사는 학생들과 교재 89쪽의 그림을 보면서 학습하게 될 주제에 대해 이야기한다.
   🔲 "어디예요?"
   🔲 "누구예요? 뭐 해요?"

2) 교사는 학생들에게 교재 89쪽의 대화를 읽게 한다. 그리고 세부 내용을 이해했는지 확인하는 질문을 한다.
   🔲 "영수는 어디에 가요?"
   🔲 "영수는 운동장에 가요. 뭐 해요?"

3) 교사는 학생들에게 '함께 이야기해 봐요'의 질문을 하면서 단원의 주제를 도입한다.
   🔲 "오늘 어디에 가요?"
   🔲 "그 장소에서 무엇을 해요?"

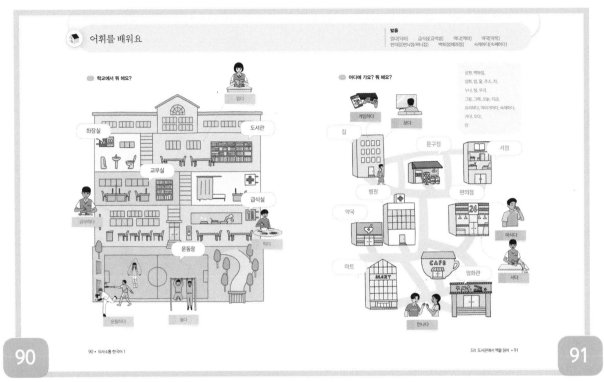

90 • 의사소통 한국어 1

3과 도서관에서 책을 읽어 • 91

• 2차시 | 어휘를 배워요

[학습 목표]
• 장소 관련 어휘와 동작 동사를 알고 활용할 수 있다.

본 단원에는 학교 및 집 주변에 있는 장소에 관련된 어휘 및 표현 그리고 동작 동사가 제시되어 있다.

도입 – 5분

1) 교사는 질문을 통해 학습하게 될 어휘 및 표현을 자연스럽게 노출한다.
   교 "학교에 무엇이 있어요?"
   교 "학교에 있어요. 무엇을 해요?"

2) 교사는 학생들과 제시된 그림을 보며 이야기를 나눈다.
   교 "90쪽의 그림을 보세요. 여기가 어디예요? 학교예요."
   교 "91쪽의 그림을 보세요. 여기가 어디예요? 집 근처예요."

전개 – 35분

1. 학교 내에 있는 장소 관련 어휘 및 표현이다.

1) 교사는 다음에 제시되는 내용을 참고하여 학생들에게 어휘 및 표현을 설명한다. 이때 새로 등장하는 발음 규칙이 있다면 함께 설명한다.

화장실	◆ 정의 대변과 소변을 몸 밖으로 내보낼 수 있게 시설을 만들어 놓은 곳. 예 화장실이 어디에 있어요? ◆ 정보 '실'은 어떤 장소를 가리키는 말이다. ● 설명 "(화장실 사진을 보여 주며) 어디예요? 화장실이에요."
도서관	◆ 정의 책과 자료 등을 많이 모아 두고 사람들이 빌려 읽거나 공부를 할 수 있게 마련한 시설. 예 도서관에서 책을 읽어요. ● 설명 "(도서관 사진을 보여 주며) 어디예요? 도서관이에요."
교무실	◆ 정의 교사들이 수업 준비를 하거나 그 밖의 학교 일을 보는 사무실. 예 선생님은 교무실에 있어요. ● 설명 "(교무실 사진을 보여 주며) 어디예요? 교무실이에요."
급식실	◆ 정의 학교에서 학생들이 밥을 먹는 곳. 예 급식실에서 밥을 먹어요. ◆ 정보 학교나 군대, 공장에서만 사용되는 특수한 단어이다. ● 설명 "(급식실 사진을 보여 주며) 여기가 어디예요? 급식실이에요."
운동장	◆ 정의 운동 경기, 놀이 등을 할 수 있도록 여러 가지 기구나 시설을 갖춘 넓은 마당. 예 운동장에서 운동해요. ● 설명 "(교재 90쪽의 운동장 그림을 가리키며) 여기가 어디예요? 운동장이에요."

읽다	◆ **정의** 글이나 글자를 보고 그 음대로 소리를 내어 말로 나타내다. **예** 책을 읽어요. ● **설명** "(교재 90쪽의 책을 읽는 그림을 가리키며) 뭐 해요? 읽다."
공부하다	◆ **정의** 학문이나 기술을 배워서 지식을 얻다. **예** 학교에 교무실하고 도서관이 있어요. ● **설명** "(교재 90쪽의 공부하는 그림을 가리키며) 뭐 해요? 공부하다."
운동하다	◆ **정의** 몸을 단련하거나 건강을 위하여 몸을 움직이는 것. **예** 저는 매일 운동해요. ◆ **정보** '운동하다'는 '운동을 하다'로도 사용할 수 있다. ● **설명** "(교재 90쪽의 운동하는 그림을 가리키며) 뭐 해요? 운동하다."
놀다	◆ **정의** 놀이 등을 하면서 재미있고 즐겁게 지내다. **예** 친구하고 놀아요. ● **설명** "친구를 만나요. (이야기하는 사진을 보여 주며) 같이 이야기해요. (게임하는 사진을 보여 주며) 게임해요. 뭐 해요? 놀다."
먹다	◆ **정의** 음식 등을 입을 통하여 배 속에 넣다. **예** 빵을 먹어요. ● **설명** "(90쪽의 밥을 먹는 그림을 가리키며) 점심시간이에요. 뭐 해요? 먹다."

2) 교사는 질문을 통해 학생들이 어휘 및 표현을 잘 이해했는지 확인한다.

🎓 "학교에 무엇이 있어요?"

🎓 "학교에서 뭐 해요?"

🎓 "교실에 있어요. 교실에서 뭐 해요?"

---

2. 집 주변에 있는 장소 관련 어휘 및 표현이다.

1) 교사는 다음에 제시되는 내용을 참고하여 학생들에게 어휘 및 표현을 설명한다. 이때 새로 등장하는 발음 규칙이 있다면 함께 설명한다.

집	◆ **정의** 사람이나 동물이 추위나 더위 등을 막기 위해 들어가서 사는 장소. **예** 집에서 자요. ● **설명** "(집 그림을 보여 주며) 어디예요? 집이에요."
문구점	◆ **정의** 종이, 연필, 지우개 등의 공부를 하거나 사무를 보는 데에 필요한 물건들을 파는 가게. **예** 문구점에서 연필을 사요. ● **설명** "(문구점 사진을 보여 주며) 어디예요? 문구점이에요."
서점	◆ **정의** 책을 파는 가게. **예** 서점에서 책을 사요. ● **설명** "(서점 사진을 보여 주며) 어디예요? 서점이에요."

편의점	◆ **정의** 하루 24시간 내내 문을 열고 간단한 생활필수품 등을 파는 가게. **예** 편의점에서 라면하고 김밥을 사요. ● **설명** "(편의점 사진을 보여 주며) 어디예요? 편의점이에요."
병원	◆ **정의** 시설을 갖추고 의사와 간호사가 병든 사람을 치료해 주는 곳. **예** 병원에 의사 선생님이 있어요. ● **설명** "(91쪽의 병원 그림을 가리키며) 어디예요? 병원이에요."
약국	◆ **정의** 약사가 약을 만들거나 파는 곳. **예** 약국에 약이 있어요. ● **설명** "(91쪽의 약국 그림을 가리키며) 어디예요? 약을 사요. 약국이에요."
마트	◆ **정의** 음식 재료, 과일, 생활용품 등 많은 종류의 물건을 파는 큰 가게. **예** 마트에서 사과를 사요. ● **설명** "(마트 사진을 보여 주며) 어디예요? 마트예요."
영화관	◆ **정의** 많은 사람이 함께 영화를 볼 수 있도록 시설을 갖추어 놓고 영화를 상영하는 곳. **예** 영화관에서 영화를 봐요. ● **설명** "(영화관 사진을 보여 주며) 어디예요? 영화관이에요."
게임하다	◆ **정의** 규칙을 정해 이기고 지는 것을 가르는 놀이를 하다. **예** 컴퓨터 게임해요. ● **설명** "(게임을 하는 그림을 보여 주며) 뭐 해요? 게임하다."
보다	◆ **정의** 눈으로 대상의 존재나 겉모습을 알다, 또는 눈으로 대상을 즐기거나 감상하다. **예** 영화를 봐요. ● **설명** (텔레비전을 보는 그림을 보여 주며) "뭐 해요? 텔레비전 보다."
마시다	◆ **정의** 물 등의 액체를 목구멍으로 넘어가게 하다. **예** 물을 마셔요. ◆ **정보** '마시다'와 '먹다'의 차이를 알려 준다. ● **설명** "(물을 마시는 그림을 보여 주며) 뭐 해요? 마시다."
사다	◆ **정의** 돈을 주고 어떤 물건이나 권리 등을 자기 것으로 만들다. **예** 공책을 사요. ● **설명** "마트에 가요. 뭐 해요? 빵, 우유, 과자 사다."
만나다	◆ **정의** 누군가 가거나 와서 둘이 서로 마주 대하다. **예** 친구를 만나요. ● **설명** "(91쪽의 친구와 만나서 인사를 하는 그림을 가리키며) 학교에 있어요. 친구를 만나요. 선생님을 만나요."

2) 교사는 질문을 통해 학생들이 어휘 및 표현을 잘 이
해했는지 확인한다.
- 📖 "책을 읽어요. 어디에 가요?"
- 📖 "집에 있어요. 뭐 해요?"

교수-학습 지침

※ 고등학생 대상 수업의 경우 필수적으로 5분간 다음 활동을
추가로 진행함.
→ 교사는 학생들에게 동작만으로 장소를 유추하여 맞히는 게임
활동을 한다. 한 학생이 어떤 장소에서 할 수 있는 행동을 몸
으로 묘사하면 다른 학생들이 그 행동을 보고 장소 어휘를 맞
히는 활동을 할 수 있도록 지도한다.

정리 – 5분

교사는 질문을 통해 어휘 및 표현 학습을 마무리한다.
- 📖 "점심시간이에요. 어디에 가요?"
- 📖 "급식실에 있어요. 뭐 해요?"

교사 지식

→ '읽다[익따], 급식실[급씩씰], 먹다[먹따], 약국[약꾹], 숙제
하다[숙쩨하다]'의 발음 규칙:
  · 경음화 ▶ 1과 64쪽 확인
→ '편의점[펴늬점/펴니점]'의 발음 규칙:
  · '편의점'의 발음은 [펴늬점]을 원칙으로 하되, 첫음절이 아
  닌 '의'는 [이]로 발음되는 것을 허용하고 있어 [펴니점]으
  로 발음할 수도 있다.
→ '백화점[배콰점]'의 발음 규칙:
  · 'ㅎ' 축약 ▶ 받침 'ㄱ(ㄺ), ㄷ, ㅂ(ㄼ), ㅈ(ㄵ)'이 뒤 음절 첫
  소리 'ㅎ'과 결합되는 경우에 두 음을 합쳐서 [ㅋ, ㅌ, ㅍ,
  ㅊ]로 발음한다.

• 3차시 | 문법을 배워요 1

[학습 목표]
- 사실이나 생각을 묻고 답할 수 있다.
- '-어(요)'를 사용하여 어떤 사실을 서술하거나 질문,
명령, 권유하는 것을 말할 수 있다.

도입 – 5분

1) 교사는 학생들에게 대화문을 읽게 한다. 그리고 학생
들이 대화 상황을 이해했는지 확인 질문을 한다.
- 📖 "영수는 어디에 있어요?"
- 📖 "누나는 공부해요?"

2) 교사는 학생들에게 목표 문법의 의미를 추측할 수 있
는 질문을 한다.
- 📖 "영수는 지금 뭐 해요?"
- 📖 "누나는 지금 뭐 해요?"

전개 – 35분

다음의 절차에 따라 문법에 대해 설명한다. 그리고 새로 제시되
는 어휘 및 표현이 있다면 그 의미를 함께 설명한다.

[설명]
- 📖 "선생님, 보세요. 지금 뭐 해요? (밥을 먹는 행동을 하며)

먹다, 어요, 먹어요. (물을 마시는 행동을 하며) 마시다, 어요, 마셔요."

🔲 "'-어(요)'는 현재의 사실을 말하거나 질문할 때 사용해요."

[예시]

· 아기가 자요.
· 친구를 기다려요.
· 누나가 공부해요.
· 동생이 텔레비전을 봐요.

[정보]

▶형태 정보:

	ㅏ, ㅗ	ㅓ, ㅜ, ㅣ…	-하다
동사, 형용사	-아(요)	-어(요)	-여(요)

① 동사 및 형용사 어간 끝음절의 모음이 'ㅏ, ㅗ'인 경우 '-아(요)', 동사 및 형용사 어간 끝음절의 모음이 'ㅏ, ㅗ'가 아닌 경우 '-어(요)', '-하다'가 붙은 동사 및 형용사어간에는 '-여(요)'를 쓰는데, 흔히 줄여서 '-해(요)'로 쓴다.

▶주의 사항:

① '자다, 가다'는 '자아(요)'로 쓰지 않고 '자(요)'로 줄여 쓴다.

② '마시다, 기다리다' 등과 같이 어간 음절이 'ㅣ'로 끝나면 '마셔(요), 기다려(요)'로 줄여서 쓴다.

③ '바꾸다, 주다' 등과 같이 어간 음절이 'ㅜ'로 끝나면 '바꿔(요), 줘(요)'로 줄여서 쓴다.

[확인]

교사는 문법을 설명한 뒤 '연습 문제'를 통해 학생들이 문법을 이해했는지 확인한다.

> 정답
> (1) 놀아요
> (2) 이야기해요

어휘 및 표현

지금	◆ 정의 말을 하고 있는 바로 이때. 📋 저는 지금 운동해요. ● 설명 "(칠판에 세 개의 동그라미를 나란히 그린 후 각각 한 시간 전, 현재 시간, 1시간 후의 시간을 나타내는 시계 바늘을 그리고 현재 시간의 시계에 동그라미를 하며) 지금. 여러분 지금 뭐 해요? 지금 공부해요."

누나	◆ 정의 남자가 형제나 친척 형제들 중에서 자기보다 나이가 많은 여자를 이르거나 부르는 말. 📋 저는 누나가 있어요. ● 설명 "(남매가 있는 가족사진을 보여 주고 어린 남자 형제를 가리키며) 남동생이에요. (나이 많은 여자 형제를 가리키며) 누나예요."
형	◆ 정의 남자가 형제나 친척 형제들 중에서 자기보다 나이가 많은 남자를 이르거나 부르는 말. 📋 우리 형은 대학생이에요. ● 설명 "(형제가 있는 가족사진을 보여 주며) 남동생이에요. (나이 많은 남자 형제를 가리키며) 형이에요."
요리하다	◆ 정의 음식을 만들다. 📋 형이 부엌에서 요리해요. ● 설명 "(요리를 하는 그림을 보여 주며) 지금 뭐 해요? 요리해요."
이야기하다	◆ 정의 다른 사람과 말을 주고받다. 📋 커피숍에서 친구하고 이야기해요. ● 설명 "(이야기하는 그림을 보여 주며) 친구를 만나요. 저는 말해요. 그리고 친구도 말해요. 이야기해요."
안	◆ 정의 부정이나 반대의 뜻을 나타내는 말. ◆ 정보 동사나 형용사 앞에 쓴다. ● 정보 "우유를 마셔요? (두 팔로 X 표시를 하고 고개를 저으며) 아니요, 안 마셔요."

> **교수-학습 지침**
>
> ※ 고등학생 대상 수업의 경우 필수적으로 5분간 다음 활동을 추가로 진행함.
> → 교사는 학생들에게 목표 문법을 활용할 수 있는 새로운 화제를 제시한다.
> 🔲 "집에 있어요. 뭐 해요? '-어요'를 사용해서 말해 보세요."

> 예시 답안
> 책 읽어요. 텔레비전 봐요.

정리 – 5분

1) 교사는 학생들에게 대화문을 다시 한번 읽게 한다.

2) 교사는 교재에 제시된 열린 질문을 통해 학생들에게 배운 문법을 활용하여 자유롭게 이야기를 나누게 한다.
🔲 "여러분은 오늘 뭐 해요?"

> 예시 답안
> 공부해요. 지금 만나요. 밥 먹어요. 놀아요.

93

• 4차시 | 문법을 배워요 2

[학습 목표]
- 무엇을 하고 있는지 묻고 답할 수 있다.
- '을'을 사용하여 동작이 직접 미치는 대상을 나타낼 수 있다.

도입 - 5분

1) 교사는 학생들에게 대화문을 읽게 한다. 그리고 학생들이 대화 상황을 이해했는지 확인 질문을 한다.
   📋 "호민이가 게임해요?"

2) 교사는 학생들에게 목표 문법의 의미를 추측할 수 있는 질문을 한다.
   📋 "호민이가 지금 무엇을 봐요?"

전개 - 35분

다음의 절차에 따라 문법에 대해 설명한다. 그리고 새로 제시되는 어휘 및 표현이 있다면 그 의미를 함께 설명한다.

[설명]
📋 "(마시는 행동을 하며) 여러분 뭐 마셔요? 물, 우유. 물 마셔요. 물을 마셔요. 우유 마셔요. 우유를 마셔요."

📋 "(먹는 행동을 하며) 여러분 뭐 먹어요? 케이크 먹어요. 빵 먹어요. 빵을 먹어요. 케이크 먹어요. 케이크를 먹어요."

📋 "'을/를'은 어떤 행동의 영향이 직접적으로 미치는 대상을 말할 때 사용해요."

[예시]
- 과자를 사요.
- 텔레비전을 봐요.
- 김치를 안 먹어요.
- 운동을 안 해요.

[정보]
▶형태 정보:

	받침 ○	받침 X
명사	을	를

① 명사 끝음절에 받침이 있으면 '을', 명사 끝음절에 받침이 없으면 '를'을 쓴다.

▶주의 사항:

① '뭐를'은 '뭘'로 줄여서 쓸 수 있다.

② 교사는 학생들에게 부정이나 반대의 뜻을 나타내는 '안'이 '운동하다, 공부하다' 등과 함께 쓰일 때는 '운동을 안 해요, 공부를 안 해요.'로 주의하여 쓸 수 있도록 지도한다.

[확인]
교사는 문법을 설명한 뒤 '연습 문제'를 통해 학생들이 문법을 이해했는지 확인한다.

> 정답
> (1) 연필을 사요, 연필을 안 사요
> (2) 주스를 마셔요, 주스를 안 마셔요

어휘 및 표현

그럼	◆ 정의 앞의 내용을 받아들이거나 그 내용을 바탕으로 하여 새로운 주장을 할 때 쓰는 말. 예 집에 우유가 없어요? 그럼 마트에서 우유를 사요. ◆ 정보 참조어 '그러면' ● 설명 "여러분, 지금 운동해요? 아니요, 운동 안해요. 그럼 뭐 해요?"
물	◆ 정의 강, 호수, 바다, 땅속 등에서 나오고 빛깔, 냄새, 맛이 없고 투명한 액체. 예 물을 마셔요. ● 설명 "(물을 보여 주며) 무엇을 마셔요? 물. 물을 마셔요."
주스	◆ 정의 과일이나 채소에서 짜낸 즙이나 그것으로 만든 음료. 예 저는 사과 주스를 마셔요. ● 설명 "(주스 그림을 보여 주며) 이게 뭐예요? 주스예요. 주스를 마셔요."

차	◆ 정의 좋은 향이나 맛이 있는 식물의 잎이나 뿌리, 열매 등을 달이거나 우려서 만든 마실 것. 예 차를 마셔요. ● 설명 "(차 그림을 보여 주며) 이게 뭐예요? 차예요. 차를 마셔요."

정리 - 5분

1) 교사는 학생들에게 대화문을 다시 한번 읽게 한다.

2) 교사는 교재에 제시된 열린 질문을 통해 학생들에게 배운 문법을 활용하여 자유롭게 이야기를 나누게 한다.
  📖 "뭐 먹어요? 그리고 뭐 마셔요? '을'을 사용하여 말해 보세요."

예시 답안
라면을 먹어요. 그리고 과자를 먹어요. 주스를 마셔요. 그리고 물을 마셔요.

교수-학습 지침

교사는 학생들에게 부정이나 반대의 뜻을 나타내는 '안'이 '운동하다, 공부하다' 등과 함께 쓰일 때는 '운동 안 해요, 공부 안 해요.'로 주의하여 쓸 수 있도록 지도한다.

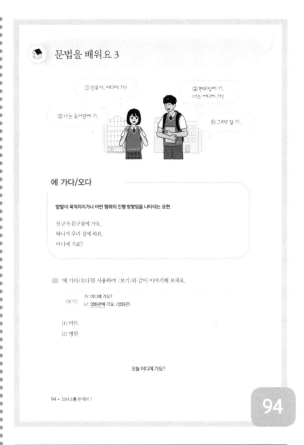

• 5차시 | 문법을 배워요 3

[학습 목표]
• 이동하는 장소를 묻고 답할 수 있다.
• '에 가다/오다'를 사용하여 앞말이 목적지이거나 어떤 행위의 진행 방향이라는 것을 표현할 수 있다.

도입 - 5분

1) 교사는 학생들에게 대화문을 읽게 한다. 그리고 학생들이 대화 상황을 이해했는지 확인 질문을 한다.
  📖 "민우하고 소연이가 학교 가요?"
  📖 "그럼 어디 가요?"

2) 교사는 학생들에게 목표 문법의 의미를 추측할 수 있는 질문을 한다.
  📖 "민우는 어디에 가요?"
  📖 "소연이는 어디에 가요?"

전개 - 35분

다음의 절차에 따라 문법에 대해 설명한다. 그리고 새로 제시되는 어휘 및 표현이 있다면 그 의미를 함께 설명한다.

[설명]

- 📖 "책이 없어요. 책을 사요. 어디에 가요? 서점에 가요. 친구를 만나요. 영화를 봐요. 어디에 가요? 영화관에 가요."
- 📖 "'에 가다/오다'는 어떤 장소로 이동하고 있음을 나타낼 때 사용해요."

[예시]

- · 약국에 가요.
- · 어디에 가요?
- · 저는 병원에 안 가요.
- · 동생이 도서관에 가.

[정보]

▶형태 정보:

	받침 ○	받침 X
명사	에 가다/오다	

① 명사 끝음절의 받침 유무에 관계없이 '에 가다/오다'를 쓴다.

▶주의 사항:

① 말하는 사람의 위치에서 멀어지느냐 가까워지느냐에 따라 '가다/오다'가 구별되어 사용됨을 설명한다.

- · (칠판에 학교 그림을 그리고 색이 다른 두 개의 동그란 자석을 준비한 뒤, 한 자석을 학교를 향해 움직이며) 저는 학교에 가요. 저는 학교에 있어요. (다른 색의 자석을 들고) 친구예요. (친구라고 칭한 자석을 학교를 향해 움직여 '저'라고 칭한 자석에 가까워지게 하며) 친구가 학교에 와요. (학교 그림의 반대편에 집 그림을 그린 뒤, 친구라고 칭한 자석을 집 쪽으로 움직여 '저'라고 칭한 자석에서 멀어지게 하며) 친구는 집에 가요.

② '에'는 시간을 나타내는 말에 붙어 '어떤 동작이나 행위', '상태가 일어나는 시간이나 때' 등의 의미를 나타낸다. 본 단원의 '에'는 '가다, 오다' 동사와 함께 쓰여 행위의 진행 방향이나 목적지를 나타낸다.

[확인]

교사는 문법을 설명한 뒤 '연습 문제'를 통해 학생들이 문법을 이해했는지 확인한다.

정답
(1) 마트에
(2) 병원에

어휘 및 표현

우리	◆ 정의 말하는 사람이 자기와 듣는 사람 또는 이를 포함한 여러 사람들을 가리키는 말. 예 우리는 친구예요. ◆ 정보 참조어 '저희' ● 설명 "(교사 자신을 가리키며) 나. (학생과 어깨동무하며) 우리."
가다	◆ 정의 한 곳에서 다른 곳으로 장소를 이동하다. 예 학교에 가요. ● 설명 "(칠판에 집과 학교를 그린 후, 사람을 그린 다음에 이동하는 것을 표현하며) 가다. 가요. 어디에 가요? 학교에 가요. (교사가 교실 문을 열고 나가며) 선생님, 가요. 여러분 질문해요. 선생님, 어디에 가요?"
오다	◆ 정의 무엇이 다른 곳에서 이곳으로 움직이다. 예 동생이 집에 와요. ● 설명 "(교사가 교실 밖에 나갔다가 다시 교실 안으로 들어오며) 선생님이 와요. O반 교실에 와요."
그래	◆ 정의 상대편의 말에 대한 감탄이나 가벼운 놀라움을 나타낼 때 쓰는 말. 예 가: 냉장고에 아이스크림이 있어. 나: 아, 그래? ◆ 정보 주로 친구나 아랫사람에게 의문문으로 쓴다. ● 설명 "친구가 말해요. '나는 빵을 좋아해.' 여러분 말해요. (고개를 끄덕이며) 아, 그래?"

교수-학습 지침

※ 고등학생 대상 수업의 경우 필수적으로 5분간 다음 활동을 추가로 진행함.
➜ 교사는 학생들에게 목표 문법을 활용할 수 있는 새로운 화제를 제시한다.
  📖 "친구를 만나요. 같이 어디에 가요? '에 가다/오다'를 사용해서 말해 보세요."

예시 답안
영화관에 가요. 서점에 가요.

정리 - 5분

1) 교사는 학생들에게 대화문을 다시 한번 읽게 한다.

2) 교사는 교재에 제시된 열린 질문을 통해 학생들에게 배운 문법을 활용하여 자유롭게 이야기를 나누게 한다.
  📖 "오늘 어디에 가요?"

예시 답안
집에 가요. 공원에 가요. 편의점에 가요. 도서관에 가요. 운동장에 가요. 교무실에 가요.

• 6차시 | 문법을 배워요 4

[학습 목표]

• 어떤 장소에서 하는 행동에 대해 묻고 답할 수 있다.

• '에서'를 사용하여 앞말이 행동이 이루어지고 있는 장소라는 것을 표현할 수 있다.

도입 – 5분

1) 교사는 학생들에게 대화문을 읽게 한다. 그리고 학생들이 대화 상황을 이해했는지 확인 질문을 한다.

📖 "수호가 어디에 있어요?"

📖 "수호가 뭐 해요?"

2) 교사는 학생들에게 목표 문법의 의미를 추측할 수 있는 질문을 한다.

📖 "수호가 도서관에 있어요. 도서관에서 뭐 해요?"

전개 – 35분

다음의 절차에 따라 문법에 대해 설명한다. 그리고 새로 제시되는 어휘 및 표현이 있다면 그 의미를 함께 설명한다.

[설명]

📖 "여기가 어디예요? 학교예요. 무엇을 해요? 공부를 해요. 학교에서 공부를 해요."

📖 "여러분이 집에 있어요. 뭐 해요? 게임해요. 텔레비전을 봐요. 집에서 게임해요. 텔레비전을 봐요."

📖 "'에서'는 어떤 행동이 이루어지는 장소라는 것을 나타낼 때 사용해요."

[예시]

· 교실에서 공부를 해요.

· 공원에서 친구를 만나요.

· 식당에서 밥을 먹어요.

· 서점에서 책을 사요.

[정보]

▶형태 정보:

	받침 ○	받침 X
명사	에서	

① 명사 끝음절의 받침 유무에 관계없이 명사 뒤에 '에서'를 쓴다.

▶주의 사항:

① '에 가다/오다'가 어떤 장소로 향하는 도착점을 뜻한다면 '에서 가다/오다'는 어떤 장소로부터의 이동의 출발점을 뜻한다.

[확인]

교사는 문법을 설명한 뒤 '연습 문제'를 통해 학생들이 문법을 이해했는지 확인한다.

정답
(1) 놀아요, 운동장에서 놀아요.
(2) 친구를 만나요, 서점에서 친구를 만나요.

어휘 및 표현

오늘	◆ 정의 지금 지나가고 있는 이날. 📖 오늘 숙제가 있어요? ● 설명 "(달력에서 오늘 날짜를 가리키며) 오늘이에요."

교수–학습 지침

※ 고등학생 대상 수업의 경우 필수적으로 5분간 다음 활동을 추가로 진행함.

➔ 교사는 학생들에게 목표 문법을 활용할 수 있는 새로운 화제를 제시한다.

📖 "보통 어디에서 친구를 만나요? '에서'를 사용해서 말해 보세요."

예시 답안
운동장에서 친구를 만나요. 영화관에서 친구를 만나요.

1) 교사는 학생들에게 대화문을 다시 한번 읽게 한다.

2) 교사는 교재에 제시된 열린 질문을 통해 학생들에게 배운 문법을 활용하여 자유롭게 이야기를 나누게 한다.

   📖 "오늘 어디에서 뭐 해요?"

예시 답안

집에서 텔레비전을 봐요. 공원에서 친구를 만나요. 마트에서 우유를 사요.

교사 지식

학생이 장소를 나타내는 명사 뒤에 쓰이는 '에'와 '에서'를 혼동할 수 있으므로 이 둘의 차이점을 설명해 준다. '에'는 존재하거나 위치하는 장소, 또는 목적지나 진행 방향으로 '있다, 없다', '가다, 오다' 등과 함께 쓰이며, '에서'는 어떤 행위나 동작이 일어나는 장소로 다양한 동사가 올 수 있다.

● 메모

• 문화

[학습 목표]
- 한국 중고등학생의 놀이 문화에 대해 알 수 있다.
- 한국에서 중고등학생들이 어디에서 어떻게 노는지 알고, 친구들과 게임을 할 수 있다.

1) 질문을 통해 학생들에게 주제를 추측하게 한다.
   📺 "여러분은 보통 친구들하고 어디에 가요? 무엇을 해요?"
   📺 "한국의 중고등학생들이 어디에서 무엇을 해요?"

2) 교재 96쪽을 보며 한국 중고등학생의 놀이 문화에 대해 설명한다.

교수-학습 지침

교사는 학생들에게 교재에 제시된 한국 중고등학생들의 놀이 장소 중에서 놀러 가 본 곳이 있는지, 또는 어디로 놀러가 보고 싶은지 학생들끼리 자유롭게 이야기를 해 볼 수 있도록 지도한다.

3) 교재 97쪽을 보며 '어디에 가요?' 게임 방법에 대해 설명한다.

교수-학습 지침

교사는 학생들에게 게임 방법을 소개해 준 다음, 학생들이 4~5명씩 조를 이루어 둥글게 모여 앉아 직접 '어디에 가요?' 게임을 해 볼 수 있도록 지도한다.

4) 본 문화와 관련하여 상호문화적 관점에서 이야기할 수 있도록 한다.

📺 "여러분, 다른 나라 중학생과 고등학생들은 어디에 많이 가요?"

📺 "여러분, 다른 나라 중학생과 고등학생들은 어디에 가서 어떻게 놀아요? 알아요? 이야기해 보세요."

📺 "여러분은 어떤 게임을 알아요? 이야기해 보세요."

더 알아보기

눈치 게임	기본 규칙은 앉아 있던 사람들이 1부터 순서대로 숫자를 말하며 일어나는 것이다. 그리고 마지막으로 번호를 부르는 사람이 벌칙을 받게 된다. 예를 들어 한 장소에 여섯 명의 사람이 있었다면 마지막으로 일어나지 못하고 남은 사람이 벌칙을 받는다. 단, 동시에 같은 숫자를 말하며 일어나게 되는 경우에 함께 일어난 사람들이 모두 벌칙을 받게 된다.
초성게임	글자의 초성 자음을 놓고 그 자음으로 시작하는 단어를 맞히는 게임이다. 예를 들어 한 사람이 '가방'이라는 단어를 생각하며 두 음절의 초성 자음인 'ㄱ'과 'ㅂ'을 제시한다. 그럼 나머지 사람들이 그 초성을 가지고 문제를 낸 사람이 생각하고 있는 단어를 추측하여 맞히는 게임이다.

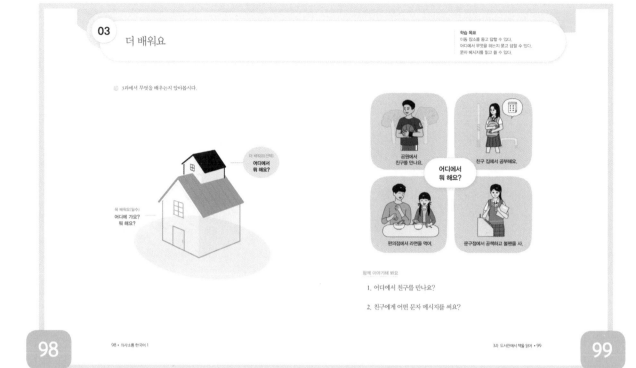

98 • 의사소통 한국어 1

3과 도서관에서 책을 읽어 • 99

〈더 배워요〉 학습 목표

- 이동 장소를 묻고 답할 수 있다.
- 어디에서 무엇을 하는지 묻고 답할 수 있다.

7차시	• 이동하는 장소와 그 장소에서 하는 행동을 묻고 답할 수 있다.
8차시	• 현재 위치하고 있는 장소와 그 장소에서 하고 있는 행동을 묻고 답할 수 있다.
9차시	• 문자 메시지를 읽고 이해할 수 있다.
10차시	• 문자 메시지를 쓸 수 있다.

• 7차시 | 〈더 배워요〉 도입 및 대화해 봐요 1

〈더 배워요〉 도입 – 5분

1) 〈꼭 배워요〉의 목표 어휘 및 문법 등을 확인할 수 있는 질문을 통해 학생들이 해당 표현을 사용하여 답할 수 있도록 유도한다.
   - 교 "여러분은 오늘 뭐 해요?"
   - 교 "오늘 어디에 가요? 거기에서 뭐 해요?"
   - 교 "여러분은 집에서 뭐 해요?"

2) '대화해 봐요 1, 2'에서 학습할 내용을 대표하는 네 개의 그림들을 확인하며 학생들이 앞으로 배우게 될 주제 및 내용을 추측할 수 있도록 한다.
   - 교 "(첫 번째 그림을 가리키며) 정호가 어디에 가요?"
   - 교 "공원에서 뭐 해요?"
   - 교 "(두 번째 그림을 가리키며) 안나가 어디에 가요?"
   - 교 "친구 집에서 뭐 해요?"
   - 교 "(세 번째 그림을 가리키며) 민우하고 유미가 어디에 있어요?"
   - 교 "민우하고 유미가 뭐 해요?"
   - 교 "(네 번째 그림을 가리키며) 나나가 어디에 있어요?"
   - 교 "문구점에서 뭐 해요?"

3) '함께 이야기해 봐요'에 제시된 질문을 통해 이야기를 나눔으로써 '읽고 써 봐요'에서 학습할 내용을 추측하게 한다.
   - 교 "어디에서 친구를 만나요?"
   - 교 "친구에게 어떤 문자 메시지를 써요?"

[학습 목표]
• 이동하는 장소와 그 장소에서 하는 행동을 묻고 답할 수 있다.
• 부가 문법: -니
• 목표 표현: ~에서 뭐 해?
　　　　　　~하고 -어요

본 대화는 정호가 거리에서 선생님을 만나서 어디에 가는지 묻고 답하는 상황이다.

도입 - 5분

1) 교사는 학생들에게 '대화해 봐요 1'의 내용을 추측할 수 있는 질문을 한다.
　📟 "친구를 만나요. 무슨 이야기를 해요?"
　📟 "오늘 어디에 가요? 거기에서 뭐 해요?"

2) 교사는 학생들에게 100쪽의 첫 번째 QR 코드 속 영상을 보게 한다.
　📟 "정호와 선영이가 전화해요. 무슨 이야기를 해요? 함께 확인해 봐요."

3) 교사는 학생들이 대화 내용을 잘 이해했는지 질문을 한다. 그리고 새 표현이 있다면 그 의미를 함께 설명한다.
　📟 "오늘 선영이는 뭐 해요? 정호는 뭐 해요?"

전개 - 20분

1) 교사는 학생들에게 본 대화 내용을 소개하며 100쪽의 두 번째 QR 코드 속 영상을 보게 한다.
　📟 "정호가 거리에서 선생님을 만났어요. 무슨 이야기를 해요? 함께 확인해 봐요."

2) 교사는 학생들이 대화의 전체 내용을 이해했는지 확인하는 질문을 한다.
　📟 "정호는 어디에 가요?"
　📟 "선생님은 어디에 가요?"

3) 교사는 학생들에게 대화문을 읽게 한다. 그리고 세부 내용을 이해했는지 확인하는 질문을 한다.
　📟 "정호는 어디에서 뭐 해요?"
　📟 "누구하고 농구를 해요?"

4) 대화에 제시된 새 표현의 의미를 설명한다.

어휘 및 표현

근처	◆ 정의 어떤 장소나 물건, 사람을 중심으로 하여 가까운 곳. 예 집 근처에 공원이 있어요. ● 설명 "(학교 근처 지도를 보여 주고 학교 주변을 가리키며) 학교 근처예요. 뭐가 있어요? (실제 학교 근처에 있는 장소를 골라서) 학교 근처에 문구점, 편의점이 있어요. (실제 학교에서 먼 장소를 골라서) 학교 근처에 영화관이 있어요? 아니요. 영화관은 학교 근처에 없어요."
거기	◆ 정의 듣는 사람에게 가까운 곳이나 앞에서 이미 이야기한 곳을 가리키는 말. 예 편의점에 가요. 거기에서 김밥을 사요. ◆ 정보 참고어 '여기, 저기' ● 설명 오늘 서점에 가요. 서점에서 친구를 만나요. 그리고 '거기'에서 책을 사요. (학생에게 질문하며) 오늘 어디에 가요? (학생의 대답에 듣고) '거기'에서 뭐 해요?"
농구하다	◆ 정의 다섯 사람씩 두 팀으로 하며, 상대방의 바스켓에 공을 많이 넣으면 이기는 경기. 예 운동장에서 친구하고 농구해요. ● 설명 "(농구하는 그림을 보여 주며) 지금 뭐 해요? 농구해요."

5) 교사는 학생들에게 대화문을 다시 한번 읽게 한다. 이때 역할을 나누는 등 다양한 방식으로 읽게 할 수 있다.

6) 교사는 다음의 절차에 따라 부가 문법 '-니?'에 대해 설명한다. 그리고 새로 제시되는 어휘가 있다면 그 의미를 함께 설명한다.

<table>
<tr><td>부가 문법</td><td>'-니'</td></tr>
</table>

[설명]

📖 "'어디에 가?' 하고 '어디에 가니?'는 같아요. 어머니, 아버지, 선생님이 여러분에게 '먹니? 가니? 자니?' 질문해요. 여러분도 어머니, 아버지, 선생님에게 '-니?'라고 질문해요? 아니요. (두 팔을 서로 교차하여 금지를 표시하며) 안 돼요. 하지만 친구에게 '-니?'로 질문해요. 괜찮아요."

[예시]

· 어디에 있니?
· 지금 뭐 하니?
· 밥을 먹니?
· 우유를 마시니?

[정보]

▶형태 정보:

	받침 ○	받침 X , 'ㄹ' 받침
동사, 형용사	-니	

	받침 ○	받침 X
명사	이니	니

① 동사 및 형용사 어간 끝음절의 받침 유무에 관계없이 '-니'를 쓴다. 단, 'ㄹ' 받침으로 끝날 때는 'ㄹ'이 탈락한다.

② 명사 어간 끝음절에 받침이 있으면 '이니', 명사 어간 끝음절에 받침이 없으면 '니'를 쓴다.

▶주의 사항:

① '-어'의 경우 반말을 하는 친한 사이라면 윗사람에게도 쓸 수 있지만 '-니'는 친한 사람이라도 윗사람에게 쓸 수 없음을 알려 준다.

7) 교사는 학생들에게 목표 표현에 대해 설명한다.

<table>
<tr><td>목표 표현 1</td><td>'~에서 뭐 해?'</td></tr>
</table>

[설명]

📖 "친구가 집/공원/도서관에 있어요. '친구가 뭐 해요?' 몰라요. 그럼 친구에게 질문해요. 집에서 뭐 해? 공원에서 뭐 해? 도서관에서 뭐 해?"

[예시]

· 여기에서 뭐 해?
· 학교에서 뭐 해?
· 거기에서 뭐 해?
· 공원에서 뭐 해?

<table>
<tr><td>목표 표현 2</td><td>'~하고 -어(요)'</td></tr>
</table>

[설명]

📖 "저는 문구점에 가요. 문구점에 친구도 같이 가요. 그럼 말해요. 저는 친구하고 문구점에 가요. 다른 사람하고 같이 해요. '~하고 -어(요)'라고 말해요."

[예시]

· 도서관에서 친구하고 공부를 해요.
· 식당에서 가족하고 밥을 먹어요.
· 집에서 언니하고 텔레비전을 봐요.
· 백화점에서 아빠하고 쇼핑해요.

8) 교사는 학생들에게 교재의 1번과 2번 문제를 풀게 한다.

9) 교사는 학생들과 함께 문제의 답을 확인한다.

> **정답**
> 1. (1) ✕ (2) ○ (3) ○
> 2. 운동장에 가요. 친구하고 축구를 해요. 도서관에 가요. 친구하고 한국어를 공부해요.

10) 교사는 학생들에게 101쪽의 첫 번째 QR 코드 속 영상을 보게 한다.

📖 "정호가 엄마하고 전화해요. 무슨 이야기를 해요? 함께 확인해 봐요."

11) 교사는 학생들이 대화 내용을 잘 이해했는지 질문을 한다. 그리고 새 표현이 있다면 그 의미를 함께 설명한다.

📚 "정호가 지금 뭐 해요?"

📚 "정호가 언제 집에 가요?"

어휘 및 표현

언제	◆ **정의** 알지 못하는 어느 때. 📘 언제 친구를 만나요? ● **설명** "영화관에 가요. (시계를 가리키며) 몇 시? (달력을 가리키며) 며칠? (고개를 저으며) 몰라요. 그럼 어떻게 질문해요? 언제 가요? 언제 영화관에 가요?"
전화하다	◆ **정의** 전화기를 통해 사람들끼리 말을 주고 받는다. 📘 아버지하고 전화해요. ● **설명** "(휴대 전화로 전화하는 행동을 보여 주며) 선생님이 지금 뭐 해요? 전화해요."

활용 - 10분

1) 교사는 학생들이 목표 표현을 사용하여 대답할 수 있도록 질문을 한다.

📚 "학교 수업이 끝나요. 여러분은 어디에 가요?"

📚 "여러분은 친구하고 뭐 해요?"

2) 교사는 질문을 통해 학생들이 '활용하기'의 대화 상황을 추측할 수 있도록 한다.

📚 "안나가 엄마하고 이야기해요. 안나가 어디에 가요?"

3) 교사는 학생들에게 대화문을 읽게 한 후 대화의 내용을 이해했는지 확인하는 질문을 한다. 그리고 새 표현이 있다면 그 의미를 함께 설명한다.

📚 "안나가 어디에 가요?"

📚 "안나가 친구 집에서 뭐 해요?"

4) 교사는 학생들에게 대화문을 다시 한번 읽게 한다. 이때 역할을 나누는 등 다양한 방식으로 읽게 할 수 있다.

> **교수-학습 지침**
>
> ※ 고등학생 대상 수업의 경우 필수적으로 5분간 다음 활동을 추가로 진행함.
> → 교사는 학생들에게 두 명씩 짝을 이루어 윗사람과 아랫사람으로 역할을 나누게 하고, 이동 장소와 그 장소에서의 행위를 묻고 답하는 활동을 할 수 있도록 지도한다.

정리 - 5분

교사는 학생들에게 101쪽의 '전체 대화를 들어 보세요' QR 코드 속 대화를 듣게 하고 수업을 마무리한다.

102 • 의사소통 한국어 1

102

• 8차시 | 대화해 봐요 2

[학습 목표]

- 현재 위치하고 있는 장소와 그 장소에서 하고 있는 행동을 묻고 답할 수 있다.
- 부가 문법: -어(명령)
- 목표 표현: ~아, 지금 어디야/어디예요?

  ~은 지금 ~에 있어(요)

본 대화는 수호와 유미가 전화를 해서 어디에서 무엇을 하고 있는지 묻고 답하는 상황이다.

도입 - 7분

1) 교사는 학생들에게 '대화해 봐요 2'의 내용을 추측할 수 있는 질문을 한다.

📚 "여러분은 어디에서 친구를 만나요?"

📚 "여러분은 편의점에서 무엇을 해요?"

2) 교사는 학생들에게 102쪽의 첫 번째 QR 코드 속 영상을 보게 한다.

📚 "수호가 방에 있어요. 방에서 뭐 해요?"

3) 교사는 학생들이 대화 내용을 잘 이해했는지 질문을 한다. 그리고 새 표현이 있다면 그 의미를 함께 설명한다.

📚 "수호는 지금 어디에 있어요? 뭐 해요?"

1) 교사는 학생들에게 본 대화 내용을 소개하며 102쪽의 두 번째 QR 코드 속 영상을 보게 한다.

📺 "수호하고 유미가 전화해요. 무슨 이야기를 해요? 확인해 봐요."

2) 교사는 학생들이 대화의 전체 내용을 이해했는지 확인하는 질문을 한다.

📺 "수호가 지금 어디에 있어요?"

📺 "유미는 지금 어디에 있어요?"

3) 교사는 학생들에게 대화문을 읽게 한다. 그리고 세부 내용을 이해했는지 확인하는 질문을 한다.

📺 "유미는 누구하고 있어요?"

📺 "유미는 편의점에서 뭐 해요?"

4) 대화에 제시된 새 표현의 의미를 설명한다.

어휘 및 표현

여기	◆ **정의** 말하는 사람에게 가까운 곳을 가리키는 말. 📝 여기는 우리 반 교실이에요. ◆ **정보** 참조어 '저기, 거기' ● **정보** "이 장소를 말해요. 여기. 여기가 어디예요? 여기는 교실이에요."
좋다	◆ **정의** 어떤 것의 성질이나 내용 등이 훌륭하여 만족할 만하다. 📝 좋아, 나도 같이 가. ● **설명** "여러분, 우리 같이 밥을 먹어요. 어때요? 여러분이 말해요. 좋아요, 같이 먹어요."

5) 교사는 학생들에게 대화문을 다시 한번 읽게 한다. 이때 역할을 나누는 등 다양한 방식으로 읽게 할 수 있다.

6) 교사는 다음의 절차에 따라 부가 문법 '-어(명령)'에 대해 설명한다. 그리고 새로 제시되는 어휘가 있다면 그 의미를 함께 설명한다.

부가 문법	'~어(명령)'

[설명]

📺 "여러분이 친구에게 '우리 집에 와' 말해요. 그럼 친구가 여러분 집에 와요. 여러분이 다른 사람에게 '-어'로 말해요. 그럼 다른 사람이 그 일을 해요."

[예시]

· 잠깐만 기다려.

· 영수야, 이 책을 읽어.

· 학교에 빨리 와.

· 여기에 앉아.

[정보]

▶형태 정보:

	ㅏ, ㅗ	ㅓ, ㅜ, ㅣ…	-하다
동사	-아	-어	-여

① 동사 어간 끝음절의 모음이 'ㅏ, ㅗ'인 경우 '-아', 동사 끝음절의 모음이 'ㅏ, ㅗ'가 아닌 경우 '-어', '-하다'가 붙은 동사 어간에는 '-여'를 쓰는데, 흔히 줄여서 '-해'로 쓴다.

▶주의 사항:

① '-어'에는 서술함을 나타내는 의미와 명령함을 나타내는 의미가 있으며 이 둘을 구별할 수 있도록 학생들에게 주의시킨다.

7) 교사는 학생들에게 목표 표현에 대해 설명한다.

목표 표현 1	'~아, 지금 어디야?'

[설명]

📺 "지금 친구가 어디에 있어요? 몰라요. 그럼 친구에게 '~아, 지금 어디야?' 하고 질문해요. 엄마가 지금 어디에 있어요? 몰라요. 그럼 '엄마, 지금 어디예요?' 하고 질문해요."

[예시]

· 유미야, 지금 어디야?

· 세인아, 지금 어디야?

· 선생님, 지금 어디예요?

· 하나 씨, 지금 어디예요?

목표 표현 2	'~는 지금 ~에 있어'

[설명]

📺 "친구가 여러분에게 질문해요. '지금 어디야?' 그럼 여러분이 말해요. '나는 학교에 있어.' 그리고 친구가 질문해요. '동생은 어디에 있어?' 그럼 여러분은 말해요. '동생은 지금 집에 있어.' 다른 사람이 여러분에게 '지금 어디에 있어?' 질문해요. 그럼 여러분은 '~는 지금 ~에 있어.' 하고 대답해요."

[예시]

· 나는 지금 영화관에 있어.

· 선생님은 지금 교무실에 있어.

· 엄마는 지금 부엌에 있어.

· 동생은 지금 방에 있어.

8) 교사는 학생들에게 교재의 1번과 2번 문제를 풀게 한다.

9) 교사는 학생들과 함께 문제의 답을 확인한다.

> **정답**
> 1. (1) ○ (2) × (3) ○
> 2. 편의점에서 김밥을 사요. 편의점에서 친구하고 주스를 마셔요.

10) 교사는 학생들에게 103쪽의 첫 번째 QR 코드 속 영상을 보게 한다.

> 📖 "수호는 지금 어디에 가요? 함께 확인해 봐요."

11) 교사는 학생들이 대화 내용을 잘 이해했는지 질문을 한다. 그리고 새 표현이 있다면 그 의미를 함께 설명한다.

> 📖 "수호는 어디에 가요?"
> 📖 "거기에서 누구하고 뭐 해요?"

어휘 및 표현

일찍	◆ **정의** 정해진 시간보다 빠르게. 📄 학교에 일찍 와요. ● **설명** "(칠판에 'AM 7:00'라고 쓰고) 수호가 학교에 와요. 수호가 학교에 일찍 와요. (칠판에 'AM 9:10'이라고 쓰고) 안나가 학교에 일찍 와요? 아니요, 안나는 학교에 일찍 안 와요. 늦게 와요."

그래	◆ **정의** '그렇게 하겠다, 그렇다, 알았다' 등의 긍정하는 뜻으로 대답할 때 쓰는 말. 📄 그래, 좋아. ◆ **정보** 의문문으로 쓰는 '그래?'와는 쓰임이 다르다는 것을 알려 준다. ● **설명** "친구가 말해요. 오늘 공원에서 만나. 여러분은 대답해요. 그래, 좋아."

활용 – 10분

1) 교사는 학생들이 목표 표현을 사용하여 대답할 수 있도록 질문을 한다.

> 📖 "여러분 지금 어디에 있어요?"
> 📖 "여러분은 지금 뭐 해요?"

2) 교사는 질문을 통해 학생들이 '활용하기'의 대화 상황을 추측할 수 있도록 한다.

> 📖 "여러분은 문구점에서 무엇을 사요?"
> 📖 "나나하고 소연이가 전화해요. 무슨 이야기를 해요? 함께 읽어 봐요."

3) 교사는 학생들에게 대화문을 읽게 한 후 대화의 내용을 이해했는지 확인하는 질문을 한다. 그리고 새 표현이 있다면 그 의미를 함께 설명한다.

> 📖 "나나가 어디에 있어요?"
> 📖 "문구점에서 뭐 해요?"

4) 교사는 학생들에게 대화문을 다시 한번 읽게 한다. 이때 역할을 나누는 등 다양한 방식으로 읽게 할 수 있다.

> **교수–학습 지침**
> ※ 고등학생 대상 수업의 경우 필수적으로 5분간 다음 활동을 추가로 진행함.
> → 교사는 학생들에게 배운 장소 어휘 중에서 원하는 장소를 하나씩 선택하게 한 다음 서로 어디에 있는지, 무엇을 하는지 생각하여 묻고 답하는 활동을 할 수 있도록 지도한다.

정리 – 8분

교사는 학생들에게 103쪽의 '전체 대화를 들어 보세요' QR 코드 속 대화를 듣게 하고 수업을 마무리한다.

● 9차시 | 읽고 써 봐요 – 읽기

[학습 목표]
• 문자 메시지를 읽고 이해할 수 있다.

본 활동은 친구가 보낸 짧은 문자 메시지를 읽고 내용을 이해하기 위한 활동이다.

읽기 전 – 5분

교사는 학생들에게 읽기 내용을 추측할 수 있는 질문을 한다.

📖 "여러분 휴대 전화가 있어요?"

📖 "친구와 이야기하고 싶어요. 전화를 해요, 문자 메시지를 해요?"

📖 "오늘 친구에게 문자 메시지가 왔어요? 무슨 문자 메시지가 왔어요?"

읽기 중 – 30분

1) 교사는 학생들에게 읽기 지문을 큰 소리로 따라 읽게 한다.

2) 교사는 학생들이 대화의 전체 내용을 이해했는지 확인하는 질문을 한다.

📖 "선영이는 어디에서 뭐 해요?"

📖 "안나는 어디에서 뭐 해요?"

3) 교사는 학생들에게 읽기 지문을 읽게 한다. 그리고 세부 내용을 이해했는지 확인하는 질문을 한다.

📖 "안나는 집에서 뭐 해요?"

📖 "선영이는 누구하고 있어요? 어디에 있어요?"

📖 "선영이는 무엇을 마셔요?"

4) 읽기 지문에 제시된 새 표현의 의미를 설명한다.

어휘 및 표현

그리고	◆ **정의** 앞의 내용을 이어 뒤의 내용을 나열할 때 쓰는 말. 例 밥을 먹어요. 그리고 학교에 가요. ● **설명** "점심시간이에요. 밥을 먹어요. 그리고 운동장에 가요. 그리고 농구해요."

읽기 후 – 10분

1) 교사는 학생들에게 교재의 문제를 풀게 한다.

2) 교사는 학생들과 함께 문제의 답을 확인한다.

> **정답**
> 1. (1) ○ (2) ○ (3) ×
> 2. 집에서 텔레비전을 봐요.
> 3. 편의점에서 만나요.

3) 교사는 질문을 통해 읽기 내용을 재확인하며 수업을 마무리한다.

📖 "안나는 어디에서 뭐 해요?"

📖 "선영이하고 와니가 편의점에서 뭐 해요?"

> **교수-학습 지침**
> ※ 고등학생 대상 수업의 경우 필수적으로 5분간 다음 활동을 추가로 진행함.
> → 교사는 학생들에게 한국어로 주고받은 문자 메시지를 친구들과 서로 바꿔 읽어 보는 활동을 할 수 있도록 지도한다.

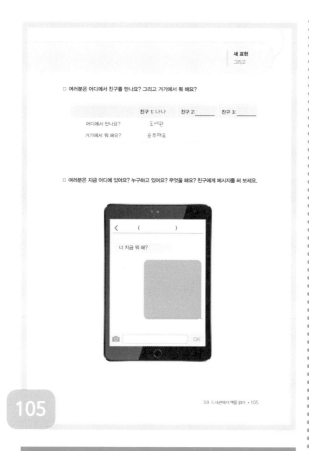

• 10차시 | 읽고 써 봐요 – 쓰기

[학습 목표]
• 문자 메시지를 쓸 수 있다.

본 활동은 친구에게 보내는 간단한 문자 메시지를 써 보도록 하는 활동이다.

쓰기 전 – 5분

1) 교사는 학생들에게 쓰기 내용을 추측할 수 있는 질문을 한다.
   - 📖 "여러분은 친구에게 문자 메시지를 해요?"
   - 📖 "친구에게 어떤 문자 메시지를 해요?"

2) 교사는 학생들에게 어떤 쓰기 활동을 할 것인지 명확히 알려 준다.
   - 📖 "오늘 친구에게 보내는 문자 메시지를 쓸 거예요."

쓰기 중 – 30분

1. 친구와 만나는 장소와 하는 일을 간단히 쓰는 활동이다.

1) 교사는 학생들에게 무엇을 써야 하는지 알려 준다. 그리고 새 표현이 있다면 그 의미를 함께 설명한다.
   - 📖 "여러분의 친구들은 어디에서 친구를 만나요? 그리고 거

기에서 뭐 해요? 친구에게 질문하세요."
   - 📖 "(교재에 제시된 표의 '친구2'를 가리키며) 여기에 친구의 이름을 쓰세요."
   - 📖 "(표의 '어디에서 만나요?'가 쓰인 줄의 빈칸을 가리키며) 친구에게 질문해요. '어디에서 만나요?' 그리고 친구의 대답을 여기에 쓰세요."
   - 📖 "(표의 '거기에서 뭐 해요?'가 쓰인 줄의 빈칸을 가리키며) 친구에게 질문해요. '거기에서 뭐 해요?' 그리고 친구의 대답을 이 빈칸에 쓰세요."

2) 교사는 학생들에게 친구들에게 들은 대답을 쓰게 한다. 이때 교사는 학생들에게 개별적으로 쓰기 지도를 할 수 있다.

2. 친구에게 문자메시지를 쓰는 활동이다.

1) 교사는 학생들에게 무엇을 써야 하는지 알려 준다. 그리고 새 표현이 있다면 그 의미를 함께 설명한다.
   - 📖 "친구에게 문자 메시지가 왔어요. 여러분은 그 친구에게 메시지를 쓸 거예요."
   - 📖 "여러분은 어디에 있어요? 누구하고 있어요? 무엇을 해요? 친구에게 메시지를 쓰세요."

2) 교사는 학생들에게 문자 메시지를 쓰게 한다. 이때 교사는 학생들에게 개별적으로 쓰기 지도를 할 수 있다.

쓰기 후 – 10분

1) 쓰기 활동이 모두 마무리되면 교사는 학생들에게 각자 쓴 것을 발표하게 한다.

2) 교사는 문자 메시지 내용에 대해 다시 한번 정리하며 수업을 마무리한다.

> **교수–학습 지침**
> ※ 고등학생 대상 수업의 경우 필수적으로 5분간 다음 활동을 추가로 진행함.
> → 교사는 학생들에게 수업 중에 지도받은 내용을 반영해 공책에 글을 다시 쓰게 할 수 있다. 이를 통해 학생들 스스로 자신의 글을 점검하도록 지도한다.

4과 공원에 친구를 만나러 갔어요

● 단원 목표

어제 한 일을 말할 수 있고 이동하는 목적과 방법을 묻고 답할 수 있다.

● 단원 내용

꼭 배워요 (필수)	• 주제: 일상
	• 기능: 과거 행위 표현하기, 교통수단 묻고 답하기
	• 어휘: 동작 동사(2), 교통수단 관련 어휘
	• 문법: -었-, 에(시간), -으러, 으로(수단)
문화	• 문화: 한국의 대중교통을 알아보다
더 배워요 (선택)	• 대화 1: 주말에 한 일에 대해 묻고 답하기 • 대화 2: 교통수단과 소요 시간에 대해 묻고 답하기
	• 읽기: 일기
	• 쓰기: 주말 이야기 쓰기

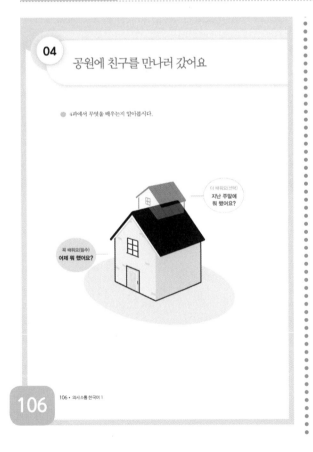

04
공원에 친구를 만나러 갔어요

● 4과에서 무엇을 배우는지 알아봅시다.

더 배워요(선택)
지난 주말에
뭐 했어요?

꼭 배워요(필수)
어제 뭐 했어요?

● 수업 개요

〈꼭 배워요〉 학습 목표

• 어제 한 일을 묻고 답할 수 있다.
• 이동하는 목적과 방법을 말할 수 있다.

1차시	• 도입 대화를 통해 본 단원의 주제에 대해 이해하고 말할 수 있다.
2차시	• 동작 동사와 교통수단 관련 어휘와 표현을 알고 활용할 수 있다.
3차시	• 어제 한 일에 대해 묻고 답할 수 있다. • '-었-'을 사용하여 사건이 과거에 일어났다는 것을 표현할 수 있다.
4차시	• 어떤 행위가 일어난 때를 표현할 수 있다. • '에'를 사용하여 앞말이 시간이나 때인 것을 나타내어 말할 수 있다.

5차시	• 어떤 장소에 무엇을 하러 갔는지 묻고 답할 수 있다. • '-으러'를 사용하여 가거나 오거나 하는 동작의 목적을 표현할 수 있다.
6차시	• 어떤 장소로 이동할 때 이용한 교통수단을 표현할 수 있다. • '으로'를 사용하여 어떤 일의 수단이나 도구를 나타내는 표현을 할 수 있다.

• 1차시 | 복습 및 〈꼭 배워요〉 도입

[학습 목표]
• 도입 대화를 통해 본 단원의 주제에 대해 이해하고 말할 수 있다.

복습 – 20분

3단원에서 배운 주제 및 문법에 대해 복습한다.

1) 교사는 지난 단원의 주제와 관련된 질문을 하여 학생들에게 학습한 내용을 떠올리게 한다.
   🖥 "여러분, 지금 뭐 해요?"
   🖥 "점심시간이에요. 어디에 가요?"
   🖥 "우유를 사요. 어디에 가요?"
   🖥 "어디에서 운동해요?"

2) 교사는 '-어(요)'와 관련된 질문을 하여 학생들에게 학습한 내용을 떠올리게 한다.
   🖥 "(마시는 동작을 하며) 선생님이 지금 뭐 해요?"
   🖥 "(먹는 동작을 하며) 선생님이 지금 뭐 해요?"

3) 교사는 '을'와 관련된 질문을 하여 학생들에게 학습한 내용을 떠올리게 한다.
   🖥 "마트에 가요. 무엇을 사요?"
   🖥 "커피숍에 가요. 무엇을 마셔요?"

4) 교사는 '-에 가다/오다'와 관련된 질문을 하여 학생들에게 학습한 내용을 떠올리게 한다.
   🖥 "영화를 봐요. 어디에 가요?"
   🖥 "학교 수업이 끝나요. 어디에 가요?"

5) 교사는 '에서'와 관련된 질문을 하여 학생들에게 학습한 내용을 떠올리게 한다.
   🖥 "여러분, 어디에서 친구를 만나요?"
   🖥 "오늘 어디에 가요? 거기에서 뭐 해요?"

교수-학습 지침

※ 고등학생 대상 수업의 경우 필수적으로 5분간 다음 활동을 추가로 진행함.
→ 교사는 짝 활동, 그룹 활동을 통해 이동하는 장소와 그 장소에서 하는 일에 대해 묻고 답하게 할 수 있다. 이때 교사는 지난 단원에서 배운 '-어(요)', '을', '-에 가다/오다', '에서' 중 세 가지 이상의 문법을 사용하여 대화문을 만들 수 있도록 지도한다.

함께 이야기해 봐요

1. 어제 어디에 갔어요?

2. 거기에 뭐 하러 갔어요?

4과 공원에 친구를 만나러 갔어요 • 107

107

〈꼭 배워요〉 도입 – 25분

1) 교사는 학생들과 교재 107쪽의 그림을 보면서 학습하게 될 주제에 대해 이야기한다.
   🖥 "여기가 어디예요?"
   🖥 "교실에 누구하고 누가 있어요?"

2) 교사는 학생들에게 교재 107쪽의 대화를 읽게 한다. 그리고 세부 내용을 이해했는지 확인하는 질문을 한다.
   🖥 "소연이가 어제 어디에 갔어요?"
   🖥 "왜 거기에 갔어요?"

3) 교사는 학생들에게 '함께 이야기해 봐요'의 질문을 하면서 단원의 주제를 도입한다.
   🖥 "어제 어디에 갔어요?"
   🖥 "거기에 뭐 하러 갔어요?"

• 2차시 | 어휘를 배워요

[학습 목표]

• 동작 동사와 교통수단 관련 어휘와 표현을 알고 활용할 수 있다.

본 단원에는 하루 일과에 따른 동작 동사와 교통수단에 관련된 어휘 및 표현이 제시되어 있다.

도입 – 5분

1) 교사는 질문을 통해 학습하게 될 어휘 및 표현을 자연스럽게 노출한다.

　🎓 "여러분은 오늘 뭐 해요?"

　🎓 "학교에 와요. 뭐 해요?"

　🎓 "학교 수업이 끝나요. 집에 가요. 뭐 해요?"

2) 교사는 학생들과 제시된 그림을 보며 이야기를 나눈다.

　🎓 "108쪽 그림을 보세요. 민우가 뭐 해요?"

　🎓 "109쪽 그림을 보세요. 학생들이 학교에 가요. 학교에 어떻게 가요?"

전개 – 35분

1. 하루 일과 관련 어휘 및 표현이다.

1) 교사는 다음에 제시되는 내용을 참고하여 학생들에게 어휘 및 표현을 설명한다. 이때 새로 등장하는 발음 규칙이 있다면 함께 설명한다.

오전	◆ **정의** 아침부터 낮 열두 시까지의 동안. 　예 오전에 친구를 만나요. ● **설명** "(칠판에 'AM 12:00~PM 12:00'를 판서하고) 언제예요? 오전. 오전이에요."
오후	◆ **정의** 낮 열두 시부터 해가 질 때까지의 동안. 　예 오후에 공원에서 운동해요. ● **설명** "(칠판에 'PM 12:00~AM 12:00'를 판서하고) 언제예요? 오후. 오후예요."
일어나다	◆ **정의** 잠에서 깨다. 　예 매일 일찍 일어나요. ● **설명** "(두 손을 모아 얼굴 옆에 대고 눈을 감으며) 자요. (눈을 뜨고 일어나는 동작을 보여 주며) 뭐 해요? 일어나다. 일어나요."
세수하다	◆ **정의** 물로 손이나 얼굴을 씻다. 　예 화장실에서 세수해요. ● **설명** "(교재 108쪽에서 세수하는 그림을 보여 주며) 민우가 지금 뭐 해요? 세수하다. 세수해요."
아침	◆ **정의** 날이 밝아올 때부터 해가 떠올라 하루의 일이 시작될 때쯤까지의 시간. 　예 아침에 공원에서 운동해요. ◆ **정보** 시간을 뜻하기도 하고, 그 시간에 먹는 식사를 뜻하기도 한다. ● **설명** "(칠판에 'AM 07:00~AM 11:00'를 판서하고) 언제예요? 아침이에요. 일어나요. 세수해요. 아침을 먹어요."

등교하다	◆ **정의** 학생이 학교에 가다. **예** 아침 8시에 등교해요. ◆ **정보** 반의어 '하교하다' ● **설명** "(교재 108쪽의 학교에 가는 그림을 가리키며) 학교에 가요. 같아요. 등교하다. 등교해요."
수업	◆ **정의** 교사가 학생에게 지식이나 기술을 가르쳐 주는 것. **예** 지금 수업 시간이에요. ● **설명** "선생님이 가르쳐요. 학생들이 공부해요. 수업이에요. 지금은 수업 시간이에요. 한국어 수업을 해요."
듣다	◆ **정의** 귀로 소리를 알아차리다. **예** 음악을 들어요. ● **설명** "(음악을 튼 후에 귀 옆에 손을 모아 대고) 듣다. 들어요."
점심	◆ **정의** 아침과 저녁 식사 중간에 낮에 하는 식사 또는 하루 중에 해가 가장 높이 떠 있는 아침과 저녁의 중간이 되는 시간. **예** 급식실에서 점심을 먹어요. ◆ **정보** 시간을 뜻하기도 하고, 그 시간에 먹는 식사를 뜻하기도 한다. ● **설명** "(칠판에 PM 12:00~13:00를 판서하고) 언제예요? 점심이에요. 점심에 밥을 먹어요. 점심을 먹어요."
하교하다	◆ **정의** 수업을 마쳐 학교에서 집으로 돌아오다. **예** 오후에 수업이 끝나고 하교해요. ● **설명** "수업이 끝나요. 학교에서 돌아와요. '하교하다', 하교해요."
저녁	◆ **정의** 해가 지기 시작할 때부터 밤이 될 때까지의 동안 또는 그때 먹는 식사. **예** 집에서 가족하고 저녁을 먹어요. ◆ **정보** 시간을 뜻하기도 하고, 그 시간에 먹는 식사를 뜻하기도 한다. ● **설명** "(칠판에 'PM 18:00~PM 21:00'를 판서하고) 언제예요? 저녁이에요. 저녁에 밥을 먹어요. 저녁을 먹어요."
씻다	◆ **정의** 때나 더러운 것을 없애 깨끗하게 하다. **예** 손을 씻어요. ● **설명** "(손을 씻는 행동을 하며) '씻다', 씻어요. 손을 씻어요."
자다	◆ **정의** 눈을 감고 몸과 정신의 활동을 멈추고 한동안 쉬는 상태가 되다. **예** 동생이 방에서 자요. ◆ **정보** 반의어 '일어나다' ● **설명** "밤이에요. (자는 행동을 하며) '자다', 자요."

2) 교사는 질문을 통해 학생들이 어휘 및 표현을 잘 이해했는지 확인한다.
　교 "아침/점심/저녁이에요. 뭐 해요?"

2. 교통수단 관련 어휘 및 표현이다.

1) 교사는 다음에 제시되는 내용을 참고하여 학생들에게 어휘 및 표현을 설명한다. 이때 새로 등장하는 발음 규칙이 있다면 함께 설명한다.

버스	◆ **정의** 돈을 받고 정해진 길을 다니며 많은 사람을 실어 나르는 큰 자동차. **예** 버스가 와요. ● **설명** "(버스 그림을 보여 주며) 이게 뭐예요? 버스예요."
택시	◆ **정의** 돈을 받고 손님이 원하는 곳까지 태워 주는 일을 하는 승용차. **예** 택시를 타요. ● **설명** "(택시 그림을 보여 주며) 이게 뭐예요? 택시예요."
지하철	◆ **정의** 지하 철도로 다니는 전동차. **예** 학교에 지하철로 가요. ● **설명** "(지하철 그림을 보여 주며) 이게 뭐예요? 지하철이에요."
자전거	◆ **정의** 사람이 올라타고 두 발로 발판을 밟아 바퀴를 굴려서 나아가는 탈것. **예** 공원에서 자전거를 타요. ● **설명** "(자전거 그림을 보여 주며) 이게 뭐예요? 자전거예요."
타다	◆ **정의** 버스나 지하철 등에 오르거나 안으로 들어가다. **예** 버스를 타요. ◆ **정보** 반의어 '내리다' ● **설명** "(버스를 타는 그림을 보여 주며) 지금 뭐 해요? '타다', 타요. 버스를 타요."
내리다	◆ **정의** 타고 있던 것에서 밖으로 나와 어떤 곳에 닿다. **예** 버스에서 내려요. ◆ **정보** 반의어 '타다' ● **설명** "(버스에서 내리는 그림을 보여 주며) 버스를 타요? 아니요. '내리다', 내려요. 버스에서 내려요."
걸어가다	◆ **정의** 목적지를 향하여 다리를 움직여 나아가다. **예** 학교에 걸어가요. ● **설명** "버스를 안 타요. 택시를 안 타요. (걸어가는 동작을 보여 주며) 어떻게 가요? 걸어가다. 걸어가요."
정류장	◆ **정의** 사람이 타고 내릴 수 있게 버스나 택시 등이 멈추는 장소. **예** 정류장에서 버스를 기다려요. ● **설명** "버스를 타요. 택시를 타요. 어디에서 타요? 정류장이에요."
지하철역	◆ **정의** 지하철을 타고 내리는 곳. **예** 지하철역에서 지하철을 타요. ● **설명** "지하철을 타요. 어디에 가요? 지하철역에 가요."

2) 교사는 질문을 통해 학생들이 어휘 및 표현을 잘 이해했는지 확인한다.

📖 "무엇을 타요?"

📖 "이 남학생은 학교에 어떻게 가요?"

📖 "이 여학생은 학교에 어떻게 가요?"

교수-학습 지침

※ 고등학생 대상 수업의 경우 필수적으로 5분간 다음 활동을 추가로 진행함.

➜ 교사는 행동 묘사 게임을 통해 학생들에게 학습한 어휘를 재확인하게 한다. 한 학생이 말을 하지 않고 행동으로만 특정 어휘에 대해 묘사하면 학생들이 그 어휘를 맞히는 게임을 할 수 있도록 지도한다.

정리 – 5분

교사는 질문을 통해 어휘 및 표현 학습을 마무리한다.

📖 "어제 뭐 했어요?"

📖 "학교에 어떻게 와요?"

교사 지식

➜ '극장[극짱], 닦다[닥따]'의 발음 규칙:
  · 경음화 ▶ 1과 64쪽 참고
➜ '정류장[정뉴장]'의 발음 규칙:
  · 'ㄴ' 첨가 ▶ 앞 단어나 접두사의 끝이 자음이고 뒤 단어나 접미사의 첫 음절이 '이, 야, 여, 요, 유'인 경우에는 'ㄴ'음을 첨가하여 [니, 냐, 녀, 뇨, 뉴]로 발음한다.
➜ '지하철역[지하철력]'의 발음 규칙:
  · 'ㄴ' 첨가, 유음화 ▶ 'ㄴ'음이 첨가된 후, 치조비음 'ㄴ'이 주위에 있는 유음 'ㄹ'의 영향을 받아 그와 같은 소리로 발음한다.
➜ '젓가락[저까락/젇까락]'의 발음 규칙:
  · 사이시옷 첨가 ▶ 순우리말 또는 순우리말과 한자어로 된 합성어 가운데 앞말이 모음으로 끝날 때 뒷말의 첫소리가 된소리로 발음한다. '젓가락'은 '저'와 '가락'이 결합한 말로 [저까락]으로 발음되면 사이시옷을 받치어 '젓가락'으로 적는다.

교수-학습 지침

본 단원에서 '듣다'가 등장하므로 교사는 학생들에게 다음과 같이 'ㄷ' 불규칙 용언의 활용에 대해 설명한다.

▶ 'ㄷ' 불규칙 용언으로 '듣다, 묻다, 걷다' 등이 있으며 이 용언 다음의 첫음절로 모음이 올 경우 받침 'ㄷ'이 'ㄹ'로 교체되게 된다.

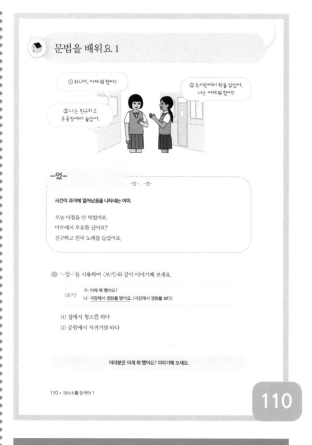

110

• 3차시 | 문법을 배워요 1

[학습 목표]

• 어제 한 일에 대해 묻고 답할 수 있다.

• '-었-'을 사용하여 사건이 과거에 일어났다는 것을 표현할 수 있다.

도입 – 5분

1) 교사는 학생들에게 대화문을 읽게 한다. 그리고 학생들이 대화 상황을 이해했는지 확인 질문을 한다.

📖 "와니는 도서관에서 뭐 했어요?"

📖 "선영이는 운동장에서 뭐 했어요?"

2) 교사는 학생들에게 목표 문법의 의미를 추측할 수 있는 질문을 한다.

📖 "(달력에서 오늘 날짜를 짚으며) 오늘이에요. (달력에서 어제 날짜를 짚으며) 어제예요. 어제 뭐 했어요?"

📖 "와니는 어제 뭐 했어요?"

📖 "선영이는 어제 뭐 했어요?"

전개 – 35분

다음의 절차에 따라 문법에 대해 설명한다. 그리고 새로 제시되는 어휘 및 표현이 있다면 그 의미를 함께 설명한다.

[설명]

🔲 "(달력에서 오늘 날짜를 가리키며) 오늘 뭐 해요? 도서관에 가요. (달력에서 내일 날짜를 가리키며) 내일, 내일 뭐 해요? 도서관에 가요. (달력에서 어제 날짜를 가리키며) 어제, 어제 뭐 했어요? 도서관에 갔어요."

🔲 "'-었-'은 과거의 일을 말할 때 사용해요."

[예시]

· 어제 게임을 했어요.
· 주말에 부모님과 백화점에 갔어요.
· 저는 책을 안 읽었어요.
· 공원에서 친구를 만났어요.

[정보]

▶형태 정보:

	ㅏ, ㅗ	ㅓ, ㅜ, ㅣ…	-하다
동사, 형용사	-았-	-었-	-였-

① 동사 및 형용사 어간 끝음절의 모음이 'ㅏ, ㅗ'인 경우 '-았-', 동사 및 형용사 어간 끝음절의 모음이 'ㅏ, ㅗ'가 아닌 경우 '-었-', '-하다'가 붙은 동사 및 형용사 어간에는 '-였-'을 쓰는데, 흔히 줄여서 '-했-'으로 쓴다.

② 이전에 제시되었던 모든 활용 변화를 함께 제시해 준다.

· ㄷ 불규칙: 듣다→들었어요, 걷다→걸었어요, 묻다→물었어요.

[확인]

교사는 문법을 설명한 뒤 '연습 문제'를 통해 학생들이 문법을 이해했는지 확인한다.

정답
(1) 집에서 청소를 했어요
(2) 공원에서 자전거를 탔어요

어휘 및 표현

극장	◆ 정의 영화나 연극, 공연 등을 보는 장소. 예 극장에서 영화를 봤어요. ◆ 정보 '영화관'은 영화만을 상영하기 위한 장소라면 '극장'은 영화 상영을 포함하여 다양한 공연을 하는 장소를 의미한다. ● 설명 "(극장 사진을 보여 주며) 어디예요? 극장이에요. (영화, 뮤지컬, 연극 사진을 보여 주며) 영화, 뮤지컬, 연극이에요. 어디에서 봐요? 극장에서 봐요."
청소하다	◆ 정의 더럽고 지저분한 것을 깨끗하게 치우다. 예 학생들이 교실을 청소해요. ● 설명 "(방을 청소하는 그림을 보여 주며) 뭐 해요? '청소하다', 청소해요."

어제	◆ 정의 오늘의 하루 전날. 예 어제 책을 읽었어요. ◆ 정보 '어제, 오늘, 내일'을 함께 제시하여 설명해 준다. ● 설명 "(오늘 날짜와 어제 날짜를 칠판에 쓰고) 오늘이에요. (어제 날짜를 가리키며) 어제. 어제예요."

교수-학습 지침

※ 고등학생 대상 수업의 경우 필수적으로 5분간 다음 활동을 추가로 진행함.
➜ 교사는 학생들에게 목표 문법을 활용할 수 있는 새로운 화제를 제시한다.
🔲 "토요일에 뭐 했어요? '-었-'을 사용해서 말해 보세요."

예시 답안
책을 읽었어요. 게임을 했어요.

정리 – 5분

1) 교사는 학생들에게 대화문을 다시 한번 읽게 한다.

2) 교사는 교재에 제시된 열린 질문을 통해 학생들에게 배운 문법을 활용하여 자유롭게 이야기를 나누게 한다.
🔲 "여러분은 어제 뭐 했어요? '-었-'을 사용해서 말해 보세요."

예시 답안
집에서 동생하고 놀았어요. 도서관에서 공부했어요.

111

• 4차시 | 문법을 배워요 2

[학습 목표]

• 어떤 행위가 일어난 때를 표현할 수 있다.
• '에'를 사용하여 앞말이 시간이나 때인 것을 나타내어 말할 수 있다.

도입 – 5분

1) 교사는 학생들에게 대화문을 읽게 한다. 그리고 학생들이 대화 상황을 이해했는지 확인 질문을 한다.

📖 "호민이는 어제 어디에 갔어요? 누구하고 갔어요?"

📖 "영수는 어제 뭐 했어요?"

2) 교사는 학생들에게 목표 문법의 의미를 추측할 수 있는 질문을 한다.

📖 "영수는 오전에 뭐 했어요? 그리고 오후에 뭐 했어요?"

전개 – 35분

다음의 절차에 따라 문법에 대해 설명한다. 그리고 새로 제시되는 어휘 및 표현이 있다면 그 의미를 함께 설명한다.

[설명]

📖 "아침이에요. 아침에 일어나요. 아침에 세수해요. 점심이에요. 점심에 밥을 먹어요. 저녁이에요. 저녁에 숙제해요. 저녁에 텔레비전을 봐요."

📖 "'에'는 어떤 행동이 일어나는 시간이나 때인 것을 나타낼 때 사용해요."

[예시]

· 아침에 빵하고 우유를 먹었어요.
· 오후에 집에 가요.
· 주말에 축구를 했어요.
· 보통 저녁에 숙제를 해요.

[정보]

▶형태 정보:

	받침 ○	받침 X
명사	에	

① 명사 끝음절의 받침 유무에 관계없이 명사 뒤에 '에'를 쓴다.

▶제약 정보:

① 시간을 나타내는 '그제, 어제, 오늘, 내일, 모레, 지금, 언제' 등에는 '에'가 함께 쓰이지 않는다.

▶주의 사항:

① 두 개 이상의 시간 명사가 올 경우에는 마지막 명사 뒤에 한 번만 사용한다.

· 이번 주 수요일 오전에 해요.

[확인]

교사는 문법을 설명한 뒤 '연습 문제'를 통해 학생들이 문법을 이해했는지 확인한다.

> 정답
> (1) 오전에
> (2) 저녁에

어휘 및 표현

수영장	◆ 정의 수영을 할 수 있는 장소. 📖 수영장에서 수영을 배워요. ◆ 정보 운동을 하는 장소는 보통 운동 이름에 '-장'을 붙여 말함을 알려 주어 어휘를 확장시켜 준다. ● 설명 "(수영장 사진을 보여 주며) 어디예요? 수영장이에요. 수영장에서 수영을 해요."
낮	◆ 정의 아침이 지나고 저녁이 되기 전까지의 동안. 📖 낮에 축구하러 공원에 갔어요. ◆ 정보 반의어 '밤' ● 설명 "(칠판에 PM '12:00~17:00'를 판서하고) 언제예요? 낮. 낮이에요."
숙제하다	◆ 정의 학생들에게 복습이나 예습을 위하여 수업 후에 하도록 내 주는 과제를 하다. 📖 저녁에 집에서 숙제를 해요. ● 설명 "선생님이 말해요. 50쪽을 공책에 쓰세요. 여러분 집에 가요. 집에서 공책에 써요. 뭐 해요? 숙제하다. 숙제해요."

교수-학습 지침

※ 고등학생 대상 수업의 경우 필수적으로 5분간 다음 활동을 추가로 진행함.

➔ 교사는 학생들에게 목표 문법을 활용할 수 있는 새로운 화제를 제시할 수 있다.

🔲 "언제 친구를 만나요? '에'를 사용해서 말해 보세요."

예시 답안
오후에 친구를 만나요. 저녁에 친구를 만나요.

정리 - 5분

1) 교사는 학생들에게 대화문을 다시 한번 읽게 한다.

2) 교사는 교재에 제시된 열린 질문을 통해 학생들에게 배운 문법을 활용하여 자유롭게 이야기를 나누게 한다.

🔲 "여러분은 언제 무엇을 했어요? '에'를 사용하여 말해 보세요."

예시 답안
어제 저녁에 숙제를 했어요. 오늘 아침에 빵을 먹었어요.

• 5차시 | 문법을 배워요 3

[학습 목표]

- 어떤 장소에 무엇을 하러 갔는지 묻고 답할 수 있다.
- '-으러'를 사용하여 가거나 오거나 하는 동작의 목적을 표현할 수 있다.

도입 – 5분

1) 교사는 학생들에게 대화문을 읽게 한다. 그리고 학생들이 대화 상황을 이해했는지 확인 질문을 한다.

📖 "선영이는 어디에 갔어요?"

📖 "선영이는 공원에서 뭐 해요?"

2) 교사는 학생들에게 목표 문법의 의미를 추측할 수 있는 질문을 한다.

📖 "선영이는 어디에 갔어요?"

📖 "선영이는 왜 공원에 갔어요?"

전개 – 35분

다음의 절차에 따라 문법에 대해 설명한다. 그리고 새로 제시되는 어휘 및 표현이 있다면 그 의미를 함께 설명한다.

[설명]

📖 "서점에 가요. 왜 서점에 가요? 책을 사요. 서점에 책을 사러 가요. 공원에 가요. 왜 공원에 가요? 친구를 만나요. 공

원에 친구를 만나러 가요."

📖 "'-으러'는 이동의 목적을 말할 때 사용해요."

[예시]

· 점심을 먹으러 급식실에 가요.
· 돈을 찾으러 은행에 가요.
· 친구가 집에 놀러 왔어요.
· 책을 빌리러 도서관에 갔어요.

[정보]

▶형태 정보:

	받침 ○	받침 X, 'ㄹ' 받침
동사	-으러	-러

① 동사 어간 끝음절에 받침이 있으면 '-으러', 동사 어간 끝음절에 받침이 없거나 'ㄹ' 받침으로 끝나면 '-러'를 쓴다.

② 이전에 제시되었던 모든 활용 변화를 함께 제시해 준다.
'ㄷ' 불규칙: 듣다→들으러, 묻다→물으러

▶제약 정보:

① '-으러'의 뒤 절에는 가다, 오다, 다니다와 같은 이동 동사와 함께 쓰며, 반대로 앞 절에는 그와 같은 이동을 나타내는 동사가 올 수 없다.

· 서울에 가러 기차역에 가요. (X)

② 앞 절과 뒤 절의 주어가 같아야 하며 뒤 절의 주어는 생략될 수 있다.

③ 과거 '-었-'과 미래 · 추측의 '-겠-'과 함께 쓸 수 없다.

④ 부정 표현과 함께 쓸 수 없다.

[확인]

교사는 문법을 설명한 뒤 '연습 문제'를 통해 학생들이 문법을 이해했는지 확인한다.

정답
(1) 책을 사러 가요
(2) 손을 씻으러 가요

교수-학습 지침

※ 고등학생 대상 수업의 경우 필수적으로 5분간 다음 활동을 추가로 진행함.

➡ 교사는 학생들에게 목표 문법을 활용할 수 있는 새로운 화제를 제시한다.

📖 "공원에 뭐 하러 가요? '-으러'를 사용해서 말해 보세요."

예시 답안

자전거를 타러 가요. 운동하러 가요.

---

1) 교사는 학생들에게 대화문을 다시 한번 읽게 한다.

2) 교사는 교재에 제시된 열린 질문을 통해 학생들에게 배운 문법을 활용하여 자유롭게 이야기를 나누게 한다.
- 🔲 "여러분은 커피숍에 뭐 하러 가요?"

예시 답안
공부하러 가요. 친구를 만나러 가요. 차를 마시러 가요.

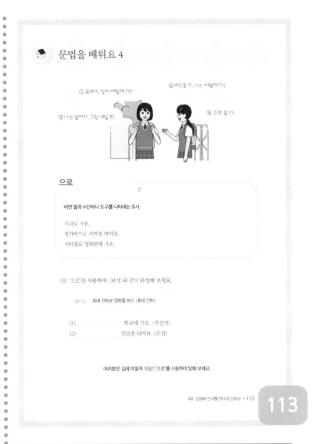

• 6차시 | 문법을 배워요 4

[학습 목표]
- 어떤 장소로 이동할 때 이용한 교통수단을 표현할 수 있다.
- '으로'를 사용하여 어떤 일의 수단이나 도구를 나타내는 표현을 할 수 있다.

도입 – 5분

1) 교사는 학생들에게 대화문을 읽게 한다. 그리고 학생들이 대화 상황을 이해했는지 확인 질문을 한다.
- 🔲 "유미하고 소연이가 어디에 가요?"
- 🔲 "유미가 집에 가요. 무엇을 타요?"

2) 교사는 학생들에게 목표 문법의 의미를 추측할 수 있는 질문을 한다.
- 🔲 "유미는 집에 어떻게 가요?"
- 🔲 "소연이는 집에 어떻게 가요?"

전개 – 35분

다음의 절차에 따라 문법에 대해 설명한다. 그리고 새로 제시되는 어휘 및 표현이 있다면 그 의미를 함께 설명한다.

[설명]
- 🔲 "아침에 버스를 타요. 그리고 학교에 와요. 학교에 어떻게

와요? 버스로 와요. (먹는 행위를 하며) 라면을 먹어요. 무엇으로 먹어요? 젓가락, 젓가락으로 라면을 먹어요."

📖 "'으로'는 도구나 수단을 나타낼 때 사용해요."

[예시]

· 얼굴을 수건으로 닦아요.
· 이어폰으로 음악을 들어요.
· 백화점에 지하철로 가요.

[정보]

▶형태 정보:

	받침 ○	받침 X, 'ㄹ' 받침
명사	으로	로

① 명사 어간 끝음절에 받침이 있으면 '으로', 명사 어간 끝음절에 받침이 없거나 'ㄹ' 받침으로 끝나면 '로'를 쓴다.

[확인]

교사는 문법을 설명한 뒤 '연습 문제'를 통해 학생들이 문법을 이해했는지 확인한다.

정답
(1) 자전거로
(2) 수건으로

어휘 및 표현

기차	◆ 정의 사람이나 물건을 싣고 연료의 힘으로 철도 위를 달리는, 길이가 긴 차. 예 기차역에서 기차를 타요. ● 설명 "(기차 그림을 보여 주며) 뭐예요? 기차예요."
젓가락	◆ 정의 음식을 집어 먹거나 물건을 집는 데 쓰는 한 쌍의 가늘고 긴 도구. 예 젓가락으로 라면을 먹어요. ● 설명 "(젓가락 사진을 보여 주며) 라면을 먹어요. 무엇으로 먹어요? 젓가락. 젓가락으로 먹어요."
닦다	◆ 정의 더러운 것을 없애려고 문지르다. 예 창문을 닦아요. ● 설명 "(창문을 문지르는 동작을 보여 주며) '닦다', 닦아요. 창문을 닦아요."
수건	◆ 정의 몸, 얼굴, 손의 물기를 닦는 데 쓰는 천. 예 수건으로 얼굴을 닦아요. ● 설명 "(수건 사진을 보여 주며) 이게 뭐예요? 수건이에요."

정리 – 5분

1) 교사는 학생들에게 대화문을 다시 한번 읽게 한다.
2) 교사는 교재에 제시된 열린 질문을 통해 학생들에게 배운 문법을 활용하여 자유롭게 이야기를 나누게 한다.
   📖 "여러분은 집에 어떻게 가요? '으로'를 사용하여 말해 보세요."

정답
버스로 가요. 지하철로 가요. 자전거로 가요.

교사 지식
교통수단을 이용하지 않고 도보로 걸어서 이동하는 방법에 대한 표현으로 '걸어가다/오다'가 있음을 학생들에게 알려 준다.

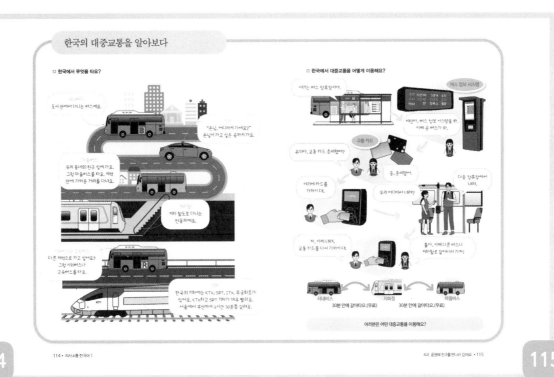

● 문화

[학습 목표]
- 한국의 교통수단에 대해 알 수 있다.
- 한국에서 대중교통을 이용하는 방법을 알고, 평소에 주로 어떤 대중교통을 이용하는지 이야기할 수 있다.

1) 질문을 통해 학생들에게 주제를 추측하게 한다.
- 📖 "여러분은 학교에 올 때 어떻게 와요? 걸어서 와요? 무엇을 타고 와요?"
- 📖 "한국의 대중교통에 대해 알아요? 어떤 것들이 있어요?"

2) 교재 114쪽을 보며 한국의 교통수단에 대해 설명한다.

교수-학습 지침

교사는 학생들에게 한국에서 어떤 교통수단을 이용해 봤는지 자유롭게 이야기를 해 보는 활동을 할 수 있도록 지도한다. 그리고 학생들이 가장 많이 이용한 교통수단과 가장 적게 이용한 교통수단이 무엇인지 함께 확인해 보도록 지도한다.

3) 교재 115쪽을 보며 한국에서 대중교통을 이용하는 방법에 대해 설명한다.

교수-학습 지침

교사는 학생들과 시내버스 이용하기를 상황극을 통해 간접 체험해 보는 활동을 할 수 있도록 지도한다. 교사는 카드 단말기, 하차 벨 등의 사진을 상자에 붙여 준비하고, 학생들에게 각각 운전기사, 손님 등의 역할을 부여한 뒤, 버스를 타고 내리는 역할극을 해 볼 수 있도록 지도한다.

4) 본 문화와 관련하여 상호문화적 관점에서 이야기할 수 있도록 한다.
- 📖 "여러분, 다른 나라의 대중교통에 대해서 알아요?"
- 📖 "다른 나라에는 어떤 대중교통이 있어요?"

더 알아보기

인도의 '툭툭'	인도의 교통수단으로 바퀴가 세 개가 있는 삼륜차 택시가 있다. 인도에서 가장 많이 이용되는 교통수단으로 비용이 저렴하다.
태국의 '운하 택시'	강을 가로질러 가는 배로 된 택시이다. 노선이 없는 지역에서는 가장 빠른 교통수단이다.

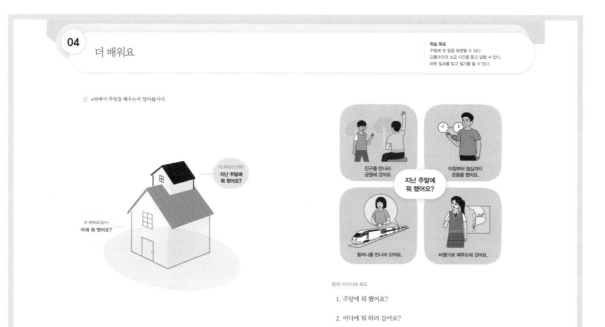

〈더 배워요〉 학습 목표

- 주말에 한 일을 표현할 수 있다.
- 교통수단과 소요 시간을 묻고 답할 수 있다.

7차시	• 주말에 한 일과 그 일이 일어난 때를 표현할 수 있다.
8차시	• 어떤 장소로 이동할 때 이용한 교통수단과 걸린 시간을 표현할 수 있다.
9차시	• 하루 일과를 읽고 이해할 수 있다.
10차시	• 하루 일과를 쓸 수 있다.

● 7차시 | 〈더 배워요〉 도입 및 대화해 봐요 1

〈더 배워요〉 도입 – 5분

1) 〈꼭 배워요〉의 목표 어휘 및 문법 등을 확인할 수 있는 질문을 통해 학생들이 해당 표현을 사용하여 답할 수 있도록 유도한다.
- 🔲 "여러분, 어제 저녁에 뭐 했어요?"
- 🔲 "내일 오후에 뭐 해요?"
- 🔲 "공원에 갔어요? 공원에 뭐 하러 갔어요?"
- 🔲 "여러분은 학교에 어떻게 왔어요?"

2) '대화해 봐요 1, 2'에서 학습할 내용을 대표하는 네 개의 그림들을 확인하며 학생들이 앞으로 배우게 될 주제 및 내용을 추측할 수 있도록 한다.
- 🔲 "(첫 번째 그림을 가리키며) 호민이가 어디에 갔어요?"
- 🔲 "호민이가 공원에 왜 갔어요?"
- 🔲 "(두 번째 그림을 가리키며) 정호가 무엇을 했어요?"
- 🔲 "언제 운동을 했어요?"
- 🔲 "(세 번째 그림을 가리키며) 소연이가 어디에 갔어요?"
- 🔲 "뭐 하러 갔어요?"
- 🔲 "(네 번째 그림을 가리키며) 나나가 어디에 갔어요?"
- 🔲 "제주도까지 어떻게 갔어요?"

3) '함께 이야기해 봐요'에 제시된 질문을 통해 이야기를 나눔으로써 '읽고 써 봐요'에서 학습할 내용을 추측하게 한다.
- 🔲 "주말에 뭐 했어요?"
- 🔲 "어디에 뭐 하러 갔어요?"

대화해 봐요 1

선영이가 뭐 하러 가요? ▦로 확인해 보세요.

호민이하고 선영이가 어제 일을 이야기해요. 먼저 ▦로 확인해 보세요.

① 호민아, 일요일에 뭐 했어?

② 운동하러 공원에 갔어.

③ 그래? 나도 일요일에 공원에 갔어. 너는 언제 갔어?

④ 아침에 갔어. 아침부터 정심까지 농구를 했어.

⑤ 아, 나는 오후에 갔어. 친구하고 자전거를 탔어. 그리고 밥을 먹었어.

[학습 목표]

- 주말에 한 일과 그 일이 일어난 때를 표현할 수 있다.
- 부가 문법: 부터, 까지
- 목표 표현: ~부터 ~까지 – 었어(요)
  －으러 ~에 가다/오다

도입 – 5분

1) 교사는 학생들에게 '대화해 봐요 1'의 내용을 추측할 수 있는 질문을 한다.

　🖩 "(달력에서 일요일을 가리키며) 일요일이에요. 여러분은 일요일에 보통 뭐 해요?"

　🖩 "여러분은 지난 주말에 뭐 했어요?"

2) 교사는 학생들에게 118쪽의 첫 번째 QR 코드 속 영상을 보게 한다.

　🖩 "선영이가 집에 있었어요. 그런데 집에서 나가요. 어디에 가요? 함께 확인해 봐요."

3) 교사는 학생들이 대화 내용을 잘 이해했는지 질문을 한다. 그리고 새 표현이 있다면 그 의미를 함께 설명한다.

　🖩 "선영이가 어디에 뭐 하러 가요? 선영이는 숙제를 했어요?"

전개 – 20분

1) 교사는 학생들에게 본 대화 내용을 소개하며 118쪽의 두 번째 QR 코드 속 영상을 보게 한다.

　🖩 "호민이하고 선영이가 어제 일을 이야기해요. 무슨 이야기

를 해요? 함께 확인해 봐요."

2) 교사는 학생들이 대화의 전체 내용을 이해했는지 확인하는 질문을 한다.

　🖩 "호민이는 일요일에 어디에 갔어요?"

　🖩 "선영이는 일요일에 뭐 했어요?"

3) 교사는 학생들에게 대화문을 읽게 한다. 그리고 세부 내용을 이해했는지 확인하는 질문을 한다.

　🖩 "호민이는 언제 공원에 갔어요? 거기에 뭐 하러 갔어요?"

　🖩 "선영이는 언제 공원에 갔어요? 거기에서 뭐 했어요?"

4) 대화에 제시된 새 표현의 의미를 설명한다.

어휘 및 표현

일요일	◆ 정의 월요일을 기준으로 한 주의 마지막 날. 　🖩 예 일요일에 학교에 안 가요. ● 설명 "(달력에서 일요일을 가리키며) 일요일이에요."

5) 교사는 학생들에게 대화문을 다시 한번 읽게 한다. 이때 역할을 나누는 등 다양한 방식으로 읽게 할 수 있다.

6) 교사는 다음의 절차에 따라 부가 문법 '부터, 까지'에 대해 설명한다. 그리고 새로 제시되는 어휘가 있다면 그 의미를 함께 설명한다.

부가 문법　　'부터, 까지'

[설명]

　🖩 "일요일 아침에 숙제를 시작해요. ('아침'을 판서한다.) 그리고 점심에 숙제가 끝나요. ('아침~점심'으로 판서한다.) 아침부터 점심까지 숙제를 해요."

[예시]

· 오늘부터 피아노를 배워요.

· 오전부터 공부를 했어요.

· 오후까지 학교에 있어요.

· 토요일부터 일요일까지 집에서 쉬어요.

[정보]

▶형태 정보:

	받침 ○	받침 X
명사	부터	

	받침 ○	받침 X
명사	까지	

① 명사 끝음절의 받침 유무에 관계없이 명사 뒤에 '부터'를 쓴다.

② 명사 끝음절의 받침 유무에 관계없이 명사 뒤에 '까지'를 쓴다.

▶주의 사항:

① '부터'는 어떤 행위의 시작하는 지점을 나타내며 주로 시간에 대한 범위를 나타낼 때 쓰인다.

② '까지'는 시간이나 공간 범위의 끝 지점을 나타낸다.

③ '부터'와 '까지'는 자주 함께 쓴다.

7) 교사는 학생들에게 목표 표현에 대해 설명한다.

목표 표현 1	'~부터 ~까지 -었어(요)'

[설명]

🔲 "아침에 도서관에 갔어요. 점심까지 도서관에서 책을 읽었어요. 그리고 점심에 집에 왔어요. 아침부터 점심까지 도서관에서 책을 읽었어요. '~부터 ~까지 -었어(요)'는 과거에 어떤 시간 동안에 한 일을 말할 때 사용해요."

[예시]

· 점심부터 저녁까지 숙제를 했어.
· 어제부터 오늘까지 집에서 쉬었어.
· 토요일부터 일요일까지 부산에 있었어요.
· 아침부터 점심까지 공원에서 놀았어요.

목표 표현 2	'-으러 ~에 가다/오다'

[설명]

🔲 "지하철역에 친구를 만나러 가요. 같아요. 친구를 만나러 지하철역에 가요. '-으러 ~에 가다/오다'는 이동하는 장소보다 이동의 목적을 먼저 말할 때 사용해요."

[예시]

· 친구를 만나러 영화관에 가요.
· 수영을 배우러 수영장에 갔어요.
· 책을 읽으러 도서관에 가요.
· 게임을 하러 친구 집에 가요.

119

8) 교사는 학생들에게 교재의 1번과 2번 문제를 풀게 한다.

9) 교사는 학생들과 함께 문제의 답을 확인한다.

정답
1. (1) ○ (2) × (3) ○
2. 어제 저녁에 텔레비전을 봤어요. 어제 저녁에 부모님하고 이야기를 했어요.

10) 교사는 학생들에게 119쪽의 첫 번째 QR 코드 속 영상을 보게 한다.

🔲 "호민이는 왜 늦었어요? 함께 확인해 봐요."

11) 교사는 학생들이 대화 내용을 잘 이해했는지 질문을 한다. 그리고 새 표현이 있다면 그 의미를 함께 설명한다.

🔲 "호민이는 왜 늦었어요?"

🔲 "호민이는 왜 집까지 걸어왔어요?"

어휘 및 표현

늦다	◆ 정의 시간이 알맞을 때를 지나 있다. 예 학교에 늦었어요. ● 설명 "9시에 수업이 있어요. (칠판에 9시 10분을 가리키는 시계를 그린 후) 학생이 왔어요. 학생이 수업에 늦었어요."
왜	◆ 정의 무슨 이유로, 또는 어째서. 예 왜 학교에 안 왔어요? ● 설명 "숙제했어요? 숙제 안 했어요. 이유를 몰라요. 질문해요. 왜? 왜 숙제를 안 했어요?"

1) 교사는 학생들이 목표 표현을 사용하여 대답할 수 있
   도록 질문을 한다.
   📖 "일요일 오전에 뭐 했어요? 오후에 뭐 했어요?"
   📖 "운동장에 갔어요? 뭐 하러 운동장에 갔어요?"

2) 교사는 질문을 통해 학생들이 '활용하기'의 대화 상황
   을 추측할 수 있도록 한다.
   📖 "정호하고 안나가 어제 일을 이야기해요. 무슨 이야기를
      해요? 함께 확인해 봐요."

3) 교사는 학생들에게 대화문을 읽게 한 후 대화의 내용
   을 이해했는지 확인하는 질문을 한다. 그리고 새 표현
   이 있다면 그 의미를 함께 설명한다.
   📖 "정호는 어제 뭐 했어요?"
   📖 "언제부터 언제까지 했어요?"

4) 교사는 학생들에게 대화문을 다시 한번 읽게 한다.
   이때 역할을 나누는 등 다양한 방식으로 읽게 할 수
   있다.

교수-학습 지침
교사는 학생들에게 짝 활동으로 '일요일의 아침, 점심, 저녁' 시
간에 따라 무엇을 했는지 서로 묻고 대답하는 활동을 할 수 있도
록 지도한다.

정리 – 8분

교사는 학생들에게 119쪽의 '전체 대화를 들어 보세요'
QR 코드 속 대화를 듣게 하고 수업을 마무리한다.

● 8차시 | 대화해 봐요 2

[학습 목표]
- 어떤 장소로 이동할 때 이용한 교통수단과 걸린 시간
  을 표현할 수 있다.
- 부가 문법: 과
- 목표 표현: ~를 타고 가다
            ~에서 ~까지 얼마나 걸려(요)

본 대화는 소연이가 수호에게 지난 주말에 한 일에 대해
이야기를 하고 있는 상황이다.

도입 – 7분

1) 교사는 학생들에게 '대화해 봐요 2'의 내용을 추측할
   수 있는 질문을 한다.
   📖 "할머니, 할아버지가 있어요? 어디에 있어요?"
   📖 "주말에 어디에 갔어요? 어떻게 갔어요?"

2) 교사는 학생들에게 120쪽의 첫 번째 QR 코드 속 영상
   을 보게 한다.
   📖 "소연이가 집에서 엄마하고 이야기를 해요. 두 사람이 무
      슨 이야기를 해요? 함께 확인해 봐요."

3) 교사는 학생들이 대화 내용을 잘 이해했는지 질문을
   한다. 그리고 새 표현이 있다면 그 의미를 함께 설명한다.
   📖 "소연이는 이번 주말에 어디에 가요?"

어휘 및 표현

이번	◆ **정의** 곧 돌아올 차례, 또는 막 지나간 차례. 📖 이번 일요일에 방 청소를 해요. ● **설명** "(달력에서 이번 주의 토요일과 일요일을 가리키며) 말해요. 이번 토요일, 이번 일요일."
할머니	◆ **정의** 아버지의 어머니, 또는 어머니의 어머니를 이르거나 부르는 말. 📖 고향에 할머니를 만나러 가요. ● **설명** "(할머니 사진을 보여 주며) 어머니하고 아버지의 어머니예요? 누구예요? 할머니예요."
대전	◆ **정의** 지역 이름으로 충청도의 중앙에 있는 광역시. 📖 대전에 친구 집이 있어요. ● **설명** "(지도에서 대전을 가리키며) 여기가 어디예요? 대전이에요."

전개 - 20분

1) 교사는 학생들에게 본 대화 내용을 소개하며 120쪽의 두 번째 QR 코드 속 영상을 보게 한다.

　📺 "소연이가 수호하고 주말 이야기를 해요. 무슨 이야기를 해요? 함께 확인해 봐요."

2) 교사는 학생들이 대화의 전체 내용을 이해했는지 확인하는 질문을 한다.

　📺 "주말에 소연이는 어디에 갔어요?"

3) 교사는 학생들에게 대화문을 읽게 한다. 그리고 세부 내용을 이해했는지 확인하는 질문을 한다.

　📺 "소연이는 대전까지 어떻게 갔어요?"

　📺 "서울에서 대전까지 얼마나 걸려요?"

4) 대화에 제시된 새 표현의 의미를 설명한다.

어휘 및 표현

지난 주말	◆ **정의** 시간이 흘러 그 시간에서 벗어난 주말. 📖 지난 주말에 친구를 만났어요. ● **설명** "'주말'은 토요일과 일요일을 말해요. (달력에서 이번 주말을 가리키며) 말해요. 이번 주말. (달력에서 지난 주말을 가리키며) 말해요. 지난 주말."
걸리다	◆ **정의** 시간이 들다. 📖 버스로 백화점까지 한 시간 걸려요. ● **설명** "(칠판에 'PM 4:00'을 쓰고) 버스를 탔어요. (칠판에 'PM 4:30'을 쓰고) 집에 왔어요. 버스로 집까지 30분 걸려요."
얼마나	◆ **정의** 어느 정도나. 📖 시간이 얼마나 걸려요? ◆ **정보** '상태나 느낌 등의 정도가 매우 크고 대단하게'의 의미도 있다. ● **설명** "학교에서 문구점까지 가요. 시간이 많이 걸려요? 조금 걸려요? 몰라요. 질문해요. 문구점까지 얼마나 걸려요?"

부모님	◆ **정의** 아버지와 어머니를 함께 이르는 '부모'의 높임말. 📖 집에서 부모님을 만나요. ● **설명** "어머니와 아버지를 함께 말해요. 부모님이에요."
한 시간	◆ **정의** 하루의 24시간 중 1이 되는 동안의 시간. 📖 걸어서 한 시간 걸려요. ● **설명** "(칠판에 '10:00~11:00'를 판서하고) 여러분 공부했어요. 얼마나 공부했어요? (검지 하나를 들어 보이며) 한 시간. 한 시간 공부했어요."

5) 교사는 학생들에게 대화문을 다시 한번 읽게 한다. 이때 역할을 나누는 등 다양한 방식으로 읽게 할 수 있다.

6) 교사는 다음의 절차에 따라 부가 문법 '과'에 대해 설명한다. 그리고 새로 제시되는 어휘가 있다면 그 의미를 함께 설명한다.

부가 문법　　'과'

[설명]

　📺 "영화관에 가요. 여러분은 누구하고 가요? 친구, 동생. 친구와 영화관에 가요. 동생과 영화관에 가요. 이 말은 '친구하고 영화관에 가요, 동생하고 영화관에 가요.'하고 같아요. '과'는 어떤 일을 같이 하는 사람을 나타낼 때 사용해요."

[예시]

· 가족과 여행을 갔어요.

· 형과 이야기를 했어요.

· 친구와 커피숍에서 공부해요.

· 누나와 영화를 봤어요.

[정보]

▶형태 정보:

	받침 ○	받침 X
명사	과	와

① 명사 끝음절에 받침이 있으면 '과', 명사 끝음절에 받침이 없으면 '와'를 쓴다.

▶주의 사항:

① '같이, 함께' 등 공동의 의미가 있는 부사와 자주 쓰인다.

7) 교사는 학생들에게 목표 표현에 대해 설명한다.

목표 표현 1　　'~를 타고 가다'

[설명]

　📺 "여러분, 집에 어떻게 가요? 버스로 가요. 자전거로 가요. 이 말과 같아요. 버스를 타고 가요. 자전거를 타고 가요. '어떻게 가요?' 질문에 대답할 때 '~를 타고 가다'로 말해요."

[예시]

· 자전거를 타고 갔어요.

· 비행기를 타고 갔어요.

· 학교에 버스를 타고 가요.
· 영화관에 택시를 타고 갔어요.

[설명]

📖 "아침에 학교에 가요. 집 앞에서 버스를 타요. 학교까지 시간이 얼마나 걸려요? 몰라요. 그럼 질문해요. 집에서 학교까지 얼마나 걸려요? '~에서 ~까지 얼마나 걸려(요)'는 이동 시간을 물을 때 사용해요."

[예시]

· 집에서 학교까지 얼마나 걸려요?
· 한국에서 미국까지 얼마나 걸려요?
· 학교에서 공원까지 얼마나 걸려요?
· 여기에서 도서관까지 얼마나 걸려요?

121

8) 교사는 학생들에게 교재의 1번과 2번 문제를 풀게 한다.

9) 교사는 학생들과 함께 문제의 답을 확인한다.

정답
1. (1) ✕ (2) ○ (3) ○
2. 친구 집에 갔어요. 버스를 타고 갔어요. ○○에 갔어요. ○○을/를 타고 갔어요.

10) 교사는 학생들에게 121쪽의 첫 번째 QR 코드 속 영상을 보게 한다.

📖 "소연이가 학교에서 주말 이야기를 해요. 소연이는 대전에서 뭐 했어요? 함께 확인해 봐요."

11) 교사는 학생들이 대화 내용을 잘 이해했는지 질문을 한다. 그리고 새 표현이 있다면 그 의미를 함께 설명한다.

📖 "소연이는 할머니와 무엇을 했어요?"

활용 – 10분

1) 교사는 학생들이 목표 표현을 사용하여 대답할 수 있도록 질문을 한다.

📖 "여러분, 주말에 어디에 갔어요?"
📖 "거기까지 얼마나 걸렸어요?"

2) 교사는 질문을 통해 학생들이 '활용하기'의 대화 상황을 추측할 수 있도록 한다.

📖 "여러분은 제주도에 갔어요? 제주도에 어떻게 가요?"
📖 "나나하고 민우가 주말 이야기를 해요. 무슨 이야기를 할까요?"

3) 교사는 학생들에게 대화문을 읽게 한 후 대화의 내용을 이해했는지 확인하는 질문을 한다. 그리고 새 표현이 있다면 그 의미를 함께 설명한다.

📖 "민우는 제주도에 무엇을 타고 갔어요?"
📖 "제주도까지 얼마나 걸려요?"

4) 교사는 학생들에게 대화문을 다시 한번 읽게 한다. 이때 역할을 나누는 등 다양한 방식으로 읽게 할 수 있다.

어휘 및 표현

제주도	◆ 정의 한국의 가장 남쪽에 있는 섬.
	예 제주도는 한국의 섬이에요.
	● 설명 "(지도에서 제주도를 가리키며) 어디예요? 제주도예요."

교수–학습 지침

※ 고등학생 대상 수업의 경우 필수적으로 5분간 다음 활동을 추가로 진행함.
→ 교사는 학생들에게 자신이 가 본 적이 있는 특정 장소를 생각해 보고 그 장소에 갈 때 무엇을 타고 갔는지, 얼마나 걸렸는지 메모하고 서로 묻고 답하는 활동을 할 수 있도록 지도한다.

정리 – 8분

교사는 학생들에게 121쪽의 '전체 대화를 들어 보세요' QR 코드 속 대화를 듣게 하고 수업을 마무리한다.

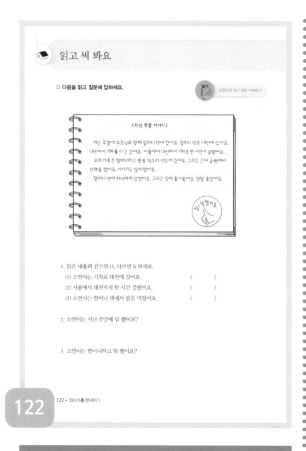

• 9차시 | 읽고 써 봐요 – 읽기

[학습 목표]
• 하루 일과를 읽고 이해할 수 있다.

본 활동은 과거의 일을 쓴 일기를 읽고 이해하기 위한 활동이다.

읽기 전 – 5분

교사는 학생들에게 읽기 내용을 추측할 수 있는 질문을 한다.

🔲 "토요일하고 일요일에 뭐 했어요?"

🔲 "여러분은 일기를 써요?"

읽기 중 – 30분

1) 교사는 학생들에게 읽기 지문을 큰 소리로 따라 읽게 한다.

2) 교사는 학생들이 대화의 전체 내용을 이해했는지 확인하는 질문을 한다.

🔲 "소연이는 어디에 갔어요?"

🔲 "거기에서 뭐 했어요?"

3) 교사는 학생들에게 읽기 지문을 읽게 한다. 그리고 세부 내용을 이해했는지 확인하는 질문을 한다.

🔲 "할머니 댁은 어디에 있어요?"

🔲 "할머니 댁까지 얼마나 걸려요?"

🔲 "소연이는 할머니와 무엇을 했어요?"

4) 읽기 지문에 제시된 새 표현의 의미를 설명한다.

어휘 및 표현

댁	◆ **정의** '집'의 높임말. 📗 선생님 댁은 학교 근처에 있어요. ● **설명** "댁은 할머니, 할아버지, 선생님의 '집'을 말해요. 우리 집이에요. 친구 집이에요. 할머니 댁이에요. 선생님 댁이에요."
산책	◆ **정의** 잠깐 쉬거나 건강을 위해서 주변을 천천히 걷는 일. 📗 공원에서 산책을 했어요. ● **설명** "(공원에서 산책하는 사진을 보여 주며) 공원이에요. (산책하는 사람을 가리키며) 이 사람이 뭐 해요? 산책을 해요."
잘하다	◆ **정의** 좋고 훌륭하게 하다. 📗 저는 수영을 잘해요. ● **설명** "(요리사 사진을 보여 주며) 이 사람은 요리사예요. 무엇을 잘해요? (엄지를 들어 보이며) 요리를 아주 잘해요."
많이	◆ **정의** 수나 양, 정도 등이 일정한 기준보다 넘게. 📗 물을 많이 마셨어요. ◆ **정보** 반의어 '조금' ● **설명** (칠판에 세 그릇의 밥 그림을 그린 다음에) "친구가 밥을 세 그릇 먹었어요. 여러분 말해요. 와, '많이' 먹었어요."
정말	◆ **정의** 거짓이 없이 진짜로. 📗 정말 사랑해요. ● **설명** "운동을 좋아해요. 진짜예요. 거짓말이 아니에요. 말해요. 운동을 정말 좋아해요."
참	◆ **정의** 사실이나 이치에 조금도 어긋남이 없이 정말로. 📗 참 좋아요. ● **설명** "'참'은 '정말'하고 의미가 비슷해요."

읽기 후 – 10분

1) 교사는 학생들에게 교재의 문제를 풀게 한다.

2) 교사는 학생들과 함께 문제의 답을 확인한다.

정답
1. (1) ○ (2) ○ (3) ×
2. 할머니를 만나러 대전에 갔어요.
3. 식당에서 밥을 먹었어요. 근처 공원에서 산책했어요. 그리고 이야기도 했어요.

3) 교사는 질문을 통해 읽기 내용을 재확인하며 수업을 마무리한다.

🔲 "소연이는 대전에 뭐 하러 갔어요?"

🔲 "소연이는 언제 집에 돌아왔어요?"

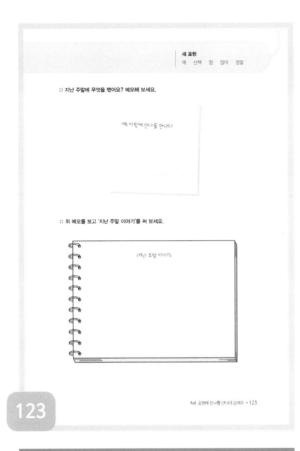
• 10차시 | 읽고 써 봐요 - 쓰기

[학습 목표]
• 하루 일과를 쓸 수 있다.

본 활동은 과거에 한 일을 메모하고 일기를 써 보도록 하는 활동이다.

쓰기 전 - 5분

1) 교사는 학생들에게 쓰기 내용을 추측할 수 있는 질문을 한다.
   📖 "지난 주말에 뭐 했어요? 어디에 갔어요? 언제 갔어요?"
   📖 "거기에서 무엇을 했어요? 언제 집에 돌아왔어요?"

2) 교사는 학생들에게 어떤 쓰기 활동을 할 것인지 명확히 알려 준다.
   📖 "지난 주말에 무엇을 했어요? 지난 주말 일기를 쓸 거예요."

쓰기 중 - 30분

1. 주말에 무엇을 했는지 자유롭게 메모하는 활동이다.

1) 교사는 학생들에게 무엇을 써야 하는지 알려 준다. 그리고 새 표현이 있다면 그 의미를 함께 설명한다.
   📖 "토요일하고 일요일에 뭐 했어요? 누구와 했어요? 어디에 갔어요? 언제 갔어요? 얼마나 걸렸어요? 모두 메모해 보세요."

2) 교사는 학생들에게 주말에 한 일을 쓰게 한다. 이때 교사는 학생들에게 개별적으로 쓰기 지도를 할 수 있다.

2. '지난' 주말 이야기를 쓰는 활동이다.

1) 교사는 학생들에게 무엇을 써야 하는지 알려 준다. 그리고 새 표현이 있다면 그 의미를 함께 설명한다.
   📖 "토요일과 일요일에 무엇을 했어요? 여러분이 메모를 썼어요. 이 메모를 봐요. 그리고 일기를 쓰세요."

2) 교사는 학생들에게 일기를 쓰게 한다. 이때 교사는 학생들에게 개별적으로 쓰기 지도를 할 수 있다.

쓰기 후 - 10분

1) 쓰기 활동이 모두 마무리되면 교사는 학생들에게 각자 쓴 것을 발표하게 한다.

2) 교사는 지난 주말 이야기에 대해 다시 한번 정리하며 수업을 마무리한다.

● 단원 목표

과목 이름과 수업 시간을 알고 앞으로 할 일을 말할 수 있다.

● 단원 내용

꼭 배워요 (필수)	• 주제: 수업 준비
	• 기능: 미래 행위 표현하기, 일정 묻고 답하기
	• 어휘: 수업 준비 관련 어휘, 고유어 수
	• 문법: -을 거예요/거야(미래), -으세요, -고(나열), -으면
문화	• 문화: 한국인의 공부 문화를 엿보다
더 배워요 (선택)	• 대화 1: 수업 준비물에 대해 묻고 답하기 • 대화 2: 수업 활동에 대해 묻고 답하기
	• 읽기: 도서관 이용 안내문
	• 쓰기: 일주일 계획 쓰기

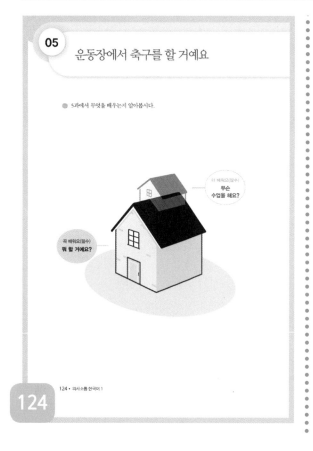

05 운동장에서 축구를 할 거예요

● 5과에서 무엇을 배우는지 알아봅시다.

더 배워요(필수)
무슨
수업을 해요?

꼭 배워요(필수)
뭐 할 거예요?

124 • 의사소통 한국어 1

124

● 수업 개요

〈꼭 배워요〉 학습 목표

• 과목 이름과 수업 시간을 안다.
• 앞으로 할 일을 말할 수 있다.

1차시	• 도입 대화를 통해 본 단원의 주제에 대해 이해하고 말할 수 있다.
2차시	• 수업 준비와 고유어 숫자 관련 어휘와 표현을 알고 활용할 수 있다.
3차시	• 미래에 할 일을 묻고 답할 수 있다. • '-을 거예요/거야'를 사용하여 미래 행위에 대한 의지를 표현할 수 있다.
4차시	• 다른 사람에게 어떤 일을 요청하거나 명령할 수 있다. • '-으세요'를 사용하여 명령, 요청의 뜻을 나타내어 말할 수 있다.

5차시	• 두 가지 이상의 일을 이어서 말할 수 있다. • '-고'를 사용하여 두 가지 이상의 대등한 사실을 나열하여 말할 수 있다.
6차시	• 일어나지 않은 상황을 가정하여 그에 따라 무엇을 할지 말할 수 있다. • '-으면'을 사용하여 불확실한 사실을 가정하여 말할 수 있다.

● 1차시 | 복습 및 〈꼭 배워요〉 도입

[학습 목표]

• 도입 대화를 통해 본 단원의 주제에 대해 이해하고 말할 수 있다.

복습 – 20분

4단원에서 배운 주제 및 문법에 대해 복습한다.

1) 교사는 지난 단원의 주제와 관련된 질문을 하여 학생들에게 학습한 내용을 떠올리게 한다.

🖥 "아침에 무엇을 해요?"

🖥 "수업이 끝났어요. 무엇을 해요?"

🖥 "어디에서 버스/지하철을 타요?"

🖥 "집에 가요. 무엇을 타요?"

2) 교사는 '-있-'와 관련된 질문을 하여 학생들에게 학습한 내용을 떠올리게 한다.

🖥 "지난 주말에 뭐 했어요?"

🖥 "친구를 만났어요? 친구하고 뭐 했어요?"

3) 교사는 '에'와 관련된 질문을 하여 학생들에게 학습한 내용을 떠올리게 한다.

🖥 "오늘 아침에 밥을 먹었어요?"

🖥 "오늘 친구를 만나요? 언제 만나요?"

4) 교사는 '-으러 가다/오다'와 관련된 질문을 하여 학생들에게 학습한 내용을 떠올리게 한다.

🖥 "도서관에 뭐 하러 가요?"

🖥 "공원에 갔어요? 뭐 하러 갔어요?"

5) 교사는 '으로'와 관련된 질문을 하여 학생들에게 학습한 내용을 떠올리게 한다.

🖥 "학교에 어떻게 와요?"

🖥 "공책에 써요. 무엇으로 써요?"

〈꼭 배워요〉 도입 – 25분

1) 교사는 학생들과 교재 125쪽의 그림을 보면서 학습하게 될 주제에 대해 이야기한다.

🖥 "여기가 어디예요?"

🖥 "정호가 누구하고 이야기해요?"

2) 교사는 학생들에게 교재 125쪽의 대화를 읽게 한다. 그리고 세부 내용을 이해했는지 확인하는 질문을 한다.

🖥 "오늘 무슨 수업이 있어요?"

🖥 "미술 시간에 뭐 할 거예요?"

3) 교사는 학생들에게 '함께 이야기해 봐요'의 질문을 하면서 단원의 주제를 도입한다.

🖥 "여러분, 오늘 무슨 수업이 있어요?"

🖥 "수업 시간에 무엇을 할 거예요?"

어휘를 배워요

발음
어제[어제] 몇 시[면씨] 음악실[으마실] 과학실[과학씰]
체육관[체육관] 실습실[실습씰] 역사[역싸] 준비물[준:비물]

무슨 수업을 해요?

몇 시예요?

한 시

세 시 이십 분

네 시 삼십 분

두 시 오 분

다섯 시 십 분

● 2차시 | 어휘를 배워요

[학습 목표]
- 수업 준비와 고유어 숫자 관련 어휘와 표현을 알고 활용할 수 있다.

본 단원에는 학교 수업 준비와 과목에 관련된 어휘 및 표현이 제시되고 있다.

도입 – 5분

1) 교사는 질문을 통해 학습하게 될 어휘 및 표현을 자연스럽게 노출한다.
   - 교 "(126쪽의 숫자가 적힌 표를 가리키며) 칠판을 보세요. 무슨 공부를 했어요?"
   - 교 "시간표를 보세요. 월요일에 무슨 수업이 있어요?"

2) 교사는 학생들과 제시된 그림을 보며 이야기를 나눈다.
   - 교 "(126쪽의 시계 그림을 가리키며) 칠판에 뭐가 있어요?"
   - 교 "(127쪽의 게시판 그림을 가리키며) 게시판에 뭐가 있어요?"
   - 교 "126쪽 그림을 보세요. 몇 시예요?"
   - 교 "127쪽 그림을 보세요. 무슨 수업을 해요?"

전개 – 35분

1. 고유어 수와 시간 표현 관련 어휘 및 표현이다.

1) 교사는 다음에 제시되는 내용을 참고하여 학생들에

게 어휘 및 표현을 설명한다. 이때 새로 등장하는 발음 규칙이 있다면 함께 설명한다.

시	◆ **정의** 하루를 스물넷으로 나누었을 때 그 하나를 나타내는 시간의 단위. 예 지금 두 시예요. ● **설명** "(시계의 짧은 바늘을 가리키며) '시'예요. 몇 시예요? 말해요. 열 시예요."
분	◆ **정의** 한 시간의 60분의 1을 나타내는 시간의 단위. 예 지금 시간은 네 시 삼십 분이에요. ● **설명** "(시계의 긴 바늘을 가리키며) '분'이에요. 몇 분이에요? 말해요. 십 분이에요."

2) 교사는 질문을 통해 학생들이 어휘 및 표현을 잘 이해했는지 확인한다.
   - 교 "지금 몇 시예요?"
   - 교 "아침에 몇 시에 일어나요?"
   - 교 "수업이 몇 시에 시작해요?"

2. 수업 준비와 관련된 어휘 및 표현이다.

1) 교사는 다음에 제시되는 내용을 참고하여 학생들에게 어휘 및 표현을 설명한다. 이때 새로 등장하는 발음 규칙이 있다면 함께 설명한다.

준비물	◆ **정의** 미리 마련하여 갖추어 놓는 물건. 예 내일 음악 수업 준비물이 뭐야? ● **설명** "체육 수업이 있어요. 체육복을 준비해요. 체육복은 체육 수업 준비물이에요."

내일	◆ **정의** 오늘의 다음 날, 앞으로 올 날. **예** 내일 뭐 해요? ● **설명** "(달력에서 '오늘' 날짜를 가리키며) 오늘이에요. (달력에서 '내일' 날짜를 가리키며) 말해요. 내일."
스케치북	◆ **정의** 그림을 그릴 수 있는 하얀 도화지를 여러 장 묶어 놓은 책. **예** 미술 시간 준비물은 스케치북이에요. ◆ **정보** 한 장씩은 '도화지', 공책처럼 묶어 놓은 것은 '스케치북'이라고 한다. ● **설명** "(스케치북 사진을 보여 주며) 이게 뭐예요? 스케치북이에요. 여기에 그림을 그려요."
리코더	◆ **정의** 세로로 들고 여러 개의 구멍을 손가락으로 막았다 떼었다 하면서 입으로 공기를 불어 넣어 소리를 내는 악기. **예** 음악 시간에 리코더를 배워요. ● **설명** "(리코더 사진을 보여 주며) 이게 뭐예요? 리코더예요."
장소	◆ **정의** 어떤 일이 일어나는 곳. 또는 어떤 일을 하는 곳. **예** 어디에서 만나요? 장소를 말해 주세요. ● **설명** "교실, 화장실, 운동장, 도서실, 급식실. 학교의 '장소'예요."
음악실	◆ **정의** 학교에서 노래와 악기를 배우는 장소. **예** 점심 먹고 음악실로 오세요. ◆ **정보** 학교에서 '○○실'은 어떤 과목 수업을 하는 교실이거나 특별한 장소를 말한다. 미술실, 과학실, 교무실 등이 있다. ● **설명** "(음악실 사진을 보여 주며) 음악 수업을 해요. 음악실이에요."
미술실	◆ **정의** 학교에서 미술 수업을 하는 장소. **예** 미술실은 5층에 있어요. ● **설명** "(미술실 사진을 보여 주며) 미술 수업을 해요. 미술실이에요."
과학실	◆ **정의** 학교에서 과학 수업을 하는 장소. **예** 오늘 수업은 과학실에서 해요. ● **설명** "(과학실 사진을 보여 주며) 과학 수업을 해요. 과학실이에요."
체육관	◆ **정의** 학교에서 체육 수업을 하거나 큰 행사를 하는 장소. **예** 체육관에서 농구를 해요. ● **설명** "(체육관 사진을 보여 주며) 체육 수업을 해요. 체육관이에요."
실습실	◆ **정의** 학교에서 기술 가정 수업을 하는 장소. **예** 오늘은 실습실에서 요리를 해요. ● **설명** "(실습실 사진을 보여 주며) 요리 수업을 해요. 실습실이에요."

2) 교사는 질문을 통해 학생들이 어휘 및 표현을 잘 이해했는지 확인한다.
🔲 "미술 시간에 무슨 준비물이 필요해요?"
🔲 "음악 수업을 어디에서 해요?"

3. 과목 이름과 요일 관련 어휘 및 표현이다.

1) 교사는 다음에 제시되는 내용을 참고하여 학생들에게 어휘 및 표현을 설명한다. 이때 새로 등장하는 발음 규칙이 있다면 함께 설명한다.

시간표	◆ **정의** 시간대별로 할 일 등을 적어 넣은 표. **예** 시간표를 보고 다음 수업을 준비해요. ● **설명** "(교재 127쪽의 시간표를 가리키며) 이것은 시간표예요. 내일 무슨 수업이 있어요? 어떻게 알아요? 시간표를 봐요."
요일	◆ **정의** 일주일을 이루는 각각의 날. **예** 무슨 요일에 음악 수업을 해요? ◆ **정보** '월요일, 화요일, 수요일, 목요일, 금요일, 토요일, 일요일'을 함께 제시해 준다. ● **설명** "(달력에서 요일을 가리키며) 월, 화, 수, 목, 금, 토, 일. 말해요. 요일. (달력에서 월요일을 가리키며) 무슨 요일이에요? 말해요. 월요일."
교시	◆ **정의** 학교의 수업 시간을 세는 단위. **예** 오늘 5교시 체육 수업은 운동장에서 해. ◆ **정보** '1교시, 2교시, 3교시, 4교시' 등 결합형도 알려 주고 읽는 방법도 알려 준다. ● **설명** "(교실의 시간표에서 '교시' 부분의 칸을 가리키며) 수업 시간이에요. 1교시, 2교시, 3교시. '교시'와 함께 말해요."
국어	◆ **정의** 한국의 초등학교나 중학교, 고등학교에서 우리말이나 문학 등을 가르치는 과목. **예** 국어 시간에 책을 읽어요. ◆ **정보** 교과서를 보여 주면서 설명하면 과목명에 대한 이해를 돕기에 좋다. ● **설명** "(실물의 국어 교과서를 보여 주며) 교과서예요. 무슨 교과서예요? 국어 교과서예요."
사회	◆ **정의** 가족, 마을, 회사, 국가 등 공동생활 및 사회 현상과 관련한 내용을 가르치고 배우는 과목. **예** 2교시는 사회 시간이에요. ● **설명** "(실물의 사회 교과서를 보여 주며) 사회 교과서예요. 사회 시간에 '가족, 우리 도시, 나라'를 공부해요."
역사	◆ **정의** 역사에 대해 배우는 과목. **예** 역사 시간에 한국 역사를 배워요. ● **설명** "(실물의 역사 교과서를 보여 주며) 역사 교과서예요. 옛날 한국이 어땠어요? 역사 시간에 공부해요."
영어	◆ **정의** 영국과 미국 등 세계적으로 가장 널리 쓰이는 언어 및 과목 이름. **예** 수요일에 영어 수업이 있어요. ● **설명** "(실물의 영어 교과서를 보여 주며) 영어 교과서예요."
수학	◆ **정의** 수를 헤아리거나 공간을 측정하는 등의 수와 양에 관한 지식을 배우는 과목. **예** 수학 시간에 도형을 배워요. ● **설명** "(수학 교과서를 보여 주며) 무슨 교과서예요? 말해요. 수학."

미술	◆ **정의** 그림이나 조각처럼 눈으로 볼 수 있는 아름다움을 표현한 예술 및 과목 이름. **예** 미술 시간에 그림을 그릴 거예요. ● **설명** "(미술 교과서를 보여 주며) 수업 시간에 그림을 그려요. 무슨 수업이에요? 미술 수업이에요."
과학	◆ **정의** 자연에서 일어나는 현상, 또는 자연과 인간 사회의 진리나 법칙에 대해 배우는 과목. **예** 과학 시간에는 실험을 해요. ● **설명** "(학교에서 실험하는 사진을 보여 주며) 무슨 시간이에요? 과학 시간이에요."
도덕	◆ **정의** 학교에서 한 사회의 가치 체계를 가르치는 과목. **예** 도덕 수업은 월요일 3교시에 있어요. ● **설명** "(도덕 교과서를 보여 주며) 도덕 교과서예요."
기술 가정	◆ **정의** 학교에서 일상생활에 필요한 다양한 기술과 지식을 배우고 실습을 하는 과목. **예** 기술 가정 시간에 요리를 해요. ◆ **정의** '기술 가정'은 표준국어대사전에 등재된 어휘는 아니고, 학교에서 과목명으로 사용되는 특수한 어휘이다. ● **설명** "(기술 가정 교과서를 보여 주며) "무슨 교과서예요? 말해요. 기술 가정."
음악	◆ **정의** 목소리나 악기로 박자와 가락이 있게 소리 내어 생각이나 감정을 표현하는 예술. **예** 음악 시간에 아리랑을 배웠어요. ● **설명** "수업 시간에 노래를 배워요. 리코더도 배워요. 음악 수업이에요."
체육	◆ **정의** 운동, 체조 등의 신체 활동을 통해 건강을 유지하고 체력을 향상시키기 위해 하는 교육과 과목. **예** 체육 시간에 운동을 해요. ● **설명** "운동장에서 농구를 하고 축구를 해요. 무슨 수업이에요? 체육 수업이에요."

교사 지식

→ '몇 시[멷씨], 음악실[으막씰], 체육관[체육꽌], 실습실[실씁씰], 역사[역싸]'의 발음 규칙:
  · 경음화 ▶ 1과 64쪽 참고
→ '여덟[여덜]'의 발음 규칙:
  · 자음군단순화 ▶ 특정한 조건에서 겹받침인 두 개의 자음이 모두 소리 나지 않고 하나만 실현되는 현상으로 겹받침 'ㄼ'은 어말 또는 자음 앞에서 [ㄹ]로 발음한다.
→ '끝나다[끈나다]'의 발음 규칙:
  · 비음화 ▶ 1과 64쪽 참고

2) 교사는 질문을 통해 학생들이 어휘 및 표현을 잘 이해했는지 확인한다.

　🔲 "월요일 1교시에 무슨 수업이 있어요?"

　🔲 "영어 수업은 무슨 요일에 있어요?"

교수-학습 지침

※ 고등학생 대상 수업의 경우 필수적으로 5분간 다음 활동을 추가로 진행함.
→ 교사는 칠판에 시계를 그리고 학생들에게 바늘이 가리키는 시간을 말하게 하여 고유어 숫자와 한자어 숫자 말하기를 연습하는 활동을 할 수 있도록 지도한다.

정리 – 5분

교사는 질문을 통해 어휘 및 표현 학습을 마무리한다.

　🔲 "지금 몇 시예요?"

　🔲 "오늘 무슨 수업이 있어요?"

　🔲 "그 수업을 어디에서 해요?"

거예요. 친구를 만날 거예요. '-을 거예요/거야'는 미래에 할 행동이나 계획을 말할 때 사용해요."

[예시]

· 주말에 친구들과 영화를 볼 거예요.

· 내일부터 열심히 공부할 거예요.

· 일요일 저녁에 비빔밥을 먹을 거야.

· 오늘 저녁에는 운동을 안 할 거야.

[정보]

▶형태 정보:

	받침 ○	받침 X, 'ㄹ' 받침
동사	-을 거예요/거야	-ㄹ 거예요/거야

① 동사 어간 끝음절에 받침이 있으면 '-을 거예요/거야', 동사 어간 끝음절에 받침이 없거나 'ㄹ' 받침으로 끝나면 '-ㄹ 거예요/거야'를 쓴다. 단, 'ㄹ' 받침으로 끝날 때는 'ㄹ'이 탈락한다.

② 이전에 제시되었던 모든 활용 변화를 함께 제시해 준다.

· 'ㄷ' 불규칙: 듣다→들을 거예요

▶주의 사항:

① '-을 것이다'는 '-을 것'에 '이다'가 합쳐져 서술어로 사용할 수 있게 하는 표현이다.

② 높임 표현으로 '-을 거예요', 반말 표현으로 '-을 거야'를 쓴다는 것을 알려 준다.

③ 1인칭 주어와 함께 쓰면 의지 및 미래 행위를 나타내며, 3인칭 주어와 함께 쓰면 추측의 의미가 된다. 본 단원에서는 1인칭 주어와 함께 쓰는 의미만을 다루도록 한다.

[확인]

교사는 문법을 설명한 뒤 '연습 문제'를 통해 학생들이 문법을 이해했는지 확인한다.

정답
(1) 친구하고 매점에 갈 거예요
(2) 교실에서 음악을 들을 거예요

어휘 및 표현

점심시간	◆ 정의 점심을 먹기로 정하여 둔 시간. 예 점심시간에 급식실에 가요.	
	● 설명 "점심을 먹어요. 무슨 시간이에요? 점심시간이에요."	
쉬는 시간	◆ 정의 학교나 회사에서 휴식을 하는 시간. 예 쉬는 시간에 수업 준비를 해요.	
	● 설명 "수업이 끝나요. 10분 쉬어요. 이 시간을 말해요. 쉬는 시간."	

• 3차시 | 문법을 배워요 1

[학습 목표]

· 미래에 할 일을 묻고 답할 수 있다.

· '-을 거예요/거야'를 사용하여 미래 행위에 대한 의지를 표현할 수 있다.

도입 - 5분

1) 교사는 학생들에게 대화문을 읽게 한다. 그리고 학생들이 대화 상황을 이해했는지 확인 질문을 한다.

교 "선영이는 점심시간에 뭐 해요?"

2) 교사는 학생들에게 목표 문법의 의미를 추측할 수 있는 질문을 한다.

교 "선영이는 점심시간에 어디에 갈 거예요?"

교 "선영이는 도서관에서 뭐 할 거예요?"

전개 - 35분

다음의 절차에 따라 문법에 대해 설명한다. 그리고 새로 제시되는 어휘 및 표현이 있다면 그 의미를 함께 설명한다.

[설명]

교 "내일 뭐 해요? 계획이 있어요? 공부하다, 책을 읽다, 친구를 만나다. 내일 계획이에요. 공부할 거예요. 책을 읽을

빌리다	◆ **정의** 물건이나 돈 등을 나중에 돌려주거나 대가를 갚기로 하고 얼마 동안 쓰다. **예** 도서관에서 책을 빌려요. ● **설명** "나는 지우개가 없어요. 친구는 지우개가 있어요. 그래서 친구의 지우개를 잠시 사용해요. 그리고 다시 줘요. 이것을 '빌리다'라고 말해요."
매점	◆ **정의** 어떤 기관이나 시설 안에서 물건을 파는 작은 상점. **예** 매점에서 빵하고 우유를 샀어요. ● **설명** "점심시간에 어디에서 빵을 사요? 학교 안에 가게가 있어요. 그 가게는 '매점'이에요. 매점에서 빵을 사요."

교수–학습 지침

※ 고등학생 대상 수업의 경우 필수적으로 5분간 다음 활동을 추가로 진행함.
➔ 교사는 학생들에게 목표 문법을 활용할 수 있는 새로운 화제를 제시할 수 있다.
🔲 "친구를 만나요. 뭐 할 거예요? '-을 거예요/거야'를 사용하여 말해 보세요."

예시 답안
식당에서 저녁을 먹을 거예요. 게임을 할 거예요.

정리 – 5분

1) 교사는 학생들에게 대화문을 다시 한번 읽게 한다.

2) 교사는 교재에 제시된 열린 질문을 통해 학생들에게 배운 문법을 활용하여 자유롭게 이야기를 나누게 한다.
🔲 "여러분은 오후에 뭐 할 거예요? '-을 거예요'를 사용하여 이야기해 보세요."

예시 답안
집에서 숙제를 할 거예요. 공부하러 도서관에 갈 거예요.

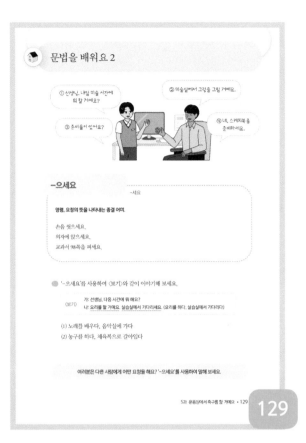

• 4차시 | 문법을 배워요 2

[학습 목표]
• 다른 사람에게 어떤 일을 요청하거나 명령할 수 있다.
• '-으세요'를 사용하여 명령, 요청의 뜻을 나타내어 말할 수 있다.

도입 – 5분

1) 교사는 학생들에게 대화문을 읽게 한다. 그리고 학생들이 대화 상황을 이해했는지 확인 질문을 한다.
🔲 "내일 무슨 수업이 있어요?"
🔲 "미술 시간에 무엇을 할 거예요?"

2) 교사는 학생들에게 목표 문법의 의미를 추측할 수 있는 질문을 한다.
🔲 "내일 미술 준비물이 뭐예요?"
🔲 "내일 미술 준비물이 있어요. 선생님이 어떻게 말했어요?"

전개 – 35분

다음의 절차에 따라 문법에 대해 설명한다. 그리고 새로 제시되는 어휘 및 표현이 있다면 그 의미를 함께 설명한다.

[설명]
🔲 "버스에서 할머니에게 말해요. (의자를 두 손으로 가리키며) '할머니, 여기 앉으세요.' 그럼 할머니가 의자에 앉아

요. 선생님이 학생에게 말해요. '책을 펴세요.' 그럼 학생이 책을 펴요. '-으세요'는 다른 사람에게 명령, 요청할 때 사용해요."

[예시]
· 칠판을 보세요.
· 책을 읽으세요.
· 교복을 입으세요.
· 그림을 그리세요.

[정보]
▶형태 정보:

	받침 ○	받침 X, 'ㄹ' 받침
동사	-으세요	-세요

① 동사 어간 끝음절에 받침이 있으면 '-으세요', 동사 어간 끝음절에 받침이 없거나 'ㄹ' 받침으로 끝나면 '-세요'를 쓴다. 단, 'ㄹ' 받침으로 끝날 때는 'ㄹ'이 탈락한다.

② 이전에 제시되었던 모든 활용 변화를 함께 제시해 준다.
· 'ㄷ' 불규칙: '듣다'→들으세요.
· 'ㄹ' 탈락: '만들다'→만드세요.

▶제약 정보:
① 동사와만 결합하며 형용사와 '이다, 아니다'와는 결합하지 않는다.
② 과거 '-었-', 미래 '-겠-'과는 결합하지 않는다.

▶주의 사항:
① 부정은 '-지 마세요'로 쓰며 이는 '더 배워요'의 '대화해 봐요 2'에서 다루고 있다.
② '먹다, 마시다, 자다'는 '드세요, 계세요, 주무세요'의 형태로 바꾸어 쓴다.

[확인]
교사는 문법을 설명한 뒤 '연습 문제'를 통해 학생들이 문법을 이해했는지 확인한다.

> 정답
> (1) 노래를 배울 거예요, 음악실에 가세요
> (2) 농구를 할 거예요, 체육복으로 갈아입으세요

어휘 및 표현

그림을 그리다	◆ 정의 선이나 색깔로 사물의 모양이나 이미지를 종이 위에 나타내다. 예 스케치북에 꽃 그림을 그렸어요. ● 설명 "(그림 그리는 화가의 사진을 보여 주며) 스케치북에 무엇을 해요? 그림을 그려요."
배우다	◆ 정의 새로운 지식을 얻고 익히다. 예 음악 시간에 리코더를 배울 거예요. ● 설명 "선생님은 한국어를 가르쳐요. 학생들은 무엇을 해요? 한국어를 배워요."

갈아입다	◆ 정의 지금 입은 옷을 다른 옷을 바꾸어 입다. 예 옷을 갈아입으세요. ● 설명 "여러분은 지금 교복을 입었어요. 그런데 다음 시간이 체육 시간이에요. 어떻게 해요? (교사가 옷을 벗는 동작을 하며) 교복을 벗어요. (교사가 옷을 입는 동작을 하며) 그리고 체육복을 입어요. 이것을 '갈아입다' 말해요. 교복을 체육복으로 갈아입어요."
펴다	◆ 정의 접히거나 말려 있는 것을 젖혀서 벌리다. 예 교재를 펴요. ● 설명 "(교재를 펴는 동작을 보여 주며) 선생님이 지금 뭐 해요? 책을 펴다, 책을 펴요."
노래	◆ 정의 음악을 소리 내어 부르는 것. 예 음악 시간에 노래를 해요. ● 설명 "노래방에 가요. 무엇을 해요? 노래를 해요."

> 교사 지식
> '-으세요'를 학습하면서 'ㄹ' 탈락에 대해서 다음과 같은 정보를 참고하여 함께 설명하도록 한다.
> → 'ㄹ' 탈락은 'ㄹ'로 끝나는 용어 어간 뒤에 'ㄴ, ㅂ, ㅅ' 및 '-으(오), -(으)ㄹ'로 시작하는 어미가 오면 'ㄹ'이 탈락하는 현상을 말한다. '-으세요'에 '만들다, 놀다, 살다' 등의 용언이 오면 'ㄹ'이 탈락하고 '-세요'와 결합하게 되어 '만드세요, 노세요, 사세요'와 같이 활용된다.

> 교수-학습 지침
> ※ 고등학생 대상 수업의 경우 필수적으로 5분간 다음 활동을 추가로 진행함.
> → 교사는 학생들에게 목표 문법을 활용할 수 있는 새로운 화제를 제시한다.
> 🔲 "선생님이 학생들에게 어떤 요청을 해요? '-으세요'를 사용하여 말해 보세요."

> 예시 답안
> 의자에 앉으세요. 숙제를 하세요.

정리 – 5분

1) 교사는 학생들에게 대화문을 다시 한번 읽게 한다.

2) 교사는 교재에 제시된 열린 질문을 통해 학생들에게 배운 문법을 활용하여 자유롭게 이야기를 나누게 한다.
🔲 "여러분은 다른 사람에게 어떤 요청을 해요? '-으세요'를 사용하여 말해 보세요."

> 예시 답안
> 앉으세요. 물 주세요. 공부하세요.

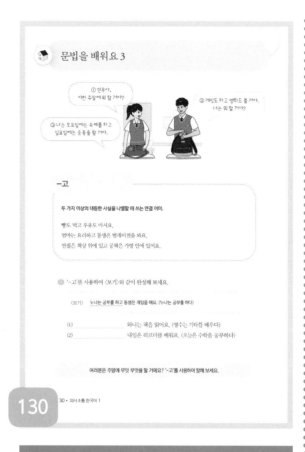

30 · 의사소통 한국어 1

• 5차시 | 문법을 배워요 3

[학습 목표]

• 두 가지 이상의 일을 이어서 말할 수 있다.
• '-고'를 사용하여 두 가지 이상의 대등한 사실을 나열 하여 말할 수 있다.

도입 – 5분

1) 교사는 학생들에게 대화문을 읽게 한다. 그리고 학생 들이 대화 상황을 이해했는지 확인 질문을 한다.

📖 "나나는 토요일에 뭐 할 거예요?"

📖 "나나는 일요일에 뭐 할 거예요?"

2) 교사는 학생들에게 목표 문법의 의미를 추측할 수 있 는 질문을 한다.

📖 "민우는 주말에 뭐 할 거예요?"

전개 – 35분

다음의 절차에 따라 문법에 대해 설명한다. 그리고 새로 제시되 는 어휘 및 표현이 있다면 그 의미를 함께 설명한다.

[설명]

📖 "교실에 나나하고 민우가 있어요. 나나는 책을 읽어요. 민 우는 음악을 들어요. 나나는 책을 읽고 민우는 음악을 들어 요. '-고'는 두 가지 이상을 나열할 때 사용해요."

[예시]

· 저는 김밥을 먹고 동생은 라면을 먹었어요.
· 주말에 영화도 보고 운동도 할 거예요.
· 영수는 1반이고 선영이는 3반이에요.
· 나는 집에서 숙제를 하고 누나는 도서관에서 책을 읽어.

[정보]

▶형태 정보:

	받침 ○	받침 X
동사, 형용사	-고	
명사	이고	고

① 동사 및 형용사 어간 끝음절의 받침 유무와 관계없이 '-고'를 쓴다.

② 명사 끝음절에 받침이 있으면 '이고', 명사 끝음절에 받침이 없으면 '고'를 쓴다.

▶제약 정보:

① 앞 절과 뒤 절의 주어는 같거나 달라도 된다.

② '-었-'과 '-겠-'과 결합하여 함께 쓸 수 있다.

▶주의 사항:

① '-고'의 의미에는 '밥을 먹고 이를 닦아요.'와 같이 시 간적 순서를 나열하는 기능도 있다. 본 단원에서는 시 간의 순서와 관계없는 단순히 나열하는 용법만을 다룬다.

② 나열의 의미를 가진 '-고'는 앞 절과 뒤 절을 바꿔 써도 의미 변화가 없다.

③ 명사의 경우 받침이 있으면 '이고'를 받침이 없으면 '고' 를 쓰지만 구어 표현이 아닌 격식적 문어에서는 '이고' 를 사용해야 한다.

[확인]

교사는 문법을 설명한 뒤 '연습 문제'를 통해 학생들이 문법을 이해했는지 확인한다.

정답
(1) 영수는 기타를 배우고
(2) 오늘은 수학을 공부하고

어휘 및 표현

기타	◆ 정의 긴 통에 여섯 개의 줄을 매어 손가락으 로 튕겨 연주하는 악기. 예 기타를 쳐요. ● 설명 "(기타 그림을 보여 주며) 이것은 기타 예요. 기타를 쳐요."

※ 고등학생 대상 수업의 경우 필수적으로 5분간 다음 활동을 추가로 진행함.

→ 교사는 학생들에게 목표 문법을 활용할 수 있는 새로운 화제를 제시한다.

　📖 "주말에 가족들이 뭐 해요? '-고'를 사용하여 말해 보세요."

┌───┐
예시 답안

아버지는 청소를 하고 어머니는 요리를 해요. 누나는 책을 보고 동생은 게임을 해요.
└───┘

정리 – 5분

1) 교사는 학생들에게 대화문을 다시 한번 읽게 한다.

2) 교사는 교재에 제시된 열린 질문을 통해 학생들에게 배운 문법을 활용하여 자유롭게 이야기를 나누게 한다.

　📖 "여러분은 주말에 뭐 할 거예요? '-고'를 사용하여 말해 보세요."

┌───┐
예시 답안

숙제도 하고 텔레비전도 볼 거예요. 친구하고 같이 밥도 먹고 이야기도 할 거예요.
└───┘

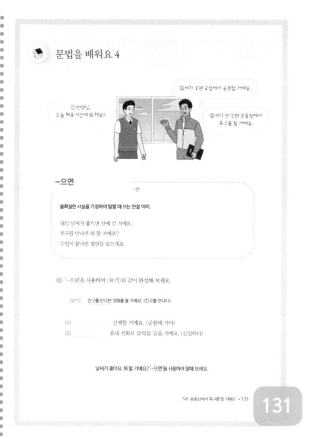

• 6차시 | 문법을 배워요 4

[학습 목표]

• 일어나지 않은 상황을 가정하여 그에 따라 무엇을 할 지 말할 수 있다.

• '-으면'을 사용하여 불확실한 사실을 가정하여 말할 수 있다.

도입 – 5분

1) 교사는 학생들에게 대화문을 읽게 한다. 그리고 학생들이 대화 상황을 이해했는지 확인 질문을 한다.

　📖 "오늘 무슨 수업이 있어요?"

　📖 "체육 시간에 운동장에서 뭐 할 거예요?"

2) 교사는 학생들에게 목표 문법의 의미를 추측할 수 있는 질문을 한다.

　📖 "비가 오면 뭐 할 거예요?"

　📖 "비가 안 오면 뭐 할 거예요?"

전개 – 35분

┌───┐
다음의 절차에 따라 문법에 대해 설명한다. 그리고 새로 제시되는 어휘 및 표현이 있다면 그 의미를 함께 설명한다.
└───┘

[설명]

　📖 "오늘 날씨가 좋아요. 그럼 공원에 갈 거예요. 오늘 비가

와요. 그럼 집에서 텔레비전 볼 거예요. 날씨가 좋으면 공원에 갈 거예요. 하지만 비가 오면 집에 있을 거예요. '-으면'은 조건이나 가정을 나타낼 때 사용해요."

[예시]
· 마트에 가면 초콜릿을 살 거예요.
· 운동을 하면 건강에 좋아요.
· 주말에 시간이 있으면 영화를 볼 거예요.
· 친구가 약속 시간에 늦으면 전화를 해요.

[정보]
▶형태 정보:

	받침 ○	받침 X, 'ㄹ' 받침
동사, 형용사	-으면	-면

① 동사 및 형용사 어간 끝음절에 받침이 있으면 '-으면', 동사 및 형용사 어간 끝음절에 받침이 없거나 'ㄹ' 받침으로 끝나면 '-면'을 쓴다.

② 이전에 제시되었던 모든 활용 변화를 함께 제시해 준다.
· 'ㄷ' 불규칙: 듣다→들으면

▶제약 정보:
① 앞 절의 조건과 뒤 절의 상황이 '오늘, 이따가' 등과 같이 특정한 경우에는 가정의 의미로 해석되어 습관이나 일반적인 사건을 나타내는 데 쓰지 않는다.
· 저는 오늘 비가 오면 (보통) 공원에 안 가요. (X)
· 저는 오늘 비가 오면 공원에 안 갈 거예요. (O)

② '-었-'과 '-겠-'과 결합하여 함께 쓸 수 있다.

[확인]
교사는 문법을 설명한 뒤 '연습 문제'를 통해 학생들이 문법을 이해했는지 확인한다.

정답
(1) 공원에 가면
(2) 심심하면

어휘 및 표현

날씨	◆ 정의 기온이나 공기 중에 비, 구름, 바람, 안개 등이 나타나는 상태. 예 날씨가 좋으면 공원에서 자전거를 타요. ● 설명 "(뉴스의 일기예보 사진을 보여 주며) 이 뉴스에서 지금 무엇을 소개해요? 날씨, 날씨를 소개해요. '비가 와요, 안 와요. 구름이 있어요, 없어요.' 말해요."
비가 오다	◆ 정의 하늘에서 빗방울이 떨어지다. 예 비가 오면 집에서 텔레비전을 봐요. ◆ 정보 '비가 오다/내리다, 눈이 오다/내리다'를 함께 알려 준다. ● 설명 "(비가 내리는 사진을 보여 주며) 지금 날씨가 어때요? 말해요, 비가 오다. 지금 비가 와요."
산	◆ 정의 땅보다 높이 솟아 있고 나무, 풀, 바위 등이 있는 땅. 예 주말에 등산을 하러 산에 갔어요. ● 설명 "(산 그림을 보여 주며) 이게 뭐예요? 산이에요."
끝나다	◆ 정의 일이 마지막까지 이루어지다. 예 수업이 끝났어요. ● 설명 "(학교 1교시 수업 시작 시간과 끝나는 시간을 판서한 뒤, 시작 시간을 가리키며) 수업이 시작해요. (끝나는 시간을 가리키며) 수업을 해요? 아니요. 안 해요. 왜요? 수업이 끝나다. 수업이 끝났어요. 그리고 여러분은 집에 가요."
심심하다	◆ 정의 할 일이 없어서 재미없고 지루하다. 예 심심하면 텔레비전을 보세요. ● 설명 "지금 시간이 많이 있어요. 그런데 숙제도 없고, 친구하고 약속도 없어요. 재미 없어요. 그때 여러분은 말해요. '심심하다', 심심해요."

교수-학습 지침
※ 고등학생 대상 수업의 경우 필수적으로 5분간 다음 활동을 추가로 진행함.
→ 교사는 학생들에게 목표 문법을 활용할 수 있는 새로운 화제를 제시한다.
교 "시간이 있어요. 뭐 할 거예요? '-으면'을 사용하여 말해 보세요."

예시 답안
시간이 있으면 영화관에서 영화를 볼 거예요. 시간이 없으면 집에서 텔레비전을 볼 거예요.

정리 – 5분

1) 교사는 학생들에게 대화문을 다시 한번 읽게 한다.

2) 교사는 교재에 제시된 열린 질문을 통해 학생들에게 배운 문법을 활용하여 자유롭게 이야기를 나누게 한다.
교 "날씨가 좋아요. 뭐 할 거예요? '-으면'을 사용하여 말해 보세요."

예시 답안
날씨가 좋으면 운동장에서 놀아요. 날씨가 안 좋으면 노래방에서 노래를 해요.

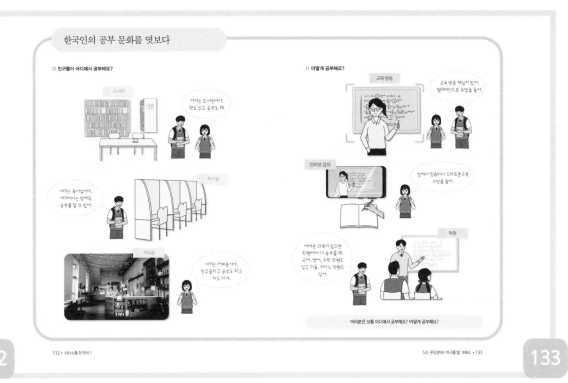

132

133

• 문화

[학습 목표]
• 한국 학생들이 어디에서 공부하는지 알 수 있다.
• 한국 학생들이 어떻게 공부하는지 알고, 여러 나라의 공부 방법과 비교하여 이야기를 나눌 수 있다.

1) 질문을 통해 학생들에게 주제를 추측하게 한다.
   📖 "여러분은 어디에서 공부해요?"
   📖 "여러분은 어떻게 공부해요?"
2) 교재 132쪽을 보며 한국의 공부 장소에 대해 설명한다.

교수-학습 지침

교사는 한국 학생들이 공부하는 장소를 설명해 주고 그에 대한 학생들의 생각을 묻고 답하는 활동을 진행할 수 있다. 교사는 학생들이 어디에서 공부를 해 본 적이 있는지 서로 자유롭게 이야기를 나눌 수 있도록 지도한다.

3) 교재 133쪽을 보며 한국에서 공부하는 방법에 대해 설명한다.

교수-학습 지침

교사는 한국 학생들의 공부하는 방법에 대해 설명을 해 주고 학생들에게 그와 같은 경험이 있는지 이야기해 보는 활동을 진행할 수 있다. 그리고 반 학생들이 가장 많이 해 본 공부 방법이 무엇인지, 해 본 적이 없는 공부 방법은 무엇인지 자유롭게 이야기를 나눌 수 있도록 지도한다.

4) 본 문화와 관련하여 상호문화적 관점에서 이야기할 수 있도록 한다.

📖 "다른 나라에서는 학생들이 보통 어디에서 공부해요? 어떻게 공부해요?"

더 알아보기

유대인의 '하브루타' 공부법	'하브루타'는 원래 '우정, 동료'라는 뜻이다. 이 공부법은 자신이 알게 된 내용이나 생각들을 상대방에게 말로 설명하면서 공부하는 방식이다. 나이나 성별, 계급에 관계없이 두 명씩 짝을 지어 하나의 주제에 대해 논쟁을 하며 진리를 찾아가는 공부법이다.

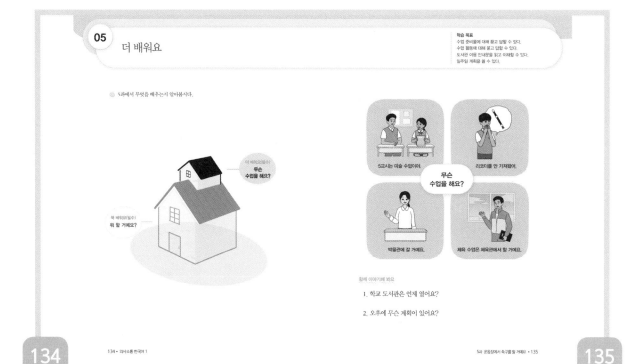

〈더 배워요〉 학습 목표

- 수업 준비물에 대해 묻고 답할 수 있다.
- 수업 활동에 대해 묻고 답할 수 있다.

7차시	• 수업 일정과 수업 준비물에 대해 묻고 답할 수 있다.
8차시	• 미래에 하게 될 수업 활동에 대해 묻고 답할 수 있다.
9차시	• 도서관 이용 안내문을 읽고 이해할 수 있다.
10차시	• 일주일 계획을 쓸 수 있다.

• 7차시 | 〈더 배워요〉 도입 및 대화해 봐요 1

〈더 배워요〉 도입 – 5분

1) 〈꼭 배워요〉의 목표 어휘 및 문법 등을 확인할 수 있는 질문을 통해 학생들이 해당 표현을 사용하여 답할 수 있도록 유도한다.

📖 "주말에 무슨 계획이 있어요? 뭐 할 거예요?"

📖 "선생님이 학생에게 무엇을 요청을 해요?"

📖 "어제 뭐 했어요? 그리고 또 뭐 했어요?"

📖 "날씨가 안 좋아요. 뭐 할 거예요?"

2) '대화해 봐요 1, 2'에서 학습할 내용을 대표하는 네 개의 그림들을 확인하며 학생들이 앞으로 배우게 될 주제 및 내용을 추측할 수 있도록 한다.

📖 "(첫 번째 그림을 가리키며) 5교시는 무슨 수업을 해요?"

📖 "여러분은 오늘 5교시에 무슨 수업을 해요?"

📖 "(두 번째 그림을 가리키며) 호민이는 리코더가 있어요?"

📖 "여러분은 학교에 무슨 준비물을 가져왔어요?"

📖 "(세 번째 그림을 가리키며) 선생님이 이야기해요. 어디에 갈 거예요?"

📖 "여러분은 학교 밖에서 수업을 했어요? 어디에 갔어요? 무슨 수업을 했어요?"

📖 "(네 번째 그림을 가리키며) 이 사람은 누구예요?"

📖 "체육 수업은 어디에서 해요?"

3) '함께 이야기해 봐요'에 제시된 질문을 통해 이야기를 나눔으로써 '읽고 써 봐요'에서 학습할 내용을 추측하게 한다.

📖 "학교 도서관은 언제 열어요?"

📖 "오후에 무슨 계획이 있어요?"

[학습 목표]

- 수업 일정과 수업 준비물에 대해 묻고 답할 수 있다.
- 부가 문법: 한테
- 목표 표현: ~을 가져오다/가져가다
  ~한테 –어(요)

본 대화는 정호와 와니가 미술 준비물에 대해 대화를 하고 있는 상황이다.

도입 – 5분

1) 교사는 학생들에게 '대화해 봐요 1'의 내용을 추측할 수 있는 질문을 한다.
   - 📖 "쉬는 시간이에요. 무엇을 해요?"
   - 📖 "오늘 무슨 수업이 있어요?"

2) 교사는 학생들에게 136쪽의 첫 번째 QR 코드 속 영상을 보게 한다.
   - 📖 "선생님이 이야기를 해요. 미술 수업 준비물이 뭐예요? 함께 확인해 봐요."

3) 교사는 학생들이 대화 내용을 잘 이해했는지 질문을 한다. 그리고 새 표현이 있다면 그 의미를 함께 설명한다.
   - 📖 "내일 미술 시간에 뭐 할 거예요? 미술 준비물이 뭐예요?"

전개 – 20분

1) 교사는 학생들에게 본 대화 내용을 소개하며 136쪽의

두 번째 QR 코드 속 영상을 보게 한다.
- 📖 "와니와 정호는 미술 준비물을 가져왔어요? 함께 확인해 봐요."

2) 교사는 학생들이 대화의 전체 내용을 이해했는지 확인하는 질문을 한다.
- 📖 "5교시 수업이 뭐예요?"
- 📖 "정호는 미술 준비물이 있어요."

3) 교사는 학생들에게 대화문을 읽게 한다. 그리고 세부 내용을 이해했는지 확인하는 질문을 한다.
- 📖 "오늘 미술 시간에 무엇을 할 거예요?"
- 📖 "정호는 스케치북을 안 가져왔어요. 그래서 와니는 정호에게 뭐라고 말했어요?"

4) 대화에 제시된 새 표현의 의미를 설명한다.

어휘 및 표현

가져오다	◆ **정의** 어떤 물건을 준비해서 오다. 📖 수학 교과서를 안 가져왔어요. ◆ **정보** '어떤 물건을 준비해서 간다'는 의미로 '가져가다'를 쓴다. ● **설명** "내일 음악 수업이 있어요. 리코더를 배워요. 여러분 집에서 가방에 리코더를 넣어요. 그리고 학교에 와요. 이것을 리코더를 '가져오다' 라고 말해요. 학교에 리코더를 가져왔어요."

5) 교사는 학생들에게 대화문을 다시 한번 읽게 한다. 이때 역할을 나누는 등 다양한 방식으로 읽게 할 수 있다.

6) 교사는 다음의 절차에 따라 부가 문법 '한테'에 대해 설명한다. 그리고 새로 제시되는 어휘가 있다면 그 의미를 함께 설명한다.

부가 문법   '한테'

[설명]

📖 "(한 학생에게 볼펜을 건네주며) 선생님이 볼펜을 줘요. 누구한테 줘요? 영수. 영수한테 볼펜을 줘요. '한테'는 어떤 행동을 받는 사람임을 말할 때 사용해요."

[예시]

- 친구한테 말했어요.
- 동생한테 선물을 줬어요.
- 형한테 문자 메시지를 해요.
- 고양이한테 밥을 주세요.

[정보]

▶형태 정보:

	받침 ○	받침 X
명사	한테	

① 명사 끝음절의 받침 유무에 관계없이 명사 뒤에 '한테'를 쓴다.

▶주의 사항:

① 사람과 동물을 나타내는 명사 뒤에 쓰며 식물이나 사물 등의 무정 명사에는 '에'를 사용한다.

② 같은 표현으로 '에게'가 있으며 '한테'는 주로 구어에서 만 사용하고 '에게'는 구어와 문어에서 모두 쓴다.

③ '한테'의 높임 표현으로 '께'를 쓴다.

7) 교사는 학생들에게 목표 표현에 대해 설명한다.

| 목표 표현 1 | '~을 가져오다/가져가다' |

[설명]

🏫 "체육 수업이 있어요. 학교에 와요. 학교에 무엇을 가져와 요? 체육복, 체육복을 가져와요. 내일 산에 갈 거예요. 산에 무엇을 가져가요? 물, 물을 가져가요. '~를 가져오다/가져 가다'는 물건을 가지고 이동하는 것을 말할 때 사용해요."

[예시]

· 우산을 가져가세요.
· 체육복을 안 가져왔어요.
· 수학 교과서를 가져왔어?
· 학교에 무엇을 가져가요?

| 목표 표현 2 | '~한테 -어(요)' |

[설명]

🏫 "엄마가 말해요. '동생한테 전화해.' 그럼 여러분은 동생한 테 전화해요. 그리고 친구가 '답을 모르면 선생님한테 물어 봐.'라고 말해요. 그럼 여러분은 선생님한테 물어봐요. '~한 테 -어(요)'는 다음 사람한테 어떤 행동을 하게 할 때 사용 하는 표현이에요."

[예시]

· 이 볼펜을 영수한테 줘.
· 친구한테 꼭 이야기해.
· 동생한테 전화해.
· 유미한테 지우개를 줬어.

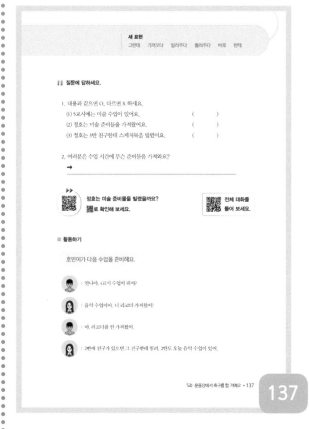

새 표현
그런데 가져오다 빌려주다 돌려주다 바로 한테

‖ 질문에 답하세요.

1. 내용과 같으면 O, 다르면 X 하세요.
   (1) 5교시에는 미술 수업이 있어요.   (   )
   (2) 정호는 미술 준비물을 가져왔어요.   (   )
   (3) 정호는 3반 친구한테 스케치북을 빌렸어요.   (   )

2. 여러분은 수업 시간에 무슨 준비물을 가져와요?
   →

정호는 미술 준비물을 빌렸을까요?
QR로 확인해 보세요.   전체 대화를 들어 보세요.

■ 활용하기

호민이가 다음 수업을 준비해요.

· 안나야, 4교시 수업이 뭐야?

· 음악 수업이야, 너 리코더 가져왔어?

· 아, 리코더를 안 가져왔어.

· 2반에 친구가 있으면 그 친구한테 빌려, 2반도 오늘 음악 수업이 있어.

5과 운동장에서 축구를 할 거예요 • 137

137

8) 교사는 학생들에게 교재의 1번과 2번 문제를 풀게 한다.

9) 교사는 학생들과 함께 문제의 답을 확인한다.

> 정답
> 1. (1) ○ (2) × (3) ×
> 2. 음악 시간에 리코더를 가져와요, 체육 시간에 체육복을 가져와요.

10) 교사는 학생들에게 137쪽의 첫 번째 QR 코드 속 영 상을 보게 한다.

🏫 "정호는 미술 준비물을 빌리러 왔어요. 3반 친구한테 미술 준비물을 빌렸을까요? 함께 확인해 봐요."

11) 교사는 학생들이 대화 내용을 잘 이해했는지 질문을 한다. 그리고 새 표현이 있다면 그 의미를 함께 설명 한다.

🏫 "안나는 미술 준비물이 있어요?"

🏫 "정호는 언제 스케치북을 안나한테 돌려줄 거예요?"

어휘 및 표현

빌려주다	◆ 정의 물건이나 돈을 다시 줄 것을 약속하고 얼마 동안 내어 주다.
	예 동생한테 옷을 빌려줬어요.
	● 설명 "친구가 지우개가 필요해요. 하지만 지 우개가 없어요. 여러분은 지우개가 있 어요. 그럼 어떻게 해요? 친구에게 잠깐 지우개를 줘요. 그리고 다시 받아요. 이 것은 '빌려주다' 말해요. 친구에게 지우 개를 빌려줘요."

돌려주다	◆ **정의** 빌린 물건을 다시 주인에게 주다. **예** 도서관에 책을 돌려줬어요. ● **설명** "친구한테 연필을 빌렸어요. 이 연필을 다시 친구에게 줘요. 이것을 '돌려주다' 말해요. 친구에게 연필을 돌려줘요."
바로	◆ **정의** 어떤 행동과 어떤 행동 사이에 시간적 간격이 길지 않고 곧. **예** 도착하면 바로 전화해. ● **설명** "아침에 일어나요. 그리고 1분 안에 화장실에 가요. 이렇게 오래 안 쉬고 다른 행동을 해요. 이것을 '바로'라고 말해요."
그런데	◆ **정의** 이야기를 앞의 내용과 관련시키면서 다른 방향으로 바꿀 때 쓰는 말. **예** 가: 내일 3반 친구들하고 축구를 할 거야. 나: 응, 나도 알아. 그런데 어디에서 할 거야? ◆ **정보** 준말로 '근데'라고 쓴다. ● **설명** "친구가 말해요. '내일 공원에서 만나.' 여러분은 '좋아' 대답해요. 그리고 '그런데 몇 시에 만나?' 하고 질문해요."

활용 – 10분

1) 교사는 학생들이 목표 표현을 사용하여 대답할 수 있도록 질문을 한다.

　📖 "오늘 학교에 무엇을 가져왔어요?"

　📖 "여러분이 꽃을 샀어요. 누구한테 줄 거예요?"

2) 교사는 질문을 통해 학생들이 '활용하기'의 대화 상황을 추측할 수 있도록 한다.

　📖 "호민이가 다음 수업을 준비해요. 4교시 수업이 무엇일까요?"

3) 교사는 학생들에게 대화문을 읽게 한 후 대화의 내용을 이해했는지 확인하는 질문을 한다. 그리고 새 표현이 있다면 그 의미를 함께 설명한다.

　📖 "4교시 수업이 뭐예요?"

　📖 "음악 수업 준비물이 뭐예요?"

4) 교사는 학생들에게 대화문을 다시 한번 읽게 한다. 이때 역할을 나누는 등 다양한 방식으로 읽게 할 수 있다.

교수-학습 지침

※ 고등학생 대상 수업의 경우 필수적으로 5분간 다음 활동을 추가로 진행함.

→ 교사는 짝 활동, 그룹 활동을 통해 학생들이 서로 수업 시간과 수업 준비물을 묻고 답하는 활동을 할 수 있도록 지도한다.

정리 – 5분

교사는 학생들에게 137쪽의 '전체 대화를 들어 보세요' QR 코드 속 대화를 듣게 하고 수업을 마무리한다.

138

• 8차시 | 대화해 봐요 2

[학습 목표]

• 미래에 하게 될 수업 활동에 대해 묻고 답할 수 있다.

• 부가 문법: 으로(방향), -지 말다

• 목표 표현: 무슨 ~을 -어(요)?
　　　　　　 -지 마세요

본 대화는 종례 시간에 선생님이 다음 주 수업 활동에 대해 공지를 하고 있는 상황이다.

도입 – 7분

1) 교사는 학생들에게 '대화해 봐요 2'의 내용을 추측할 수 있는 질문을 한다.

　📖 "선생님이 수업이 끝나고 무슨 말을 해요?"

　📖 "학교 밖에서 수업을 했어요? 어디에 갔어요?"

2) 교사는 학생들에게 138쪽의 첫 번째 QR 코드 속 영상을 보게 한다.

　📖 "수업이 끝났어요. 무슨 숙제가 있어요? 함께 확인해 봐요."

3) 교사는 학생들이 대화 내용을 잘 이해했는지 질문을 한다. 그리고 새 표현이 있다면 그 의미를 함께 설명한다.

　📖 "숙제가 뭐예요? 새 단어가 있으면 어떻게 해요?"

어휘 및 표현

새	◆ **정의** 이미 있던 것이 아니라 처음 마련하거나 다시 생겨난 것. **예** 새 학기가 시작했어요. ◆ **정보** 반의어 '헌' ● **설명** "3월에 학기가 시작해요. 새 학기예요. 새 교실에서 새 선생님과 새 친구들을 만나요."
단어	◆ **정의** 일정한 뜻과 의미를 가지며 혼자 쓸 수 있는 가장 작은 말의 단위. **예** 단어를 외우세요. ● **설명** "(칠판에 '저는 한국어를 공부해요'를 판서하고) 저, 한국어, 공부하다. 이것은 모두 '단어'예요."

전개 - 20분

1) 교사는 학생들에게 본 대화 내용을 소개하며 138쪽의 두 번째 QR 코드 속 영상을 보게 한다.

　📖 "수업이 끝났어요. 선생님이 다음 주 수업에 대해 이야기해요. 함께 확인해 봐요."

2) 교사는 학생들이 대화의 전체 내용을 이해했는지 확인하는 질문을 한다.

　📖 "다음 주에 어디에 갈 거예요?"

　📖 "무슨 요일에 갈 거예요?"

3) 교사는 학생들에게 대화문을 읽게 한다. 그리고 세부 내용을 이해했는지 확인하는 질문을 한다.

　📖 "박물관에 몇 시까지 가요?"

　📖 "어디에서 만나요? 무슨 옷을 입어요?"

4) 대화에 제시된 새 표현의 의미를 설명한다.

어휘 및 표현

박물관	◆ **정의** 유물이나 예술품을 수집, 보관, 전시하여 사람들이 보거나 연구할 수 있게 하는 시설. **예** 주말에 박물관에서 친구를 만났어요. ● **설명** "(박물관 그림을 보여 주며) 여기가 어디예요? 박물관이에요."
무슨	◆ **정의** 확실하지 않거나 잘 모르는 일, 대상, 물건 등을 물을 때 쓰는 말. **예** 4교시에 무슨 과목을 공부해요? ● **설명** "다음 수업을 몰라요. 친구에게 질문해요. 다음 시간이 '무슨' 수업이야?"
옷	◆ **정의** 사람의 몸을 가리고 더위나 추위 등으로부터 보호하며 멋을 내기 위하여 입는 것. **예** 옷을 입어요. ● **설명** "(다양한 옷의 그림을 보여 주며) 이것이 뭐예요? 말해요. 옷."

입다	◆ **정의** 옷을 몸에 걸치거나 두르다. **예** 교복을 입고 학교에 가요. ◆ **정보** 반의어 '벗다' ● **설명** "(옷을 입는 동작을 보이며) 선생님 셔츠를 입었어요. 그리고 바지를 입었어요."
신다	◆ **정의** 신발이나 양말 등의 속으로 발에 넣다. **예** 교실에서 실내화를 신어요. ● **설명** "티셔츠를 입어요. 바지를 입어요. 그리고 양말을 신어요. 신발을 신어요."
운동화	◆ **정의** 운동을 할 때 신는 신발. **예** 운동화를 신고 등산하러 가요. ● **설명** "운동을 할 거예요. 이 신발을 신어요. 운동화예요."

5) 교사는 학생들에게 대화문을 다시 한번 읽게 한다. 이때 역할을 나누는 등 다양한 방식으로 읽게 할 수 있다.

6) 교사는 다음의 절차에 따라 부가 문법 '-지 말다', '으로'에 대해 설명한다. 그리고 새로 제시되는 어휘가 있다면 그 의미를 함께 설명한다.

부가 문법 1 　　　'-지 말다'

[설명]

　📖 "(음식물 금지 표지를 보여 주며) 박물관에 이 그림이 있어요. 무슨 의미예요? '음식을 먹지 마세요.'예요. 그래서 사람들은 이 그림을 보고 음식을 안 먹어요. '-지 말다'는 어떤 행동을 금지할 때 사용해요."

[예시]

· 수업 시간에 자지 마세요.

· 창문을 열지 마.

· 도서관에서 음식을 먹지 마세요.

· 커피를 마시지 말고 차를 마셔요.

[정보]

▶형태 정보:

	받침 ○	받침 X
동사	-지 말다	

① 동사 어간 끝음절의 받침 유무와 관계없이 '-지 말다'를 쓴다.

▶제약 정보:

① 형용사와 결합하지 않는다.

② 명령문과 청유문에만 사용된다.

③ 과거 '-었-', 미래 · 추측 '-겠-'과 결합하지 않는다.

④ '-지 말다'가 부정의 의미가 있으므로 부정문을 쓰지 않는다.

▶주의 사항:

① '-지 말다'에 '-으세요'가 결합하면 '-지 마세요'로, '-아(요)'와 결합하면 '-지 말아(요)'가 된다. 단, '-아(요)'와 결합할 때, 받침 'ㄹ'이 줄어든 '-지 마(요)'의 형태로도 쓸 수 있다.

[설명]

🖥 "(칠판에 삼거리를 그린 다음, 각 길의 끝에 식당, 도서관, 학교를 쓰고) 밥을 먹을 거예요. 어디로 가요? (식당 쪽으로 화살표를 그리며) 식당, 식당으로 가요. '-으로'는 이동하는 방향을 말할 때 사용해요."

[예시]

· 아래층으로 내려가세요
· 제주도로 여행을 갈 거예요.
· 미술실로 가세요.
· 여기에서 왼쪽으로 가세요.

[정보]

▶형태 정보:

	받침 ○	받침 X, 'ㄹ' 받침
명사	으로	로

① 명사 끝음절에 받침이 있으면 '으로', 명사 끝음절에 받침이 없거나 'ㄹ' 받침으로 끝나면 '로'를 쓴다.

▶주의 사항:

① 주로 '가다, 오다, 내려가다, 올라가다' 등과 함께 쓴다.

② 본 단원의 '으로'는 '움직임의 방향'을 나타내는 의미로만 제시되고 있으며, '4과 문법을 배워요 4'에서는 '수단이나 도구'의 의미로 제시되고 있다.

7) 교사는 학생들에게 목표 표현에 대해 설명한다.

[설명]

🖥 "친구가 영화를 봤어요? 영화 제목을 몰라요. 그럼 여러분은 질문해요. '무슨 영화를 봤어?' '무슨 ~을 -어(요)'는 어떤 행동이나 상태의 대상이 무엇인지 질문할 때 사용해요."

[예시]

· 무슨 음식을 좋아해요?
· 무슨 영화를 봐요?
· 무슨 과일을 먹었어요?
· 무슨 운동을 배웠어요?

[설명]

🖥 "'-지 마세요'는 다른 사람의 행동을 금지할 때 사용해요."

[예시]

· 체육 시간에는 교복을 입지 마세요.
· 수업 시간에 문자 메시지를 하지 마세요.
· 영화관에서 말하지 마.
· 문을 닫지 마.

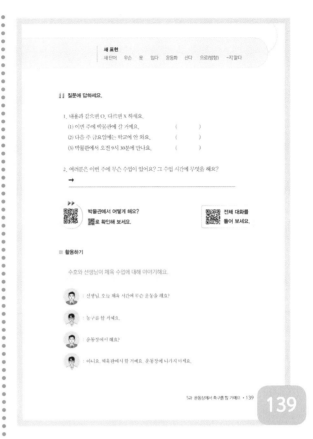

5과 운동장에서 축구를 할 거예요 • 139

139

8) 교사는 학생들에게 교재의 1번과 2번 문제를 풀게 한다.

9) 교사는 학생들과 함께 문제의 답을 확인한다.

정답

1. (1) ×   (2) ○   (3) ○
2. 음악 수업이 있어요. 음악 수업 시간에 노래를 배워요. 역사 수업이 있어요. 역사 수업 시간에 한국 역사를 공부해요.

10) 교사는 학생들에게 139쪽의 첫 번째 QR 코드 속 영상을 보게 한다.

🖥 "선생님하고 학생이 박물관에서 만났어요. 박물관에서 어떻게 해요? 함께 확인해 봐요."

11) 교사는 학생들이 대화 내용을 잘 이해했는지 질문을 한다. 그리고 새 표현이 있다면 그 의미를 함께 설명한다.

🖥 "선생님이 학생들에게 무엇을 금지했어요?"
🖥 "박물관 구경이 끝나면 어디에서 만나요?"

1) 교사는 학생들이 목표 표현을 사용하여 대답할 수 있도록 질문을 한다.

🖥 "오늘은 무슨 요일이에요?"
🖥 "수업 시간에 선생님이 무엇을 '하지 마세요' 하고 말해요?"

2) 교사는 질문을 통해 학생들이 '활용하기'의 대화 상황을 추측할 수 있도록 한다.

□ "수호와 선생님이 체육 수업에 대해 이야기를 해요. 무슨 이야기를 할까요?"

3) 교사는 학생들에게 대화문을 읽게 한 후 대화의 내용을 이해했는지 확인하는 질문을 한다. 그리고 새 표현이 있다면 그 의미를 함께 설명한다.

□ "체육 시간에 무슨 운동을 해요?"
□ "체육 시간에 운동을 어디에서 해요?"

4) 교사는 학생들에게 대화문을 다시 한번 읽게 한다. 이때 역할을 나누는 등 다양한 방식으로 읽게 할 수 있다.

교수-학습 지침

※ 고등학생 대상 수업의 경우 필수적으로 5분간 다음 활동을 추가로 진행함.
→ 교사는 학생들에게 '웃다, 눈을 감다, 숨을 쉬다, 움직이다' 등의 어휘를 알려준 뒤, '-지 마세요'로 행동을 금지하고, 학생들이 그 명령을 수행하는 게임 활동을 할 수 있도록 지도한다.

정리 – 8분

교사는 학생들에게 139쪽의 '전체 대화를 들어 보세요' QR 코드 속 대화를 듣게 하고 수업을 마무리한다.

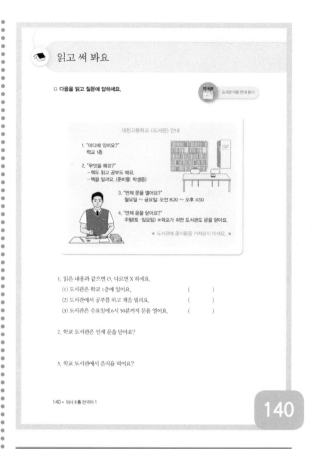

• 9차시 | 읽고 써 봐요 – 읽기

[학습 목표]
• 도서관 이용 안내문을 읽고 이해할 수 있다.

본 활동은 도서관 안내문을 읽고 도서관 이용 방법 등을 안내한 내용을 이해하기 위한 활동이다.

읽기 전 – 5분

교사는 학생들에게 읽기 내용을 추측할 수 있는 질문을 한다.

□ "도서관에서 무엇을 해요?"
□ "우리 학교 도서관은 몇 층에 있어요?"
□ "우리 학교 도서관은 몇 시에 문을 열어요?"
□ "도서관 안내문을 읽을 거예요."

읽기 중 – 25분

1) 교사는 학생들에게 읽기 지문을 큰 소리로 따라 읽게 한다.

2) 교사는 학생들이 대화의 전체 내용을 이해했는지 확인하는 질문을 한다.

□ "이 도서관은 어디에 있어요?"
□ "이 도서관에서 무엇을 해요?"

3) 교사는 학생들에게 읽기 지문을 읽게 한다. 그리고 세부 내용을 이해했는지 확인하는 질문을 한다.

- 교 "책을 빌려요. 무엇이 필요해요?"
- 교 "도서관은 언제 문을 열어요?"
- 교 "도서관은 무슨 요일에 쉬어요?"

4) 읽기 지문에 제시된 새 표현의 의미를 설명한다.

어휘 및 표현

안내	◆ **정의** 어떤 내용을 소개하여 알려줌. 예 박물관 이용 안내문을 읽어요. ● **설명** "어떤 내용을 소개해요. 이것을 '안내'라고 말해요."
층	◆ **정의** 건물에서 같은 높이에 있는 부분. 예 우리 학교는 4층 건물이에요. ◆ **정보** 한자어 숫자와 함께 쓰는 단위 명사이다. ● **설명** "(아파트 건물 사진을 보여 주고 각 층을 가리키며) '1층, 2층, 3층 말해요.' 우리 반 교실이 몇 층에 있어요?"
쉬다	◆ **정의** 피로를 없애기 위해 몸을 편안하게 하다. 예 이번 주말에는 집에서 쉴 거예요. ● **설명** "수업이 끝나요. 공부를 안 해요. 숙제를 안 해요. 쉬어요."
음식물	◆ **정의** 사람이 먹거나 마시는 것. 예 음식물 쓰레기통이 어디에 있어요? ● **설명** "무엇을 먹어요? '빵, 라면'을 먹어요. 무엇을 마셔요? '주스, 우유'를 마셔요. 이것은 모두 '음식물'이에요."
문을 열다	◆ **정의** 가게나 도서관, 영화관 등이 일을 시작하기 위해 문을 연다. 예 빵집은 아침 일찍 문을 열어요. ● **설명** "(교실 문을 열며) 선생님이 뭐 해요? 문을 열다, 문을 열어요. 그리고 가게, 도서관, 영화관이 일을 시작해요. '문을 열다' 말해요."
문을 닫다	◆ **정의** 가게나 도서관, 영화관 등의 영업을 종료하다. 예 이 가게는 일요일에 문을 닫아요. ● **설명** "(영업이 끝난 가게 사진을 보여 주며) 가게, 도서관, 영화관 일이 끝나요. '문을 닫다' 말해요."

읽기 후 - 10분

1) 교사는 학생들에게 교재의 문제를 풀게 한다.

2) 교사는 학생들과 함께 문제의 답을 확인한다.

정답
1. (1) ○   (2) ○   (3) ×
2. 주말에 문을 닫아요. 학교가 쉬면 도서관도 문을 닫아요.
3. 아니요, 학교 도서관에서 음식을 안 먹어요.

교수-학습 지침

※ 고등학생 대상 수업의 경우 필수적으로 5분간 다음 활동을 추가로 진행함.

→ 교사는 학생들에게 돌아가며 한 문장씩 소리 내어 읽어 보게 하는 활동을 할 수 있도록 지도한다.

거예요? 월요일과 토요일의 오후 계획을 쓰세요."

🔲 "월요일 오후에 책을 읽어요. 4시부터 5시까지 읽어요." (일정표의 예시로 적힌 곳을 가리키며) "그럼 이 빈칸에 쓰세요."

2) 교사는 학생들에게 주말에 할 일을 쓰게 한다. 이때 교사는 학생들에게 개별적으로 쓰기 지도를 할 수 있다.

> **2. 일주일 계획을 쓰는 활동이다.**

1) 교사는 학생들에게 무엇을 써야 하는지 알려 준다. 그리고 새 표현이 있다면 그 의미를 함께 설명한다.

🔲 "월요일부터 일요일까지 무슨 특별한 계획이 있어요?"

🔲 "무엇을 몇 시부터 몇 시까지 할 거예요? 일주일 계획을 쓰세요."

🔲 "(교재 다이어리 그림의 왼쪽 페이지를 가리키며) 월요일부터 일요일까지 무엇을 해요? 여기에 쓰세요."

🔲 "몇 시부터 몇 시까지 무엇을 할 거예요? (오른쪽을 가리키며) 여기에 '-을 거예요'로 문장을 쓰세요."

2) 교사는 학생들에게 문자 메시지를 쓰게 한다. 이때 교사는 학생들에게 개별적으로 쓰기 지도를 할 수 있다.

> ### 쓰기 후 – 10분

1) 쓰기 활동이 모두 마무리되면 교사는 학생들에게 각자 쓴 것을 발표하게 한다.

2) 교사는 오후의 일과와 일주일 계획에 대해 다시 한번 정리하며 수업을 마무리한다.

> **교수–학습 지침**
>
> ※ 고등학생 대상 수업의 경우 필수적으로 5분간 다음 활동을 추가로 진행함.
> → 교사는 학생들에게 수업 중에 지도받은 내용을 반영해 공책에 글을 다시 쓰게 하는 활동을 할 수 있게 지도한다. 이를 통해 학생들 스스로 자신의 글을 점검할 수 있다.

> ### ● 10차시 | 읽고 써 봐요 – 쓰기

[학습 목표]
• 일주일 계획을 쓸 수 있다.

본 활동은 일주일 동안 할 일에 대한 계획을 써 보도록 하는 활동이다.

> ### 쓰기 전 – 5분

1) 교사는 학생들에게 쓰기 내용을 추측할 수 있는 질문을 한다.

🔲 "여러분 월요일 오전부터 오후까지 뭐 해요?"

🔲 "오후에 무슨 계획이 있어요?"

2) 교사는 학생들에게 어떤 쓰기 활동을 할 것인지 명확히 알려 준다.

🔲 "오늘은 일주일의 계획을 쓸 거예요."

> ### 쓰기 중 – 30분

> **1. 오후에 무엇을 하는지 간단히 메모하는 활동이다.**

1) 교사는 학생들에게 무엇을 써야 하는지 알려 준다. 그리고 새 표현이 있다면 그 의미를 함께 설명한다.

🔲 "여러분은 오후에 뭐 할 거예요? 몇 시부터 몇 시까지 할

● 메모

● 메모

6과 | 새 실내화를 사고 싶어요

● 단원 목표

원하는 물건에 대해 묻고 답할 수 있으며 물건을 구매할 수 있다.

● 단원 내용

꼭 배워요 (필수)	• 주제: 경제 활동
	• 기능: 원하는 물건에 대해 묻고 답하기, 물건 구매하기
	• 어휘: 물건 구매 관련 어휘, 형용사(1)
	• 문법: -고 싶다, -지 않다, 보다, -어 주다
문화	• 문화: 한국의 화폐를 만나다
더 배워요 (선택)	• 대화 1: 물건의 가격을 묻고 답하기 • 대화 2: 물건 고르고 구매하기
	• 읽기: 영수증
	• 쓰기: 구매 목록 쓰기

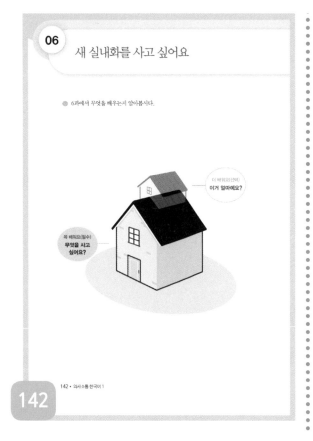

 영역 내부 텍스트:

06 새 실내화를 사고 싶어요

● 6과에서 무엇을 배우는지 알아봅시다.

더 배워요(선택)
이거 얼마예요?

꼭 배워요(필수)
무엇을 사고 싶어요?

142 • 의사소통 한국어 1

142

● 수업 개요

〈꼭 배워요〉 학습 목표	
• 원하는 물건에 대해 묻고 답할 수 있다. • 물건에 대해 비교하여 말할 수 있다.	
1차시	• 도입 대화를 통해 본 단원의 주제에 대해 이해하고 말할 수 있다.
2차시	• 물건 구매 관련 어휘와 표현을 알고 활용할 수 있다.
3차시	• 원하는 것이 무엇인지 묻고 답할 수 있다. • '-고 싶다'를 사용하여 앞의 말이 나타내는 행동을 하기를 원한다는 것을 표현할 수 있다.
4차시	• 어떤 행동이나 상태를 부정하여 말할 수 있다. • '-지 않다'를 사용하여 앞의 말이 나타내는 행위나 상태를 부정할 수 있다.

5차시	• 구매할 물건을 고를 때 비교하여 말할 수 있다. • '보다'를 사용하여 서로 차이가 있는 것을 비교할 때, 비교의 대상이 되는 것을 나타낼 수 있다.
6차시	• 다른 사람에게 도움을 요청할 수 있다. • '-어 주다'를 사용하여 남을 위해 앞의 말이 나타내는 행동을 한다는 것을 표현할 수 있다.

● 1차시 | 복습 및 〈꼭 배워요〉 도입

[학습 목표]
• 도입 대화를 통해 본 단원의 주제에 대해 이해하고 말할 수 있다.

복습 – 20분

5단원에서 배운 주제 및 문법에 대해 복습한다.

1) 교사는 지난 단원의 주제와 관련된 질문을 하여 학생들에게 학습한 내용을 떠올리게 한다.
　🔲 "1교시에 무슨 수업이 있어요?"
　🔲 "미술 시간에 뭐 해요?"
　🔲 "지금 몇 시예요?"

2) 교사는 '-을 거예요'와 관련된 질문을 하여 학생들에게 학습한 내용을 떠올리게 한다.
　🔲 "오늘 오후에 뭐 할 거예요?"
　🔲 "이번 주말에 뭐 할 거예요?"

3) 교사는 '-으세요'와 관련된 질문을 하여 학생들에게 학습한 내용을 떠올리게 한다.
　🔲 "내일 음악 시간 준비물이 리코더예요. 선생님이 어떻게 말해요?"
　🔲 "수업을 시작해요. 선생님이 여러분에게 무슨 말을 해요?"

4) 교사는 '-고'와 관련된 질문을 하여 학생들에게 학습한 내용을 떠올리게 한다.
　🔲 "카페에서 뭐 해요? 그리고 또 뭐 해요?"
　🔲 "주말에 뭐 할 거예요? 그리고 뭐 할 거예요?"

5) 교사는 '-으면'과 관련된 질문을 하여 학생들에게 학습한 내용을 떠올리게 한다.
　🔲 "친구를 만나면 뭐 할 거예요?"
　🔲 "아침에 일어나면 제일 먼저 뭐 해요?"

교수-학습 지침
교사는 짝 활동으로 학생들에게 수업 시간과 과목을 묻고 답하는 활동을 하게 할 수 있다. 이때 교사는 지난 단원에서 배운 '-을 거예요/거야', '-으세요', '-고', '-으면' 중 세 가지 이상의 문법을 사용하여 대화문을 만들 수 있도록 지도한다.

〈꼭 배워요〉 도입 – 25분

1) 교사는 학생들과 교재 143쪽의 그림을 보면서 학습하게 될 주제에 대해 이야기한다.
　🔲 "소연이가 누구와 이야기해요?"
　🔲 "문구점에서 무엇을 사요?"

2) 교사는 학생들에게 교재 143쪽의 대화를 읽게 한다. 그리고 세부 내용을 이해했는지 확인하는 질문을 한다.
　🔲 "유미는 어디에 갈 거예요?"
　🔲 "유미는 무엇을 사고 싶어요?"

3) 교사는 학생들에게 '함께 이야기해 봐요'의 질문을 하면서 단원의 주제를 도입한다.
　🔲 "어디에서 무슨 물건을 사요?"
　🔲 "무엇을 사고 싶어요?"

• 2차시 | 어휘를 배워요

[학습 목표]
• 형용사와 물건 구매 관련 어휘와 표현을 알고 활용할 수 있다.

본 단원에는 대형 서점의 매장 내 비치된 물건이나 인물들의 구매 행위에 관련된 어휘 및 표현이 제시되어 있다.

도입 – 5분

1) 교사는 질문을 통해 학습하게 될 어휘 및 표현을 자연스럽게 노출한다.
   교 "여러분은 무슨 물건을 샀어요? 그 물건을 어디에서 샀어요?"
   교 "여러분은 서점에 갔어요? 서점에서 뭐 했어요?"

2) 교사는 학생들과 제시된 그림을 보며 이야기를 나눈다.
   교 "144쪽과 145쪽을 보세요. 여기가 어디예요?"
   교 "서점에 뭐가 있어요?"
   교 "서점에서 사람들이 무엇을 해요?"

전개 – 35분

1. 형용사와 구매 활동 관련 어휘 및 표현이다.

1) 교사는 다음에 제시되는 내용을 참고하여 학생들에게 어휘 및 표현을 설명한다. 이때 새로 등장하는 발음 규칙이 있다면 함께 설명한다.

구경하다	◆ **정의** 흥미나 관심을 가지고 보다. 예 주말에 백화점을 구경하러 갈 거야. ● **설명** "백화점에 가요. 옷과 신발을 봐요. 가방도 봐요. 이것을 말해요. '구경하다.' 백화점에서 물건을 구경해요."
찾다	◆ **정의** 무엇을 얻거나 누구를 만나려고 여기저기를 살피다. 예 문구점에서 필통을 찾아요. ● **설명** "서점에 책을 사러 왔어요. 책이 어디에 있어요? 몰라요. 여기저기 봐요. '책을 찾다' 말해요."
크다	◆ **정의** 길이, 넓이, 높이, 부피 등이 보통 정도를 넘다. 예 제 친구는 손이 커요. ◆ **정보** 반의어 '작다' ● **설명** "(칠판에 큰 공과 작은 공을 그리고) 공이 있어요. (큰 공을 가리키며) 공이 어때요? '크다', 공이 커요."
작다	◆ **정의** 길이, 넓이, 부피 등이 다른 것이나 보통보다 덜하다. 예 이 필통이 저 필통보다 작아요. ◆ **정보** 반의어 '크다' ● **설명** "('크다'에서 제시한 그림에 이어서) 공이 있어요. (작은 공을 가리키며) 공이 어때요? '작다', 공이 작아요."
재미있다	◆ **정의** 즐겁고 유쾌한 느낌이 있다. 예 영화가 재미있어요. ◆ **정보** '재미있다'는 '재미가 있다'라고도 쓸 수 있다. ● **설명** "책을 다 읽었어요. 그런데 또 읽어요. 그리고 또 읽어요. 이 책이 어때요? '재미있다', 책이 재미있어요."

164 의사소통 한국어 교사용 지도서 1

재미없다	◆ **정의** 즐겁고 유쾌한 느낌이 없다. 예 그 게임은 재미없어. ◆ **정보** '재미없다'는 '재미가 없다'라고도 쓸 수 있다. ● **설명** "영화관에서 영화를 봐요. (하품을 하는 동작을 하며) 사람들이 자요. 이 영화가 어때요? '재미없다.' 영화가 재미없어요."

2) 교사는 질문을 통해 학생들이 어휘 및 표현을 잘 이해했는지 확인한다.

교 "(144쪽 그림에서 사람들을 가리키며) 이 사람이 무엇을 해요?"

교 "(144쪽 그림에서 물건들을 가리키며) 이 물건이 어때요?"

교사 지식

'크다, 예쁘다'의 어휘를 학습하면서 '으' 탈락에 대해서 다음과 같은 정보를 참고하여 함께 설명하도록 한다.

· '으' 탈락 ➡ '으'로 끝나는 어간 뒤에 '아/어'로 시작하는 어미가 올 때 '으'가 탈락하는 현상이다.

예 크다+어요→커요, 예쁘다+어요→예뻐요

---

2. 구매할 물건과 계산 관련 어휘 및 표현이다.

1) 교사는 다음에 제시되는 내용을 참고하여 학생들에게 어휘 및 표현을 설명한다. 이때 새로 등장하는 발음 규칙이 있다면 함께 설명한다.

예쁘다	◆ **정의** 생긴 모양이 눈으로 보기에 좋을 만큼 아름답다. 예 내 친구는 눈이 예뻐요. ● **설명** "(꽃 사진을 보여 주며) 꽃이 어때요? 말해요. '예쁘다', 꽃이 예뻐요."
싸다	◆ **정의** 값이 보통보다 낮다. 예 이 옷이 저 옷보다 더 싸요. ◆ **정보** 반의어 '비싸다' ● **설명** "(145쪽 그림에서 비싼 가격표와 싼 가격표가 있는 볼펜 그림을 보여 주며) 볼펜이 있어요. (싼 가격표를 가리키며) 가격이에요. 볼펜 가격이 어때요? '싸다', 볼펜이 싸요."
비싸다	◆ **정의** 값이 보통보다 높다. 예 과일 가격이 좀 비싸요. ◆ **정보** 반의어 '싸다' ● **설명** "('싸다' 어휘에서 제시해 준 그림에 이어서) 볼펜이 있어요. (비싼 가격표를 가리키며) 가격이에요. 볼펜 가격이 어때요? '비싸다', 볼펜이 비싸요."
돈을 내다	◆ **정의** 돈이나 물건 등을 주거나 바치다. 예 계산대에서 돈을 내요. ● **설명** "편의점에서 물건을 사요. 점원에게 돈을 줘요. 이것을 '돈을 내다' 말해요."

받다	◆ **정의** 다른 사람이 내는 돈이나 물건을 거두다. 예 점원이 돈을 받았어요. ◆ **정보** 반의어 '주다' ● **설명** "(학생 한 명에게 책을 건네) 선생님이 학생한테 책을 줬어요. 그럼 학생은? 선생님한테 책을 받았어요."
팔다	◆ **정의** 값을 받고 물건이나 권리를 남에게 넘기거나 노력 등을 제공하다. 예 과일 가게에서 사과를 팔아요. ◆ **정보** 반의어 '사다' ● **설명** "(물건을 구매하는 사진을 보여 주며) 시장에 가요. (손님을 가리키며) 손님은 바나나를 사요. (가게 주인을 가리키며) 가게 사장님은 뭐 해요? '바나나를 팔다', 바나나를 팔아요."
노란색	◆ **정의** 병아리나 바나나와 같은 색. 예 동생이 노란색 모자를 썼어요. ◆ **정보** 실제 색상 카드나 물건을 보여 주며 설명한다. ● **설명** "(노란 색상 카드나 물건을 보여 주며) 이 색은 '노란색'이에요."
하얀색	◆ **정의** 눈이나 우유의 빛깔과 같이 밝고 선명한 흰색. 예 하얀색 티셔츠를 입었어요. ● **설명** "(하얀 색상 카드나 물건을 보여 주며) 이 색은 '하얀색'이에요."
까만색	◆ **정의** 불빛이 없는 밤하늘처럼 짙은 검은색. 예 내 가방은 까만색이야. ● **설명** "(까만 색상 카드나 물건을 보여 주며) 이 색은 '까만색'이에요."
빨간색	◆ **정의** 흐르는 피나 잘 익은 사과, 고추처럼 붉은색. 예 나는 빨간색을 좋아해. ● **설명** "(빨간 색상 카드나 물건을 보여 주며) 이 색은 '빨간색'이에요."
파란색	◆ **정의** 맑은 하늘이나 바다처럼 밝고 선명한 푸른색. 예 언니 구두가 파란색이야. ● **설명** "(파란 색상 카드나 물건을 보여 주며) 이 색은 '파란색'이에요."
원	◆ **정의** 한국 화폐의 단위. 예 이 실내화는 만 원이에요. ● **설명** "(백 원짜리 동전을 보여 주며) 한국 돈이에요. 얼마예요? 백 '원'이에요. (천 원짜리 지폐를 보여 주며) 얼마예요? 천 '원'이에요. 한국 돈은 '원'으로 말해요."

2) 교사는 질문을 통해 학생들이 어휘 및 표현을 잘 이해했는지 확인한다.

교 "(145쪽 그림에서 물감들을 가리키며) 이것은 무슨 색이에요?"

교 "(145쪽 그림에서 돈을 가리키며) 얼마예요?"

146 · 의사소통 한국어 1

146

• 3차시 | 문법을 배워요 1

[학습 목표]

- 원하는 것이 무엇인지 묻고 답할 수 있다.
- '-고 싶다'를 사용하여 앞의 말이 나타내는 행동을 하기를 원한다는 것을 표현할 수 있다.

도입 – 5분

1) 교사는 학생들에게 대화문을 읽게 한다. 그리고 학생들이 대화 상황을 이해했는지 확인 질문을 한다.

🖵 "와니는 어디에 가요?"

🖵 "와니는 무엇을 살 거예요?"

2) 교사는 학생들에게 목표 문법의 의미를 추측할 수 있는 질문을 한다.

🖵 "와니는 무엇을 사고 싶어요?"

🖵 "여러분은 마트에 가면 무엇을 사고 싶어요?"

전개 – 35분

다음의 절차에 따라 문법에 대해 설명한다. 그리고 새로 제시되는 어휘 및 표현이 있다면 그 의미를 함께 설명한다.

[설명]

🖵 "밥을 안 먹었어요. 배가 고파요. 무엇을 생각해요? 피자,

교수-학습 지침

교사는 짝 활동으로 학생들에게 자신이 가지고 있는 물건에 대해 '크기가 어떤지, 색깔이 어떤지, 가격이 얼마인지' 묻고 답하는 활동을 할 수 있도록 지도한다.

정리 – 5분

교사는 질문을 통해 어휘 및 표현 학습을 마무리한다.

🖵 "서점에 무슨 물건을 사러 가요?"

🖵 "이 물건은 얼마예요?"

교사 지식

➡ '찾다[찯따], 작다[작따], 재미있다[재미읻따], 재미없다[재미업따], 받다[받따]'의 발음 규칙:
  · 경음화 ▶ 1과 64쪽 참고
➡ '넣다[너타]'의 발음 규칙:
  · 'ㅎ' 축약 ▶ 3과 104쪽 참고
➡ '돈을[도늘]'의 발음 규칙:
  · 연음 법칙 ▶ 1과 64쪽 참고

교사 지식

돈의 단위와 함께 물건의 가격을 읽는 법을 함께 학습하도록 한다. 교사는 이때, 한국어로 가격을 읽을 때는 '만'을 기준으로 '만, 십 만, 백 만, 천 만'으로 읽는 것임을 알려 주며, '10, 100, 1000,' 등은 '일'을 빼고 '십, 백, 천' 등으로 읽을 수 있도록 지도한다.

치킨. 피자를 먹고 싶어요. 치킨을 먹고 싶어요. '-고 싶다'는 원하는 것을 말할 때 사용해요."

[예시]

· 친구를 만나고 싶어요.
· 자전거를 타고 싶어요.
· 케이크를 만들고 싶어요.
· 만화책을 읽고 싶어요.

[정보]

▶형태 정보:

	받침 O	받침 X
동사	-고 싶다	

① 동사 어간 끝음절의 받침 유무에 관계없이 '-고 싶다'를 쓴다.

▶제약 정보:

① 형용사와는 결합하지 않는다.

② 말하는 사람의 바람을 나타내며 다른 사람의 바람은 의문문의 형태로 나타낼 수 있다.

· 너는 뭐 하고 싶어?

③ 다른 사람의 바람은 '-고 싶어 하다'로 써야 한다.

▶주의 사항:

① 과거 시제로 쓸 때에는 '-고 싶었다'의 형태로 써야 하며 '-고' 앞에 '-었-'을 쓰지 않는다.

② 규범적 표현은 아니나 관용적인 표현으로 '행복하고 싶다, 건강하고 싶다' 등과 같이 '-고 싶다'와 결합하는 형용사도 있다.

[확인]

교사는 문법을 설명한 뒤 '연습 문제'를 통해 학생들이 문법을 이해했는지 확인한다.

어휘 및 표현

새	◆ **정의** 사용하거나 구입한 지 얼마 되지 않은 것. 예 새 가방을 사러 백화점에 갈 거예요. ◆ **정보** 반의어 '헌' ● **설명** "이 지우개를 어제 샀어요. 사용을 안 했어요. '새' 지우개예요."
실내화	◆ **정의** 방이나 건물 안에서 신는 신발. 예 교실에서 실내화를 신어요. ● **설명** "교실에서 운동화, 구두를 안 신어요. 무엇을 신어요? 실내화를 신어요. 교실 안, 사무실 안에서 신어요. 실내화예요."

정리 – 5분

1) 교사는 학생들에게 대화문을 다시 한번 읽게 한다.

2) 교사는 교재에 제시된 열린 질문을 통해 학생들에게 배운 문법을 활용하여 자유롭게 이야기를 나누게 한다.

교 "여러분은 일요일에 무엇을 할 거예요? '-고 싶다'를 사용하여 말해 보세요."

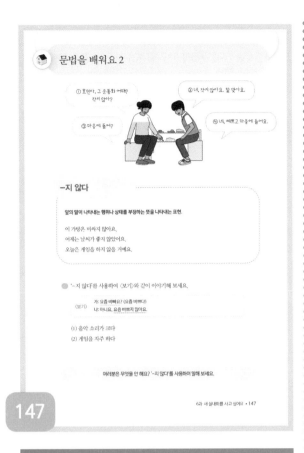

• 4차시 | 문법을 배워요 2

[학습 목표]

- 어떤 행동이나 상태를 부정하여 말할 수 있다.
- '–지 않다'를 사용하여 앞의 말이 나타내는 행위나 상태를 부정할 수 있다.

도입 – 5분

1) 교사는 학생들에게 대화문을 읽게 한다. 그리고 학생들이 대화 상황을 이해했는지 확인 질문을 한다.
   교 "여기가 어디예요?"
   교 "호민이는 무엇을 사러 왔어요?"

2) 교사는 학생들에게 목표 문법의 의미를 추측할 수 있는 질문을 한다.
   교 "신발이 안 커요. 호민이는 엄마에게 어떻게 말했어요?"

전개 – 35분

다음의 절차에 따라 문법에 대해 설명한다. 그리고 새로 제시되는 어휘 및 표현이 있다면 그 의미를 함께 설명한다.

[설명]

교 "여러분 토요일에 학교에 가요? 학교에 안 가요. 학교에 가지 않아요. '–지 않다'는 어떤 행동이나 상태를 부정할 때 사용해요."

[예시]

- 이 가게는 토요일에는 문을 열지 않아요.
- 공원에 사람이 많지 않아.
- 오늘은 컴퓨터 게임을 하지 않았어요.
- 친구가 전화를 받지 않아요.

[정보]

▶형태 정보:

	받침 ○	받침 X
동사, 형용사	\-지 않다	

① 동사 및 형용사 어간 끝음절의 받침 유무에 관계없이 '–지 않다'를 쓴다.

▶제약 정보:

① '알다, 깨닫다'와 같은 인지 동사와 결합하지 않는다.

② '–지 않다' 자체가 부정의 의미이므로 다른 장형 부정 표현과 함께 쓰지 않는다. 단, '안', '못'과 같은 단형 부정 표현과는 함께 쓸 수 있다.

③ 명령문과 청유문에 쓸 수 없다.

▶주의 사항:

① '–지 않다' 부정문은 '안' 부정문과 바꿔 쓸 수 있다.

② '이다/아니다', '있다/없다', '알다/모르다' 등과 같이 부정어가 따로 있는 경우에는 '–지 않다'와 결합하지 않는다.

[확인]

교사는 문법을 설명한 뒤 '연습 문제'를 통해 학생들이 문법을 이해했는지 확인한다.

> **정답**
> (1) 음악 소리가 커요, 음악 소리가 크지 않아요
> (2) 게임을 자주 해요, 게임을 자주 하지 않아요

어휘 및 표현

어떠하다	◆ 정의 생각, 느낌, 상태, 형편 등이 어찌 되어 있다는 말. 예 오늘 날씨가 어때요? ◆ 정보 '어떠해'가 줄어든 말이 '어때'이다. ● 설명 "새 옷을 샀어요. '이 옷이 예뻐요, 안 예뻐요?' 친구에게 물어봐요. 이 옷이 어때?"
맞다	◆ 정의 크기나 치수가 어떤 것과 일치하다. 예 이 티셔츠는 저에게 잘 맞아요. ● 설명 "옷을 입었어요. 옷이 크지도 작지도 않아요. 그럼 말해요. '옷이 맞다.' 옷이 맞아요."

마음에 들다	◆ **정의** 어떤 것이 사람의 마음이나 감정에 좋게 여겨지다. **예** 저는 이 가방이 마음에 들어요. ● **설명** "친구가 선물을 줬어요. 선물이 정말 예쁘고 좋아요. 그럼 말해요. '마음에 들다.' 선물이 마음에 들어요."
바쁘다	◆ **정의** 일이 많거나 또는 서둘러서 해야 할 일로 인하여 딴 겨를이 없다. **예** 오늘은 어제보다 바빠요. ● **설명** "오늘 일이 많아요. 하지만 시간이 없어요. 그럼 말해요. '바쁘다', 오늘은 바빠요."
자주	◆ **정의** 같은 일이 되풀이되는 간격이 짧게. **예** 저는 자주 수영장에 가요. ◆ **정보** 반의어 '가끔' ● **설명** "월요일에 라면을 먹었어요. 그리고 수요일에 또 라면을 먹었어요. 그리고 금요일에 또 라면을 먹었어요. 일주일에 세 번 라면을 먹어요. 저는 라면을 '자주' 먹어요."

교수-학습 지침

※ 고등학생 대상 수업의 경우 필수적으로 5분간 다음 활동을 추가로 진행함.

➔ 교사는 학생들에게 목표 문법을 활용할 수 있는 새로운 화제를 제시할 수 있다.

📖 "여러분은 무엇을 안 먹어요? 그리고 무엇을 안 마셔요? '-지 않아요'를 사용하여 말해 보세요."

예시 답안
저는 고기를 먹지 않아요. 저는 콜라를 마시지 않아요.

정리 - 5분

1) 교사는 학생들에게 대화문을 다시 한번 읽게 한다.

2) 교사는 교재에 제시된 열린 질문을 통해 학생들에게 배운 문법을 활용하여 자유롭게 이야기를 나누게 한다.

📖 "여러분은 무엇을 안 해요? '-지 않다'를 사용하여 말해 보세요."

예시 답안
저는 운동을 하지 않아요. 저는 신문을 읽지 않아요.

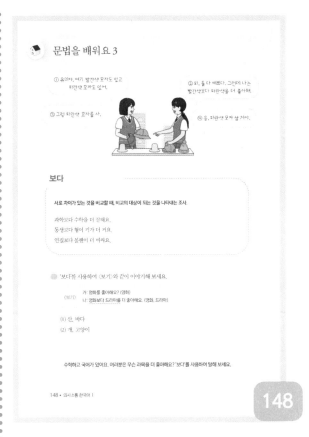

148

5차시 | 문법을 배워요 3

[학습 목표]

• 구매할 물건을 고를 때 비교하여 말할 수 있다.

• '보다'를 사용하여 서로 차이가 있는 것을 비교할 때, 비교의 대상이 되는 것을 나타낼 수 있다.

도입 - 5분

1) 교사는 학생들에게 대화문을 읽게 한다. 그리고 학생들이 대화 상황을 이해했는지 확인 질문을 한다.

📖 "유미는 무엇을 사러 왔어요?"

📖 "유미는 무슨 색 모자를 살 거예요?"

2) 교사는 학생들에게 목표 문법의 의미를 추측할 수 있는 질문을 한다.

📖 "빨간색 모자도 예쁘고 파란색 모자도 예뻐요. 하지만 유미는 왜 파란색 모자를 살 거예요?"

전개 - 35분

다음의 절차에 따라 문법에 대해 설명한다. 그리고 새로 제시되는 어휘 및 표현이 있다면 그 의미를 함께 설명한다.

[설명]

📖 "(연필을 들고) 연필은 천 원이에요. (볼펜을 들고) 볼펜은 이천 원이에요. 뭐가 더 비싸요? 연필보다 볼펜이 비싸요.

6과 · 새 실내화를 사고 싶어요 169

'보다'는 어떤 것을 비교할 때 사용해요."

[예시]
· 농구보다 축구가 재미있어요.
· 수박이 사과보다 더 커요.
· 파란색보다 빨간색을 더 좋아해요.
· 공부보다 운동을 더 잘해요.

[정보]
▶형태 정보:

	받침 ○	받침 X
명사	보다	

① 명사 끝음절의 받침 유무에 관계없이 명사 뒤에 '보다'를 쓴다.

▶주의 사항:

① 'N2+보다 N1+이 ~하다'로 사용되는 문장은 'N1+이 N2+보다'의 구성으로 도치하여 사용해도 의미가 같다. 또한 'N2+N3보다 N3+를 ~하다'의 문장도 'N3+를 N2+보다'로 도치하여 사용해도 의미가 같다.

② '더, 훨씬, 더욱' 등과 같은 부사와 결합하여 사용할 수 있다. 단, 사람의 나이나 정도를 비교할 때는 '훨씬, 더욱' 등의 부사를 사용하지 않는다.
· 민우가 선영이보다 세 살 더 많아요. (O)
· 민우가 선영이보다 세 살 더욱 많아요. (X)
· 민우가 선영이보다 세 살 훨씬 많아요. (X)

[확인]

교사는 문법을 설명한 뒤 '연습 문제'를 통해 학생들이 문법을 이해했는지 확인한다.

> 정답
> (1) 산을, 산보다 바다를
> (2) 개를, 개보다 고양이를

어휘 및 표현

모자	◆ 정의 예의를 차리거나 추위나 더위 등을 막기 위해 머리에 쓰는 물건. 예 머리에 모자를 썼어요. ◆ 정보 어울려 쓸 수 있는 동사 '쓰다'를 함께 제시해 준다. ● 설명 "(모자 그림을 가리키며) 이것은 모자예요."
더	◆ 정의 비교의 대상이나 어떤 기분보다 정도가 더 크게. 예 야구보다 축구를 더 좋아해요. ◆ 정보 반의어 '덜' ● 설명 "축구공하고 야구공이 있어요. 축구공이 커요. 야구공보다 축구공이 '더' 커요."

드라마	◆ 정의 텔레비전 등에서 방송되는 극. 예 저녁에 텔레비전에서 드라마를 해요. ● 설명 "드라마를 봐요? 무슨 드라마를 봐요?"
바다	◆ 정의 지구에서 땅 이외의 부분으로 짠물이 차 있는 곳. 예 바다에 가면 수영을 할 거예요. ● 설명 "(바다 사진을 보여 주며) 여기가 '바다'예요."
개	◆ 정의 냄새를 잘 맡고 귀가 밝고 똑똑해서 사람을 잘 따라서 애완 등의 목적으로 기르는 동물. ● 설명 "(개 사진을 보여 주며) 이 동물은 '개'예요." 예 공원에서 개하고 산책해요.
고양이	◆ 정의 어두운 곳에서 사물을 잘 보고 쥐를 잘 잡는 작은 동물. 예 개보다 고양이를 좋아해요. ● 설명 "(고양이 사진을 보여 주며) 이 동물은 '고양이'예요."

> 교수-학습 지침
> ※ 고등학생 대상 수업의 경우 필수적으로 5분간 다음 활동을 추가로 진행함.
> ➡ 교사는 학생들에게 목표 문법을 활용할 수 있는 새로운 화제를 제시한다.
> 교 "여러분은 어떤 것을 더 좋아해요? '보다'를 사용하여 말해 보세요."

> 예시 답안
> 피자보다 치킨을 더 좋아해요. 콜라보다 사이다를 더 좋아해요.

정리 – 5분

1) 교사는 학생들에게 대화문을 다시 한번 읽게 한다.

2) 교사는 교재에 제시된 열린 질문을 통해 학생들에게 배운 문법을 활용하여 자유롭게 이야기를 나누게 한다.
   교 "수학하고 국어가 있어요. 여러분은 무슨 과목을 더 좋아해요? '보다'를 사용하여 말해 보세요."

> 예시 답안
> 수학보다 영어를 더 좋아해요. 체육보다 미술을 더 좋아해요. 국어보다 역사를 더 좋아해요.

📙 문법을 배워요 4

① 《표준 한국어 2》 있어요?

④ 네, 있어요.

③ 어디에 있어요? 좀 찾아 주세요.

⑤ 네, 잠시만 기다려 주세요.

-어 주다

-아 주다, -어 주다

남을 위해 앞의 말이 나타내는 행동을 함을 나타내는 표현.

창문을 닫아 주세요.
수호가 내 가방을 들어 줬어.
한 번 더 말해 주세요.

⚫ '-어 주다'를 사용하여 《보기》와 같이 완성해 보세요.

《보기》 물병을 가방에 넣어 주세요. (가방에 넣다)

(1) 춤을 _____ . (가르치다)
(2) 전화번호를 _____ . (알리다)

친구한테 무슨 일을 해요? '-어 주다'를 사용하여 말해 보세요.

6과 새 실내화를 사고 싶어요 • 149

149

• 6차시 | 문법을 배워요 4

[학습 목표]

- 다른 사람에게 도움을 요청할 수 있다.
- '-어 주다'를 사용하여 남을 위해 앞의 말이 나타내는 행동을 한다는 것을 표현할 수 있다.

도입 – 5분

1) 교사는 학생들에게 대화문을 읽게 한다. 그리고 학생들이 대화 상황을 이해했는지 확인 질문을 한다.

📖 "나나는 무슨 책을 찾아요?"

📖 "이 서점에 《표준 한국어 2》가 있어요?"

2) 교사는 학생들에게 목표 문법의 의미를 추측할 수 있는 질문을 한다.

📖 "나나가 《표준 한국어 2》 책을 찾아요. (149쪽 그림에서 점원을 가리키며) 이 사람에게 어떻게 말했어요?"

전개 – 35분

다음의 절차에 따라 문법에 대해 설명한다. 그리고 새로 제시되는 어휘 및 표현이 있다면 그 의미를 함께 설명한다.

[설명]

📖 "여러분이 지우개가 없어요. 친구에게 지우개를 빌리고 싶어요. 그럼 말해요. '지우개 좀 빌려 줘.' 그리고 친구가 여러분에게 지우개를 줘요. 그럼 말해요. 친구가 지우개를 빌려줬어요. '-어 주다'는 다른 사람에게 도움을 주는 어떤 행동을 말할 때 사용해요."

[예시]

· 가방을 들어 주세요.
· 나나야, 지우개 좀 빌려줘.
· 친구가 생일 선물을 사 줬어요.
· 친구한테 우산을 빌려줬어요.

[정보]

▶형태 정보:

	ㅏ, ㅗ	ㅓ, ㅜ, ㅣ …	-하다
동사	-아 주다	-어 주다	-여 주다

① 동사 어간 끝음절의 모음이 'ㅏ, ㅗ'인 경우 '-아 주다', 동사 어간 끝음절의 모음이 'ㅏ, ㅗ'가 아닌 경우 '-어 주다', '-하다'가 붙은 동사 어간에는 '-여 주다'를 쓰는데, 흔히 줄여서 '-해 주다'로 쓴다.

② 이전에 제시되었던 모든 활용 변화를 함께 제시해 준다.
· 'ㄷ' 불규칙: 듣다→들어 주다
· '으' 탈락: 끄다→꺼 주다

▶제약 정보:

① 형용사와 결합하지 않는다.

② 동사 '주다'와 결합하지 않는다.
· 선물을 줘 줬다(X)

▶주의 사항:

① 부정문은 '-어 주지 않다', '안 -어 주다'로 사용한다.

② 주로 도움을 주고받을 때 사용하지만 '모두 자리에서 일어나 주세요'와 같이 완곡한 명령으로도 쓸 수 있다.

[확인]

교사는 문법을 설명한 뒤 '연습 문제'를 통해 학생들이 문법을 이해했는지 확인한다.

> **정답**
> (1) 가르쳐 주세요
> (2) 알려 주세요

어휘 및 표현

좀	◆ 정의 동의나 부탁을 구할 때 부드러운 느낌을 주기 위해 넣는 말. 예 연필 좀 주세요. ● 설명 "다른 사람에게 부탁해요. '물 주세요, 연필 빌려 줘.' 이때 '좀'을 같이 말해요. 물 '좀' 주세요, 연필 '좀' 빌려줘."
창문	◆ 정의 햇빛이나 공기가 들어올 수 있게 벽에 만들어 놓은 문. 예 창문을 열어 주세요. ● 설명 "(창문 사진을 보여 주며) 뭐예요? 창문이에요."

닫다	◆ **정의** 문, 뚜껑, 서랍 등을 원래 위치로 움직여 열린 것을 막다. 예 교실 문을 닫으세요. ● **설명** "(교실 문을 열었다가 닫으며) 선생님이 지금 뭐 해요? '닫다', 문을 닫아요."
넣다	◆ **정의** 어떤 곳의 안으로 들어가게 하다. 예 교과서를 가방 안에 넣었어요. ● **설명** "(가방 안에 책을 넣으며) '넣다', 가방에 책을 넣어요. (가방 안에 필통을 넣으며) 가방에 필통을 넣어요."
춤	◆ **정의** 음악에 맞춰서 몸을 움직이는 것. 예 춤을 춰요. ● **설명** "(춤을 추는 영상이나 사진을 보여 주며) 이 사람이 지금 무엇을 해요? 춤. 춤을 춰요."
가르치다	◆ **정의** 지식이나 기술을 설명해서 익히게 하다. 예 선생님이 학생에게 문법을 가르쳐요. ● **설명** "학생은 학교에서 뭐 해요? 배워요. 그럼 선생님은 뭐 해요? '가르치다', 가르쳐요. (교사 자신을 가리키며) 한국어 선생님이에요. 한국어를 가르쳐요"
알리다	◆ **정의** 다른 사람에게 어떤 것을 소개하여 알게 해 주다. 예 이 단어의 의미를 알려 주세요. ● **설명** "나나는 선생님의 전화번호를 몰라요. 민우는 선생님의 전화번호를 알아요. 민우가 나나에게 선생님의 전화번호를 알려 줘요. '알리다', 알려 줘요."

교수-학습 지침

※ 고등학생 대상 수업의 경우 필수적으로 5분간 다음 활동을 추가로 진행함.

→ 교사는 학생들에게 목표 문법을 활용할 수 있는 새로운 화제를 제시한다.

교 "다른 사람에게 무엇을 요청하고 싶어요? '-어 주세요'를 사용하여 말해 보세요."

예시 답안
창문을 닫아 주세요. 책을 빌려 주세요.

정리 - 5분

1) 교사는 학생들에게 대화문을 다시 한번 읽게 한다.

2) 교사는 교재에 제시된 열린 질문을 통해 학생들에게 배운 문법을 활용하여 자유롭게 이야기를 나누게 한다.

교 "친구한테 무슨 일을 해요? '-어 주다'를 사용하여 말해 보세요."

예시 답안
친구한테 연필을 빌려 줬어요. 친구한테 빵을 사 줬어요.

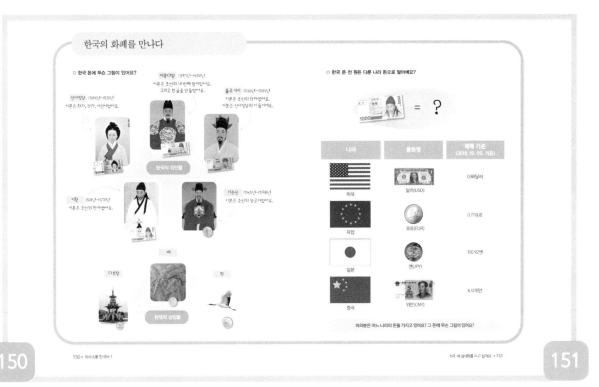

• 문화

[학습 목표]

- 한국의 화폐에 대해 알 수 있다.
- 한국의 화폐의 단위를 알고, 다른 나라의 돈과 비교해 얼마인지 이야기할 수 있다.

1) 질문을 통해 학생들에게 주제를 추측하게 한다.

　📕 "한국에 얼마짜리 지폐가 있어요?"

　📕 "한국의 동전에는 무슨 그림이 있어요?"

2) 교재 150쪽을 보며 한국의 화폐에 대해 설명한다.

교수-학습 지침

교사는 한국의 화폐에 대해 설명한 뒤 제시하는 사진이나 그림을 보고 어떤 화폐인지 학생들이 맞춰 보는 게임 활동을 진행할 수 있다. 교사는 한국의 화폐에 그려져 있는 상징적인 인물이나 물건들이 있는 사진을 준비하고, 학생들을 3~4명을 한 조로 하여 팀을 나눈다. 그리고 사진을 보여 주면, 그것이 얼마짜리 화폐인지 학생들이 맞춰 보는 게임을 할 수 있도록 지도한다.

3) 교재 151쪽을 보며 여러 나라의 환율에 대해 설명한다.

교수-학습 지침

교사는 '햄버거, 콜라, 사이다, 버스비, 택시 요금' 등 모든 나라에서 일반적으로 접할 수 있는 재화의 가격을 알려 주고 각 나라에서는 얼마 정도인지 이야기를 해 보는 활동을 할 수 있도록 지도한다.

4) 본 문화와 관련하여 상호문화적 관점에서 이야기할 수 있도록 한다.

　📕 "여러분은 어느 나라의 돈을 가지고 있어요?"

　📕 "그 돈에 무슨 그림이 있어요?"

교수-학습 지침

교사는 학생들에게 여러 나라에서 사용하는 화폐에 대해 자료를 준비하고 다른 학생들에게 발표하는 활동을 할 수 있도록 지도한다.

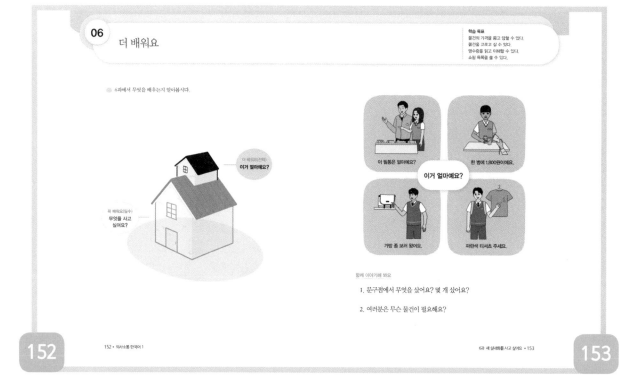

〈더 배워요〉 학습 목표

• 물건의 가격을 묻고 답할 수 있다.
• 물건을 고르고 살 수 있다.

7차시	• 가게에서 물건 가격을 묻고 답할 수 있다.
8차시	• 가게에서 원하는 물건을 고르고 구매할 수 있다.
9차시	• 영수증을 읽고 이해할 수 있다.
10차시	• 쇼핑 목록을 쓸 수 있다.

• 7차시 | 〈더 배워요〉 도입 및 대화해 봐요 1

〈더 배워요〉 도입 – 5분

1) 〈꼭 배워요〉의 목표 어휘 및 문법 등을 확인할 수 있는 질문을 통해 학생들이 해당 표현을 사용하여 답할 수 있도록 유도한다.
   📖 "백화점에서 무엇을 사고 싶어요?"
   📖 "여러분은 하얀색을 좋아해요, 까만색을 좋아해요? 무슨 색을 더 좋아해요?"
   📖 "친구한테 무엇을 해 줬어요?"

2) '대화해 봐요 1, 2'에서 학습할 내용을 대표하는 네 개의 그림들을 확인하며 학생들이 앞으로 배우게 될 주제 및 내용을 추측할 수 있도록 한다.
   📖 "(첫 번째 그림을 가리키며) 안나가 어디에 있어요?"
   📖 "무엇을 사러 왔어요?"
   📖 "(두 번째 그림을 가리키며) 호민이가 무엇을 사러 왔어요?"
   📖 "주스가 한 병에 얼마예요?"
   📖 "(세 번째 그림을 가리키며) 민우가 무엇을 사러 왔어요?"
   📖 "가방이 무슨 색이에요?"
   📖 "(네 번째 그림을 가리키며) 세인이가 무엇을 사러 왔어요?"
   📖 "티셔츠가 무슨 색이에요?"

3) '함께 이야기해 봐요'에 제시된 질문을 통해 이야기를 나눔으로써 '읽고 써 봐요'에서 학습할 내용을 추측하게 한다.
   📖 "문구점에서 무엇을 샀어요? 몇 개 샀어요?"
   📖 "여러분은 무엇이 필요해요?"

어휘 및 표현

어떤	◆ **정의** 사람이나 사물의 특징, 내용, 성격, 모양 등이 무엇인지 물을 때 쓰는 말. **예** 어떤 영화를 좋아해요? ◆ **정보** 학생들이 '어떤'과 '무슨'을 구별하여 쓸 수 있도록 유의시킨다. ● **설명** "질문해요. '무슨 영화를 봐요?' 그럼 대답해요. '해리포터를 봐요, 아이언맨을 봐요.' 그런데 여러분이 '어떤 영화를 봐요?' 질문해요. 그럼 대답해요. '공포 영화를 봐요, 코미디 영화를 봐요.'"
분홍색	◆ **정의** 흰색과 빨간색을 섞은 색. **예** 분홍색 티셔츠를 사고 싶어요. ● **설명** "(분홍색의 물건을 가리키며) 무슨 색이에요? 분홍색이에요."
묻다	◆ **정의** 다른 사람에게 대답이나 설명을 듣기 위해 말하는 질문. **예** 친구한테 공부 방법을 물었어요. ● **설명** "'묻다'는 '질문하다'와 의미가 비슷해요. 친구의 전화번호를 몰라요. 그럼 '전화번호가 뭐예요?' 하고 질문해요. 그리고 이것은 '묻다'예요."

전개 – 20분

1) 교사는 학생들에게 본 대화 내용을 소개하며 154쪽의 두 번째 QR 코드 속 영상을 보게 한다.

🔲 "안나가 무엇을 샀어요? 얼마예요? 함께 확인해 봐요."

2) 교사는 학생들이 대화의 전체 내용을 이해했는지 확인하는 질문을 한다.

🔲 "안나가 문구점에서 무엇을 샀어요?"
🔲 "안나가 필통하고 공책을 몇 개 샀어요?"

3) 교사는 학생들에게 대화문을 읽게 한다. 그리고 세부 내용을 이해했는지 확인하는 질문을 한다.

🔲 "분홍색 필통은 한 개에 얼마예요?"
🔲 "공책은 한 권에 얼마예요?"

4) 대화에 제시된 새 표현의 의미를 설명한다.

어휘 및 표현

얼마예요	◆ **정의** 잘 모르는 수량을 물어볼 때 쓰는 말. **예** 그 사과는 얼마예요? ● **설명** "가게에서 물건을 사고 싶어요. 그런데 가격을 몰라요. 그럼 점원에게 물어요. 얼마예요?"
계산하다	◆ **정의** 물건 값이나 비용을 내다. **예** 물건을 사고 값을 계산해요. ● **설명** "식당에서 밥을 먹어요. 그리고 밥을 다 먹으면 돈을 내요. '돈을 내다' 하고 '계산하다' 같아요. 계산해요."

[학습 목표]

- 가게에서 물건 가격을 묻고 답할 수 있다.
- 부가 문법: 요(조사)
- 목표 표현: ~은 얼마예요?
  ~개에 ~원이에요

본 대화는 안나가 문구점에서 물건을 구매하기 위해 점원과 묻고 답하는 상황이다.

도입 – 5분

1) 교사는 학생들에게 '대화해 봐요 1'의 내용을 추측할 수 있는 질문을 한다.

🔲 "여러분은 무슨 물건을 샀어요?"
🔲 "그 물건을 몇 개 샀어요? 얼마였어요?"

2) 교사는 학생들에게 154쪽의 첫 번째 QR 코드 속 영상을 보게 한다.

🔲 "안나하고 영수가 문구점에서 물건을 사요. 함께 확인해 봐요."

3) 교사는 학생들이 대화 내용을 잘 이해했는지 질문을 한다. 그리고 새 표현이 있다면 그 의미를 함께 설명한다.

🔲 "문구점에 무슨 색 필통이 있었어요?"
🔲 "영수는 안나에게 무슨 색 필통을 추천했어요?"

모두	◆ **정의** 빠짐없이 다 합쳐서. 　　**예** 책을 세 권 사면 모두 삼만 원이에요. ◆ **정의** 유의어 '다, 전부' ● **설명** "선생님의 가족은 할머니, 아버지, 어머니, 동생, 그리고 선생님이 있어요. 모두 몇 명이에요? '모두' 다섯 명이에요."

5) 교사는 학생들에게 대화문을 다시 한번 읽게 한다. 이때 역할을 나누는 등 다양한 방식으로 읽게 할 수 있다.

6) 교사는 다음의 절차에 따라 부가 문법 '요'(조사)에 대해 설명한다. 그리고 새로 제시되는 어휘가 있다면 그 의미를 함께 설명한다.

부가 문법　　　'요'

[설명]

📖 "무엇을 사고 싶어요? 친구에게 말해요. 신발. 하지만 선생님에게 '요'하고 같이 말해요. 신발요. '요'는 존대의 뜻을 나타내는 말이에요."

[예시]

· 저요.
· 선생님은요?
· 학교에서요.
· 동생한테요.

[정보]

▶형태 정보:

	받침 ○	받침 X
명사, 부사, 연결어미	요	

① 앞에 오는 말의 끝음절 받침 유무에 관계없이 '요'를 쓴다.

▶주의 사항:

① '요'는 해체의 종결 어미뿐만 아니라 명사, 부사, 조사, 연결어미 등에도 붙여 쓸 수 있다.

② 격식을 갖추어 말하거나 공식적인 상황보다는 비격식적인 상황에서 편하게 말할 때 사용한다.

7) 교사는 학생들에게 목표 표현에 대해 설명한다.

목표 표현 1　　　'~은 얼마예요?'

[설명]

📖 "가게에서 공책의 가격을 물어봐요. 이 공책은 얼마예요? '~은 얼마예요?'는 물건의 가격을 물을 때 사용하는 표현이에요."

[예시]

· 이거는 얼마예요?
· 이 가방은 얼마예요?

· 저거는 얼마예요?
· 저 티셔츠는 얼마예요?

목표 표현 2　　　'~에 ~원이에요'

[설명]

📖 "가게에서 사과 가격을 물어봐요. 이 사과는 얼마예요? 그럼 사장님이 대답해요. 한 개에 천 원이에요. '~에 ~원이에요'는 물건의 개수에 따른 가격을 말할 때 사용하는 표현이에요."

[예시]

· 지우개 한 개에 천 원이에요.
· 사과 다섯 개에 삼천 원이에요.
· 콜라 한 병에 이천 원이에요.
· 커피 한 잔에 삼천 팔백 원이에요.

8) 교사는 학생들에게 교재의 1번과 2번 문제를 풀게 한다.

9) 교사는 학생들과 함께 문제의 답을 확인한다.

정답
1. (1) ○ (2) × (3) ×
2. 문구점에서 볼펜을 사요. 한 개에 이천 원이에요. 문구점에서 공책을 세 권 사요. 한 권에 팔백 원이에요.

10) 교사는 학생들에게 155쪽의 첫 번째 QR 코드 속 영상을 보게 한다.

"안나는 어떤 필통을 샀어요? 함께 확인해 봐요."

11) 교사는 학생들이 대화 내용을 잘 이해했는지 질문을 한다. 그리고 새 표현이 있다면 그 의미를 함께 설명한다.

"안나는 무슨 색 필통을 샀어요?"

"호민이가 안나에게 무슨 말을 했어요?"

활용 – 10분

1) 교사는 학생들이 목표 표현을 사용하여 대답할 수 있도록 질문을 한다.

"가게에서 물건 가격을 알고 싶어요. 어떻게 질문해요?"

2) 교사는 질문을 통해 학생들이 '활용하기'의 대화 상황을 추측할 수 있도록 한다.

"호민이가 마트에서 주스를 사요. 점원에게 가격을 어떻게 물어요?"

3) 교사는 학생들에게 대화문을 읽게 한 후 대화의 내용을 이해했는지 확인하는 질문을 한다. 그리고 새 표현이 있다면 그 의미를 함께 설명한다.

"호민이가 마트에서 무엇을 샀어요?"

"오렌지 주스는 한 병에 얼마예요?"

4) 교사는 학생들에게 대화문을 다시 한번 읽게 한다. 이때 역할을 나누는 등 다양한 방식으로 읽게 할 수 있다.

어휘 및 표현

병	◆ 정의 물이나 주스, 가루 등을 담는 목이 좁은 유리 그릇, 또는 그 그릇을 셀 때 사용하는 단위. 예 음료수를 몇 병 샀어요? ● 설명 "물건을 세요. 한 개, 두 개, 세 개. 사람을 세요. 한 명, 두 명, 세 명. (병에 든 콜라를 보여 주며) 그럼 이것은 어떻게 세요? 말해요. 한 병, 두 병, 세 병."

교수–학습 지침

※ 고등학생 대상 수업의 경우 필수적으로 5분간 다음 활동을 추가로 진행함.

→ 교사는 짝 활동으로 학생들에게 점원과 손님이 되어 가게에서 물건 가격을 묻고 대답하는 역할극 활동을 하도록 지도한다.

정리 – 5분

교사는 학생들에게 155쪽의 '전체 대화를 들어 보세요' QR 코드 속 대화를 듣게 하고 수업을 마무리한다.

• 8차시 | 대화해 봐요 2

[학습 목표]

• 가게에서 원하는 물건을 고르고 구매할 수 있다.

• 부가 문법: -고(요)

• 목표 표현: ~은 어때요?
    ~도 –고(요)

본 대화는 민우가 백화점에서 사려고 하는 가방을 고르기 위해 점원과 묻고 답하는 상황이다.

도입 – 7분

1) 교사는 학생들에게 '대화해 봐요 2'의 내용을 추측할 수 있는 질문을 한다.

"여러분은 가방을 어디에서 샀어요?"

"그 가방을 왜 샀어요?"

2) 교사는 학생들에게 156쪽의 첫 번째 QR 코드 속 영상을 보게 한다.

"민우는 내일 뭐 하러 갈 거예요? 함께 확인해 봐요."

3) 교사는 학생들이 대화 내용을 잘 이해했는지 질문을 한다. 그리고 새 표현이 있다면 그 의미를 함께 설명한다.

"민우는 무슨 색깔 가방을 사고 싶어요?"

1) 교사는 학생들에게 본 대화 내용을 소개하며 156쪽의 두 번째 QR 코드 속 영상을 보게 한다.

　📺 "민우는 어떤 가방을 사요? 함께 확인해 봐요."

2) 교사는 학생들이 대화의 전체 내용을 이해했는지 확인하는 질문을 한다.

　📺 "민우가 무슨 색 가방을 샀어요?"

3) 교사는 학생들에게 대화문을 읽게 한다. 그리고 세부 내용을 이해했는지 확인하는 질문을 한다.

　📺 "까만색 가방은 누가 많이 사요?"

　📺 "하얀색 가방은 가격이 비싸요?"

4) 대화에 제시된 새 표현의 의미를 설명한다.

어휘 및 표현

어서 오세요	◆ **정의** 손님을 맞을 때 사용하는 표현. 　예 손님, 어서 오세요. ◆ **정보** '어서 오세요'는 관용적인 표현으로 환영한다는 의미이다. ● **설명** "가게에 손님이 들어가면 점원이 인사해요. 어서 오세요."
무엇을 찾으세요?	◆ **정의** 가게에서 점원이 물건을 고르는 손님을 도와주기 위해 하는 표현. 　예 손님, 어떤 물건을 찾으세요? ● **설명** "여러분이 가게에서 필통을 사고 싶어요. 그래서 가게에서 필통을 여기저기 찾아요. 그럼 점원이 물어요. '무엇을 찾으세요?'. 그럼 여러분은 대답해요. '필통을 사고 싶어요'."
회사원	◆ **정의** 회사에 속해서 일하는 사람. 　예 우리 아버지는 회사원이에요. ● **설명** "회사에서 일해요. 직업이 뭐예요? '회사원'이에요."
색깔	◆ **정의** 빛을 받아 물체가 나타내는 빛이나 색. 　예 과일은 색깔이 다양해요. ● **설명** "(여러 가지 색깔 그림을 보여 주며) 하얀색, 검은색, 노란색, 빨간색. 이것은 모두 '색깔'이에요."
생각하다	◆ **정의** 사람이 머리를 써서 판단하거나 인식하다. 　예 잘 생각하고 답을 쓰세요. ● **설명** "친구 생일 선물을 살 거예요. 무엇을 사요? 모자? 책? (검지를 이마에 대고) '생각하다', 생각해요."
가격	◆ **정의** 물건의 가치를 돈으로 나타낸 것. 　예 이 모자의 가격은 삼만 원이에요. ● **정보** 유의어 '값' ● **설명** "이 공책은 천 원이에요. 그리고 이 연필은 팔백 원이에요. 천 원, 팔백 원. 이것은 '가격'이에요."

5) 교사는 학생들에게 대화문을 다시 한번 읽게 한다. 이 때 역할을 나누는 등 다양한 방식으로 읽게 할 수 있다.

6) 교사는 다음의 절차에 따라 부가 문법 '-고(요)'에 대해 설명한다. 그리고 새로 제시되는 어휘가 있다면 그 의미를 함께 설명한다.

부가 문법　　'-고(요)'

[설명]

　📺 "민우는 공부를 열심히 해요. 그리고 착해요. 이 말을 '민우는 공부를 열심히 해요. 착하고요.'라고 말해요. '-고(요)'는 앞의 말에 더하거나 계속 이어서 말할 때 사용하는 표현이에요."

[예시]

· 오늘은 날씨가 안 좋아요. 비도 오고요.
· 커피숍에서 친구하고 공부를 했어요. 이야기도 했고요.
· 너무 피곤해. 머리도 좀 아프고.
· 신발을 사고 싶어요. 새 옷도 사고 싶고요.

[정보]

▶형태 정보:

	받침 ○	받침 X
동사, 형용사	-고(요)	

① 동사 및 형용사 어간 끝음절의 받침 유무에 관계없이 '-고(요)'를 쓴다.

② '이다, 아니다'는 '-고'를 쓴다. 단, '이다' 앞의 명사에 받침이 없으면 주로 '명사+고'라고 쓴다.

▶주의 사항:

① '-고'는 말하는 사람보다 아랫사람이거나 친한 친구 사이에서 사용하며 높임 표현으로는 조사 '요'가 결합한 '-고요'의 형태로 사용한다.

7) 교사는 학생들에게 목표 표현에 대해 설명한다.

목표 표현 1　　'~은 어때요?'

[설명]

　📺 "'~은 어때요?'는 어떤 일이나 물건, 사람에 대해 의견을 물을 때 쓰는 표현이에요."

[예시]

· 가: 무슨 색 티셔츠를 살까?
　나: 이 까만색 티셔츠는 어때?
· 가: 우리 언제 만날까요?
　나: 토요일은 어때요?

목표 표현 2　　'~도 -고(요)'

[설명]

　📺 "'~도 -고(요)'는 앞 말에 어떤 내용을 계속 이어서 말할 때 쓰는 표현이에요."

[예시]

· 이 신발은 사이즈가 잘 맞아요. 디자인도 예쁘고요.
· 이 모자가 마음에 들어요. 가격도 싸고요.
· 나는 사과를 좋아해. 딸기도 좋아하고.
· 냉장고에 케이크가 있어. 아이스크림도 있고.

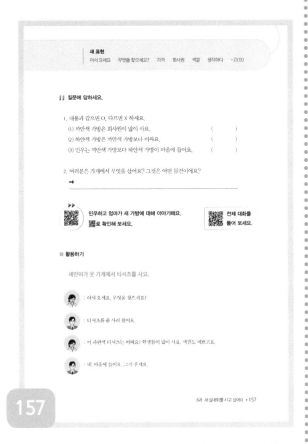

8) 교사는 학생들에게 교재의 1번과 2번 문제를 풀게 한다.

9) 교사는 학생들과 함께 문제의 답을 확인한다.

정답
1. (1) ○ (2) × (3) ○
2. 백화점에서 티셔츠를 샀어요. 하얀색 티셔츠예요. 예뻐요. 가격도 싸고요.

10) 교사는 학생들에게 157쪽의 첫 번째 QR 코드 속 영상을 보게 한다.
　　📖 "민우하고 엄마가 새 가방에 대해 이야기를 해요. 함께 확인해 봐요."

11) 교사는 학생들이 대화 내용을 잘 이해했는지 질문을 한다. 그리고 새 표현이 있다면 그 의미를 함께 설명한다.
　　📖 "민우는 왜 하얀색 가방을 샀어요?"

교사 지식

'무엇을 찾으세요?'는 어떤 동작이나 상태를 높이는 뜻을 나타내는 어미인 '-으시-'가 결합한 표현으로 이전에 학생들이 배우지 않은 문법이다. 따라서 이 표현은 문법적인 설명 대신 가게에서 점원들이 관용적으로 사용하는 덩어리 표현으로써 학생들이 익히도록 지도한다.

활용 – 10분

1) 교사는 학생들이 목표 표현을 사용하여 대답할 수 있도록 질문을 한다.
　　📖 "물건을 고르고 있어요. 친구에게 의견을 묻고 싶어요. 어떻게 질문해요?"
　　📖 "여러분은 가방이 마음에 들어요? 무엇이 마음에 들어요?"

2) 교사는 질문을 통해 학생들이 '활용하기'의 대화 상황을 추측할 수 있도록 한다.
　　📖 "세인이가 옷 가게에서 티셔츠를 사요. 점원과 무슨 대화를 할까요?"

3) 교사는 학생들에게 대화문을 읽게 한 후 대화의 내용을 이해했는지 확인하는 질문을 한다. 그리고 새 표현이 있다면 그 의미를 함께 설명한다.
　　📖 "세인이가 무엇을 사러 왔어요?"
　　📖 "세인이가 어떤 티셔츠를 샀어요?"

4) 교사는 학생들에게 대화문을 다시 한번 읽게 한다. 이때 역할을 나누는 등 다양한 방식으로 읽게 할 수 있다.

교수–학습 지침

※ 고등학생 대상 수업의 경우 필수적으로 5분간 다음 활동을 추가로 진행함.
➔ 교사는 학생들에게 짝 활동으로 가게에서 물건에 대해 의견을 묻고 대답하며 원하는 것을 고르는 활동을 할 수 있도록 지도한다.

정리 – 8분

교사는 학생들에게 157쪽의 '전체 대화를 들어 보세요' QR 코드 속 대화를 듣게 하고 수업을 마무리한다.

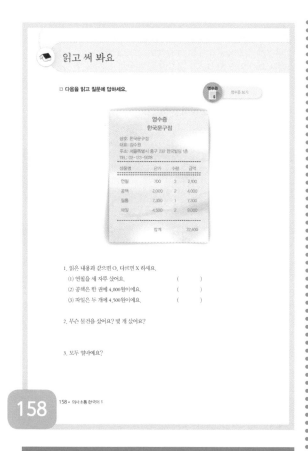

1. 읽은 내용과 같으면 O, 다르면 X 하세요.
   (1) 연필을 세 자루 샀어요.   (   )
   (2) 공책은 한 권에 4,000원이에요.   (   )
   (3) 파일은 두 개에 4,500원이에요.   (   )

2. 무슨 물건을 샀어요? 몇 개 샀어요?

3. 모두 얼마예요?

● 9차시 | 읽고 써 봐요 – 읽기

[학습 목표]
- 영수증을 읽고 이해할 수 있다.

본 활동은 영수증의 내용을 읽고 그 내역을 이해하기 위한 활동이다.

읽기 전 – 5분

교사는 학생들에게 읽기 내용을 추측할 수 있는 질문을 한다.
   📖 "문구점에서 무슨 물건을 샀어요? 몇 개 샀어요?"
   📖 "물건을 고르고 계산해요. 그리고 점원에게 무엇을 받아요?"

읽기 중 – 25분

1) 교사는 학생들에게 읽기 지문을 큰 소리로 따라 읽게 한다.

2) 교사는 학생들이 대화의 전체 내용을 이해했는지 확인하는 질문을 한다.
   📖 "어디에서 샀어요?"
   📖 "무슨 물건을 샀어요?"

3) 교사는 학생들에게 읽기 지문을 읽게 한다. 그리고 세부 내용을 이해했는지 확인하는 질문을 한다.
   📖 "연필 한 개에 얼마예요?"

   📖 "연필을 몇 개 샀어요?"
   📖 "모두 얼마예요?"

4) 읽기 지문에 제시된 새 표현의 의미를 설명한다.

어휘 및 표현

영수증	◆ 정의 물건을 사고 판 사실과 값을 적은 종이. 예 옷을 바꾸고 싶으면 영수증이 필요해요. ● 설명 (영수증 사진을 보여 주며) "가게에서 물건을 계산해요. 그리고 이것을 받아요. 이것은 '영수증'이에요."
파일	◆ 정의 서류들을 하나로 묶어 두게 만드는 도구. 예 시험지를 파일에 모아요. ● 설명 (파일 사진을 보여 주며) "뭐예요? 이것은 '파일'이에요."
합계	◆ 정의 하나로 묶어서 계산하거나 그렇게 계산해서 나온 가격. 예 이 물건들의 합계가 얼마예요? ● 설명 "이 볼펜이 이천 원이에요. 그리고 이 지우개는 오백 원이에요. '합계'는 얼마예요? 이천 오백 원이에요."
자루	◆ 정의 길쭉하게 생긴 필기도구나 연장, 무기 등을 세는 단위. 예 볼펜 세 자루를 살 거예요. ● 설명 "연필하고 볼펜을 세요. 말해요. 한 자루, 두 자루, 세 자루."
금액	◆ 정의 돈의 액수. 예 영수증을 보면 물건의 금액을 알 수 있어요. ◆ 정보 목표 표현은 아니지만 읽기 텍스트의 이해를 돕기 위해 간단히 설명해 준다. ● 설명 "금액은 '값, 가격'과 의미가 비슷해요."

> **교사 지식**
> 본 읽기는 영수증의 실제성을 보여 주는 그림으로 제시되어 있기 때문에 사용된 어휘 중에는 중급 이상의 어휘가 포함되어 있다. 따라서 본 읽기에서는 모든 어휘를 학생들에게 알려 주기보다는 텍스트를 이해하기 위해 반드시 필요한 핵심 어휘만을 교수하도록 한다.

읽기 후 – 10분

1) 교사는 학생들에게 교재의 문제를 풀게 한다.

2) 교사는 학생들과 함께 문제의 답을 확인한다.

> **정답**
> 1. (1) ○   (2) ×   (3) ×
> 2. 연필을 세 개 샀어요. 공책을 두 권 샀어요. 필통을 한 개 샀어요. 과일을 두 개 샀어요.
> 3. 모두 이만 이천 사백 원이에요.

3) 교사는 질문을 통해 읽기 내용을 재확인하며 수업을 마무리한다.
   📖 "무슨 글을 읽었어요?"
   📖 "무엇을 샀어요? 모두 얼마예요"

159

● 10차시 | 읽고 써 봐요 – 쓰기

[학습 목표]
• 쇼핑 목록을 쓸 수 있다.

본 활동은 사고 싶은 물건을 고르고 구매 목록과 값을 써 보도록 하는 활동이다.

쓰기 전 – 5분

1) 교사는 학생들에게 쓰기 내용을 추측할 수 있는 질문을 한다.
📖 "여러분은 무슨 물건을 사고 싶어요?"
📖 "그 물건의 가격은 얼마예요?"

2) 교사는 학생들에게 어떤 쓰기 활동을 할 것인지 명확히 알려 준다.
📖 "이번 시간에 사고 싶은 물건을 쓸 거예요."

쓰기 중 – 30분

1. 제시된 물건 중에 사고 싶은 물건의 가격을 한글로 쓰는 활동이다.

1) 교사는 학생들에게 무엇을 써야 하는지 알려 준다. 그리고 새 표현이 있다면 그 의미를 함께 설명한다.
📖 "여기는 문구점이에요. 여기에서 무엇을 사고 싶어요? 가격이 얼마예요? 가격을 읽고 한글로 쓸 거예요."
📖 "사고 싶은 물건을 고르세요. 그리고 그 물건의 가격을 읽고 한글로 써 보세요."

2) 교사는 학생들에게 원하는 물건을 고르고 가격을 쓰게 한다. 이때 교사는 학생들에게 개별적으로 쓰기 지도를 할 수 있다.

2. 구매 목록을 쓰는 활동이다.

1) 교사는 학생들에게 무엇을 써야 하는지 알려 준다. 그리고 새 표현이 있다면 그 의미를 함께 설명한다.
📖 "무엇을 사고 싶어요? 몇 개 살 거예요? 가격이 얼마예요? 그리고 그것을 다 사면 모두 얼마예요?"
📖 "사고 싶은 물건을 쓸 거예요."
📖 "(교재에 제시된 표에서 '물건 이름은?'이 있는 열을 가리키며) 여기에 물건 이름을 쓰세요."
📖 "('가격은?'이 있는 표의 열을 가리키며) 여기에 그 물건의 가격을 쓰세요."
📖 "그 물건을 몇 개 살 거예요? ('몇 개?'가 있는 표의 열을 가리키며) 여기에 쓰세요."

2) 교사는 학생들에게 구매 목록을 쓰게 한다. 이때 교사는 학생들에게 개별적으로 쓰기 지도를 할 수 있다.

쓰기 후 – 10분

1) 쓰기 활동이 모두 마무리되면 교사는 학생들에게 각자 쓴 것을 발표하게 한다.

2) 교사는 물건 가격과 구매 목록 내용에 대해 다시 한 번 정리하며 수업을 마무리한다.

7과 우리 라면 먹을까?

● 단원 목표

다른 사람에게 제안하고 행동의 이유를 말할 수 있다.

● 단원 내용

꼭 배워요 (필수)	• 주제: 음식
	• 기능: 음식 제안하고 주문하기, 행동의 이유 표현하기
	• 어휘: 음식 관련 어휘, 형용사(2)
	• 문법: -을까(요)(제안), -지만, -을 수 있다/없다, -어서(이유)
문화	• 문화: 한국의 음식을 맛보다
더 배워요 (선택)	• 대화 1: 식당에서 음식 고르고 주문하기 • 대화 2: 전화로 음식 주문하기
	• 읽기: 식당 소개 글
	• 쓰기: 식당 소개 쓰기

● 수업 개요

	〈꼭 배워요〉 학습 목표
	• 다른 사람에게 제안할 수 있다. • 행동의 이유를 말할 수 있다.
1차시	• 도입 대화를 통해 본 단원의 주제에 대해 이해하고 말할 수 있다.
2차시	• 음식과 맛 관련 어휘와 표현을 알고 활용할 수 있다.
3차시	• 다른 사람에게 함께 하고 싶은 행동을 묻거나 제안할 수 있다. • '-을까(요)'를 사용하여 다른 사람에게 의견을 묻거나 제안할 수 있다.
4차시	• 서로 반대되는 두 가지 사실을 연결하여 의견을 말할 수 있다. • '-지만'을 사용하여 앞말과 뒷말이 서로 반대되는 내용임을 표현할 수 있다.

5차시	• 어떤 일을 할 수 있는지 여부를 묻고 답할 수 있다. • '-을 수 있다/없다'를 사용하여 능력의 유무를 묻고 답할 수 있다.
6차시	• 행동에 대한 이유나 근거를 설명할 수 있다. • '-어서'를 사용하여 어떤 행동의 이유나 근거를 말할 수 있다.

● 1차시 | 복습 및 〈꼭 배워요〉 도입

[학습 목표]
• 도입 대화를 통해 본 단원의 주제에 대해 이해하고 말할 수 있다.

복습 – 20분

6단원에서 배운 주제 및 문법에 대해 복습한다.

1) 교사는 지난 단원의 주제와 관련된 질문을 하여 학생들에게 학습한 내용을 떠올리게 한다.
   📋 "필통을 사고 싶어요. 어디에 가요?"
   📋 "문구점에서 무엇을 샀어요?"
   📋 "얼마예요?"

2) 교사는 '-고 싶다'와 관련된 질문을 하여 학생들에게 학습한 내용을 떠올리게 한다.
   📋 "백화점에 갔어요. 무엇을 사고 싶어요?"
   📋 "방학이에요. 어디에 가고 싶어요?"

3) 교사는 '-지 않다'와 관련된 질문을 하여 학생들에게 학습한 내용을 떠올리게 한다.
   📋 "우유를 좋아해요?"
   📋 "오늘 비가 와요?/오늘 날씨가 좋아요?"

4) 교사는 '보다'와 관련된 질문을 하여 학생들에게 학습한 내용을 떠올리게 한다.
   📋 "까만색하고 하얀색이 있어요. 여러분은 무슨 색을 더 좋아해요?"
   📋 "축구를 더 좋아해요? 농구를 더 좋아해요?"
   📋 "산에 가고 싶어요? 바다에 가고 싶어요? 어디에 더 가고 싶어요?"

5) 교사는 '-어 주다'와 관련된 질문을 하여 학생들에게 학습한 내용을 떠올리게 한다.
   📋 "선생님이 말했어요. 여러분은 그 말을 다시 한번 듣고 싶어요. 그럼 선생님에게 어떻게 말해요?"
   📋 "선생님 전화번호를 알고 싶어요. 친구는 선생님 전화번호를 알아요. 친구에게 어떻게 말해요?"

교수-학습 지침
교사는 학생들에게 가지고 있는 물건의 가격을 서로 묻고 답하는 짝 활동을 하게 할 수 있다. 이때 교사는 지난 단원에서 배운 '-고 싶다', '-지 않다', '보다', '-어 주다' 중 세 가지 이상의 문법을 사용하여 대화문을 만들 수 있도록 지도한다.

161

〈꼭 배워요〉 도입 – 25분

1) 교사는 학생들과 교재 161쪽의 그림을 보면서 학습하게 될 주제에 대해 이야기한다.
   📋 "여기가 어디예요?"
   📋 "여기에 무슨 음식이 있어요?"
   📋 "여러분도 분식집에 갔어요? 거기에서 뭘 먹었어요?"

2) 교사는 학생들에게 교재 161쪽의 대화를 읽게 한다. 그리고 세부 내용을 이해했는지 확인하는 질문을 한다.
   📋 "이 분식집은 무엇이 맛있어요?"
   📋 "와니하고 호민이는 무슨 음식을 시켜요?"

3) 교사는 학생들에게 '함께 이야기해 봐요'의 질문을 하면서 단원의 주제를 도입한다.
   📋 "여러분은 무슨 음식을 좋아해요?"
   📋 "친구들과 무슨 음식을 먹고 싶어요?"

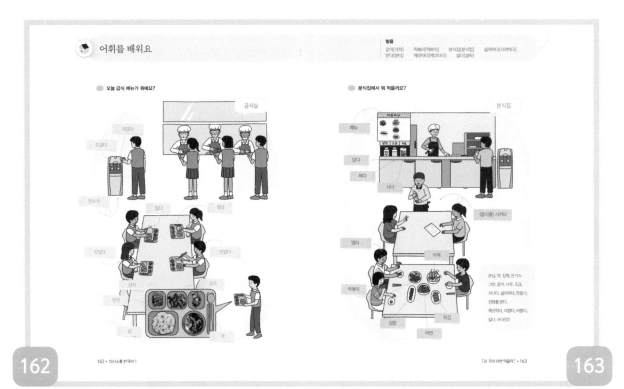

162 • 의사소통 한국어 1

7과 우리 라면 먹을까? • 163

• 2차시 | 어휘를 배워요

[학습 목표]
• 음식과 맛 관련 어휘와 표현을 알고 활용할 수 있다.

본 대화는 단원에는 급식실과 분식집을 배경으로 하여 음식과 맛 표현에 관련된 어휘 및 표현이 제시되어 있다.

도입 – 5분

1) 교사는 질문을 통해 학습하게 될 어휘 및 표현을 자연스럽게 노출한다.
   📖 "여러분 어디에서 점심을 먹어요?"
   📖 "무슨 음식을 잘 먹어요?"
   📖 "무슨 음식을 안 먹어요? 그 이유가 뭐예요?"

2) 교사는 학생들과 제시된 그림을 보며 이야기를 나눈다.
   📖 "162쪽 그림을 보세요. 급식실에서 무슨 음식을 먹어요?"
   📖 "163쪽 그림을 보세요. 분식집에서 무슨 음식을 먹어요?"

전개 – 35분

1. 급식실을 배경으로 하여 제시되는 음식 관련 어휘 및 표현이다.

1) 교사는 다음에 제시되는 내용을 참고하여 학생들에게 어휘 및 표현을 설명한다. 이때 새로 등장하는 발음 규칙이 있다면 함께 설명한다.

차갑다	◆ **정의** '어떤 것의 온도가 낮다.' 또는 '어떤 것의 온도가 낮아서 피부에 닿는 느낌이 차다.' 예 얼음이 차가워요. ◆ **정보** 반의어 '뜨겁다.' 처음 등장하는 'ㅂ' 불규칙 어휘이므로 활용형을 설명해 준다. ● **설명** "(아이스크림 사진을 보여 주며) 아이스크림이 어때요? '차갑다', 아이스크림이 차가워요."
뜨겁다	◆ **정의** 어떤 것의 온도가 높다. 예 커피가 뜨거워요. ◆ **정보** 반의어 '차갑다' ● **설명** "(김이 나는 커피 사진을 보여 주며) 지금 커피가 어때요? '뜨겁다', 커피가 뜨거워요."
많다	◆ **정의** 수나 양. 정도가 일정한 기준을 넘는다. 예 식당에 사람이 많아요. ● **설명** "(사과가 많은 사진과 적은 사진을 대조하여 보여 주고 사과가 많이 있는 사진을 가리키며) 사과가 '많다', 사과가 많아요."
적다	◆ **정의** 수나 양, 정도가 일정 기준에 넘치지 못하다. 예 밥이 너무 적어요. ◆ **정보** 반의어 '많다' ● **설명** "(사과가 많은 사진과 적은 사진을 대조하여 보여 주고 사과가 적게 있는 사진을 가리키며) 사과가 많지 않아요. '적다', 사과가 적어요."

맛있다	◆ **정의** 음식의 맛이 좋다. **예** 빵이 맛있어요. ◆ **정보** 반의어 '맛없다' ● **설명** "음식을 먹어요. (미소를 짓고 엄지를 들며) '맛있다', 음식이 맛있어요."
맛없다	◆ **정의** 음식의 맛이 안 좋다. **예** 약이 맛없어요. ◆ **정보** 반의어 '맛있다' ● **설명** "음식을 먹어요. (인상을 찡그리며) '맛없다', 음식이 맛없어요."
밥	◆ **정의** 쌀에 물을 넣고 요리한 음식. **예** 밥을 좀 더 주세요. ● **설명** "(공깃밥 사진을 보여 주며) '밥'이에요. 여러분은 아침에 밥을 먹어요? 빵을 먹어요?"
국	◆ **정의** 고기, 생선, 채소 등에 물을 넣고 끓인 음식. **예** 밥하고 국을 먹었어요. ● **설명** "(여러 가지 '국' 사진을 보여 주며) 이것은 국이에요. 밥과 국을 같이 먹어요."
김치	◆ **정의** 배추나 무 등의 채소를 소금에 절인 후 양념에 버무려 발효시켜서 만든 음식. **예** 라면하고 김치를 먹어요. ● **설명** "(김치 사진을 보여 주며) 이 음식이 뭐예요? 김치예요."
고기	◆ **정의** 음식으로 먹는 동물의 살. **예** 저는 고기를 좋아해요. ◆ **정보** 소, 돼지, 닭, 양 등 동물의 이름을 함께 제시하여 고기의 종류를 함께 알려 준다. ● **설명** "(고기 사진을 보여 주며) 고기예요. '소고기, 돼지고기, 닭고기' 말해요."

2) 교사는 질문을 통해 학생들이 어휘 및 표현을 잘 이해했는지 확인한다.

🔲 "(162쪽 그림에서 식판의 음식들을 가리키며) 이것이 뭐예요?"

🔲 "이 음식 맛이 어때요?"

> **교사 지식**
>
> '뜨겁다, 차갑다, 맵다'의 어휘를 학습하면서 'ㅂ' 불규칙 활용에 대해 함께 설명하도록 한다.
> ➡ 'ㅂ' 불규칙 활용 ▶ 끝음절 받침이 'ㅂ'으로 끝나는 용언의 어간 뒤에 모음으로 시작하는 어미가 오면 'ㅂ'이 '오'나 '우'로 바뀌어 활용되는 것을 말한다.
> **예** 뜨겁다+어요→뜨거워요. 차갑다+어요→차가워요.
> ※규칙 활용으로는 '입다, 좁다' 등이 있다.

2. 분식집을 배경으로 하여 제시되는 음식 관련 어휘 및 표현이다.

1) 교사는 다음에 제시되는 내용을 참고하여 학생들에게 어휘 및 표현을 설명한다. 이때 새로 등장하는 발음 규칙이 있다면 함께 설명한다.

분식집	◆ **정의** 김밥, 떡볶이, 라면 등 간단하게 먹을 수 있는 음식을 파는 가게. **예** 분식집에서 라면을 먹어요. ● **설명** "(분식집 사진을 보여 주며) 여기에서 떡볶이, 어묵, 라면, 김밥을 팔아요. 여기는 분식집이에요."
시키다	◆ **정의** 식당에서 음식을 가지고 오게 하다. **예** 식당에서 김밥하고 라면을 시켜요. ● **설명** "식당에 갔어요. 말해요. 여기요, 비빔밥 주세요. '비빔밥을 시키다', 비빔밥을 시켜요."
메뉴	◆ **정의** 식당에서 파는 음식의 종류와 가격을 적은 판. **예** 여기 메뉴 좀 주세요. ● **설명** "(식당의 메뉴판을 보여 주며) 이 식당에 무슨 음식이 있어요? 알고 싶어요. 그럼 메뉴를 봐요."
튀김	◆ **정의** 생선이나 고기를 밀가루에 묻혀서 기름에 튀긴 음식. **예** 새우튀김을 먹어요. ● **설명** "(튀김 사진을 보여 주며) 무슨 음식이에요? 튀김이에요."
어묵	◆ **정의** 생선의 살을 으깨서 소금, 밀가루 등을 넣고 반죽해서 익힌 음식. **예** 생선으로 어묵을 만들어요. ● **설명** "(어묵 사진을 보여 주며) 이것은 어묵이에요."
라면	◆ **정의** 기름에 튀겨 말린 국수와 가루 스프가 있어서 물에 끓여 먹는 간편한 음식. **예** 배가 고프면 라면을 먹어요. ● **설명** "(라면 사진을 보여 주며) 무슨 음식이에요? 라면이에요."
김밥	◆ **정의** 밥과 여러 가지 반찬을 김으로 말아 싸서 썰어 먹는 음식. **예** 편의점에서 김밥을 사요. ● **설명** "(김밥 사진을 보여 주며) 무슨 음식이에요? 김밥이에요."
떡볶이	◆ **정의** 가래떡을 잘라서 고추장이나 간장 등의 양념과 여러 가지 채소를 넣고 볶은 음식. **예** 떡볶이하고 어묵을 먹었어요. ● **설명** "(떡볶이 사진을 보여 주며) 무슨 음식이에요? 떡볶이에요."
맵다	◆ **정의** 고추장처럼 맛이 화끈하고 혀가 아픈 느낌이 있는 맛. **예** 떡볶이가 너무 매워요. ● **설명** "(떡볶이 사진을 보여 주며) 떡볶이가 맛이 어때요? '맵다', 떡볶이가 매워요."
달다	◆ **정의** 설탕이나 꿀과 같은 맛. **예** 사탕이 달고 맛있어요. ● **설명** "(사탕 사진을 보여 주며) 사탕 맛이 어때요? '달다', 사탕이 달아요."
짜다	◆ **정의** 소금과 같은 맛. **예** 라면이 좀 짜요. ● **설명** "(소금 사진을 보여 주며) 소금이에요. 맛이 어때요? '짜다', 소금이 짜요."

시다	◆ 정의 레몬 같은 맛. 예 레몬이 무척 시어요. ● 설명 "(레몬 사진을 보여 주며) 레몬이에요. 맛이 어때요? '시다', 레몬이 시어요."

2) 교사는 질문을 통해 학생들이 어휘 및 표현을 잘 이해했는지 확인한다.
- 🎓 "떡볶이와 튀김을 먹고 싶어요. 어디에 가요?"
- 🎓 "(163쪽 그림에서 분식집 식탁 위의 음식을 가리키며) 분식집에 무슨 음식이 있어요?"
- 🎓 "그 음식 맛이 어때요?"

교수-학습 지침
※ 고등학생 대상 수업의 경우 필수적으로 5분간 다음 활동을 추가로 진행함.
→ 교사는 준비물로 목표 어휘에 대한 그림 카드를 준비한다. 학생들에게 그림 카드를 보여 주고 무슨 음식인지 대답하는 활동을 할 수 있도록 지도한다.

정리 – 5분

교사는 질문을 통해 어휘 및 표현 학습을 마무리한다.
- 🎓 "오늘 급식 메뉴가 뭐예요?"
- 🎓 "분식집에 무슨 음식이 있어요?"
- 🎓 "소금/설탕/레몬 맛이 어때요?"

교사 지식
→ '떡볶이[떡뽀끼], 분식집[분식찝]'의 발음 규칙:
- 경음화 ▶ 1과 64쪽 참고
→ '넓다[널따]'의 발음 규칙:
- 겹받침의 경음화 ▶ 겹받침 'ㄼ, ㄾ' 뒤에 결합되는 어미의 첫소리 'ㄱ, ㄷ, ㅅ, ㅈ'은 된소리로 발음한다.
→ '깨끗하다[깨끄타다]'의 발음 규칙:
- 'ㅎ' 축약 ▶ 3과 104쪽 참고
→ '같이[가치]'의 발음 규칙:
- 구개음화 ▶ 'ㄷ, ㄸ, ㅌ'이 'ㅣ' 앞에서 각각 경구개음 'ㅈ, ㅉ, ㅊ'로 바뀌는 현상

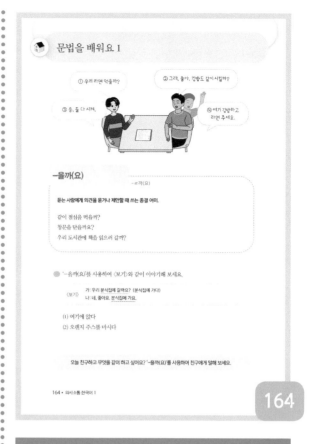

164 • 의사소통 한국어 1

164

• 3차시 | 문법을 배워요 1

[학습 목표]
- 다른 사람에게 함께 하고 싶은 행동을 묻거나 제안할 수 있다.
- '-을까(요)'를 사용하여 다른 사람에게 의견을 묻거나 제안할 수 있다.

도입 – 5분

1) 교사는 학생들에게 대화문을 읽게 한다. 그리고 학생들이 대화 상황을 이해했는지 확인 질문을 한다.
- 🎓 "정호와 영수는 지금 어디에 있어요?"
- 🎓 "두 사람은 무슨 음식을 시켜요?"
2) 교사는 학생들에게 목표 문법의 의미를 추측할 수 있는 질문을 한다.
- 🎓 "영수는 라면을 먹고 싶어요. 영수는 정호에게 어떻게 말했어요?"
- 🎓 "정호는 김밥도 먹고 싶어요. 정호는 영수에게 어떻게 말했어요?"

전개 – 35분

다음의 절차에 따라 문법에 대해 설명한다. 그리고 새로 제시되는 어휘 및 표현이 있다면 그 의미를 함께 설명한다.

[설명]

📖 "분식집에 왔어요. 나는 튀김을 먹고 싶어요. 친구에게 말해요. 우리 튀김을 먹을까? '-을까(요)'는 말하는 사람이 듣는 사람에게 의견을 묻거나 제안할 때 사용해요."

[예시]

· 우리 같이 영화를 볼까?
· 도서관에서 책을 읽을까?
· 날씨가 더워요. 창문을 열까요?
· 분식집에서 김밥을 먹을까요?

[정보]

▶형태 정보:

	받침 ○	받침 X, 'ㄹ' 받침
동사	-을까(요)	-ㄹ까(요)

① 동사 어간 끝음절에 받침이 있으면 '-을까(요)', 동사 어간 끝음절에 받침이 없거나 'ㄹ' 받침으로 끝나면 '-ㄹ까(요)'를 쓴다. 단, 'ㄹ' 받침으로 끝날 때는 'ㄹ'이 탈락한다.

② 이전에 제시되었던 모든 활용 변화를 함께 제시해 준다.
· 'ㄷ' 불규칙: 듣다→들을까요? 걷다→걸을까요?

▶제약 정보:

① 형용사와는 결합하지 않는다.

② 제안을 뜻하는 '-을까(요)'에는 3인칭 주어를 쓸 수 없으며, 3인칭이 올 경우에는 추측의 의미를 갖는 의문문이 된다.

▶주의 사항:

① '-을까(요)'는 의견을 묻거나 제안하는 의미와 추측의 의미가 있으나 본 단원에서는 의견을 묻거나 제안하는 의미만을 학습하므로 이에 유의하여 예문을 제시해 준다.

② 추측의 의미는 〈의사소통 한국어〉 2권에서 제시되고 있다.

[확인]

교사는 문법을 설명한 뒤 '연습 문제'를 통해 학생들이 문법을 이해했는지 확인한다.

> 정답
> (1) 여기에 앉을까요, 여기에 앉아요
> (2) 오렌지 주스를 마실까요, 오렌지 주스를 마셔요

어휘 및 표현

같이	◆ 정의 둘 이상의 물건이나 사람과 함께. 📖 라면하고 김치를 같이 먹으면 맛있어요. ● 설명 "백화점에 가요. 혼자 가요? 아니요, 친구도 가요. 친구하고 백화점에 같이 가요."

교수-학습 지침

※ 고등학생 대상 수업의 경우 필수적으로 5분간 다음 활동을 추가로 진행함.

→ 교사는 학생들에게 목표 문법을 활용할 수 있는 새로운 화제를 제시할 수 있다.

📖 "친구와 분식집에 갔어요. 같이 무슨 음식을 먹고 싶어요? '-(으)ㄹ까요'를 사용하여 친구에게 말해 보세요."

> 예시 답안
> 우리 튀김을 먹을까? 우리 콜라를 마실까?

정리 – 5분

1) 교사는 학생들에게 대화문을 다시 한번 읽게 한다.

2) 교사는 교재에 제시된 열린 질문을 통해 학생들에게 배운 문법을 활용하여 자유롭게 이야기를 나누게 한다.

📖 "오늘 친구들하고 무엇을 같이 하고 싶어요? '-을까(요)'를 사용해서 말해 보세요."

> 예시 답안
> 우리 축구할까? 우리 음악을 들을까?

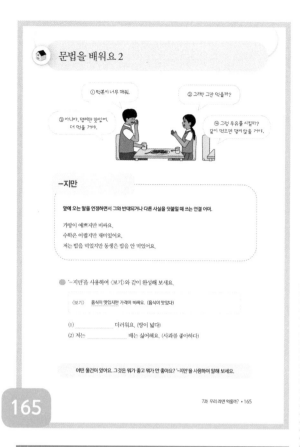

● 4차시 | 문법을 배워요 2

[학습 목표]

- 서로 반대되는 두 가지 사실을 연결하여 의견을 말할 수 있다.
- '-지만'을 사용하여 앞말과 뒷말이 서로 반대되는 내용임을 표현할 수 있다.

도입 – 5분

1) 교사는 학생들에게 대화문을 읽게 한다. 그리고 학생들이 대화 상황을 이해했는지 확인 질문을 한다.

　🔲 "와니와 호민이가 어디에서 무엇을 해요?"

　🔲 "떡볶이하고 무엇을 같이 먹으면 맵지 않아요?"

2) 교사는 학생들에게 목표 문법의 의미를 추측할 수 있는 질문을 한다.

　🔲 "떡볶이 맛이 어때요?"

전개 – 35분

다음의 절차에 따라 문법에 대해 설명한다. 그리고 새로 제시되는 어휘 및 표현이 있다면 그 의미를 함께 설명한다.

[설명]

　🔲 "동생은 우유를 좋아해요. 하지만 저는 우유를 싫어해요. 동생은 우유를 좋아하지만 저는 우유를 싫어해요. '-지만'

은 앞에 오는 말을 인정하면서 그와 반대되거나 다른 사실을 덧붙일 때 사용해요."

[예시]

- 가방은 싸지만 옷은 비싸요.
- 배는 좋아하지만 사과는 안 좋아해요.
- 책상 위에 연필은 있지만 지우개는 없어요.
- 그 식당은 조금 비싸지만 맛있었어요.

[정보]

▶형태 정보:

	받침 ○	받침 X
동사, 형용사	-지만	

① 동사 및 형용사 어간 끝음절의 받침 유무에 관계없이 '-지만'을 쓴다.

▶제약 정보:

① 앞 절과 뒤 절의 주어가 같아도 되고 달라도 된다.

② 과거 '-었-', 미래·추측의 '-겠-'과 결합하여 쓰인다.

③ 명령문과 청유문에 쓸 수 없다.

▶주의 사항:

① '미안하다, 죄송하다'와 함께 쓰여 부탁하거나 양해를 구하는 관용적인 표현으로 쓰인다.

[확인]

교사는 문법을 설명한 뒤 '연습 문제'를 통해 학생들이 문법을 이해했는지 확인한다.

> **정답**
> (1) 방이 넓지만
> (2) 사과를 좋아하지만

어휘 및 표현

넓다	◆ **정의** 면이나 바닥 면적이 크다. 　예 운동장이 넓어요. ◆ **정보** 반의어 '좁다' ● **설명** "(미국 지도를 보여 주며) 미국이에요. 여기부터 여기까지 모두 미국이에요. 땅이 어때요? '넓다', 넓어요."
더럽다	◆ **정의** 때가 묻어 깨끗하지 않다. 　예 옷이 더러워요. ◆ **정보** 반의어 '깨끗하다' ● **설명** "(더러운 손 사진을 보여 주며) 운동장에서 놀았어요. 그리고 손을 안 씻었어요. 어때요? '더럽다', 손이 더러워요."
그만	◆ **정의** 그 정도까지만. 　예 텔레비전을 그만 보고 빨리 자. ◆ **정보** 반대 의미로 '계속'을 함께 제시한다. ● **설명** "밥을 많이 먹었어요. 더 먹지 않아요. 밥을 '그만' 먹어요."

싫어하다	◆ 정의 어떤 것을 마음에 들어 하지 않거나 원하지 않다. 예 저는 양파를 싫어해요. ◆ 정보 반의어 '좋아하다' ● 설명 "저는 라면을 좋아하지 않아요. '라면을 싫어하다', 저는 라면을 싫어해요."

1교수-학습 지침

※ 고등학생 대상 수업의 경우 필수적으로 5분간 다음 활동을 추가로 진행함.

➜ 교사는 학생들에게 목표 문법을 활용할 수 있는 새로운 화제를 제시할 수 있다.

📖 "여러분은 친구와 무엇이 달라요? '-지만'을 사용하여 말해 보세요."

┌─ 예시 답안 ─────────────────────────┐
저는 운동을 못하지만 친구는 운동을 잘해요. 저는 고기를 안 먹지만 친구는 고기를 잘 먹어요.
└──────────────────────────────────┘

정리 – 5분

1) 교사는 학생들에게 대화문을 다시 한번 읽게 한다.

2) 교사는 교재에 제시된 열린 질문을 통해 학생들에게 배운 문법을 활용하여 자유롭게 이야기를 나누게 한다.

📖 "어떤 물건이 있어요. 그것은 뭐가 좋고 뭐가 안 좋아요? '-지만'을 사용하여 말해 보세요."

┌─ 예시 답안 ─────────────────────────┐
휴대 전화가 예쁘지만 가격이 비싸요. 사과가 작지만 맛있어요.
└──────────────────────────────────┘

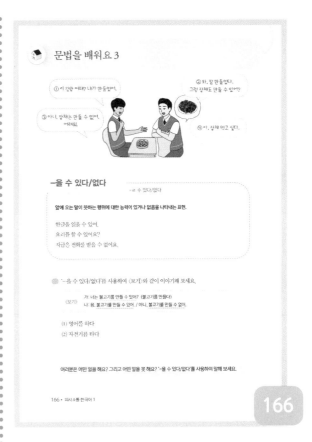

166 · 의사소통 한국어 1

166

• 5차시 | 문법을 배워요 3

[학습 목표]

• 어떤 일을 할 수 있는지 여부를 묻고 답할 수 있다.

• '-을 수 있다/없다'를 사용하여 능력의 유무를 묻고 답할 수 있다.

도입 – 5분

1) 교사는 학생들에게 대화문을 읽게 한다. 그리고 학생들이 대화 상황을 이해했는지 확인 질문을 한다.

📖 "민우가 무슨 음식을 만들었어요?"

📖 "수호는 무슨 음식을 먹고 싶어요?"

2) 교사는 학생들에게 목표 문법의 의미를 추측할 수 있는 질문을 한다.

📖 "민우는 잡채를 만들 수 있어요?"

전개 – 35분

다음의 절차에 따라 문법에 대해 설명한다. 그리고 새로 제시되는 어휘 및 표현이 있다면 그 의미를 함께 설명한다.

[설명]

📖 "김밥을 어떻게 만들어요? 선생님은 알아요. 선생님은 김밥을 만들 수 있어요. 잡채를 어떻게 만들어요? 선생님은 몰라요. 선생님은 불고기를 만들 수 없어요. '-을 수 있다/

없다'는 능력이 있고 없음을 나타낼 때 사용하거나 가능성이 있는지 없는지를 나타낼 때 사용해요."

[예시]
· 저는 수영을 할 수 있어요.
· 학생은 운전할 수 없어요.
· 한국말을 할 수 있어요?
· 저는 계란을 먹을 수 없어요.

[정보]
▶형태 정보:

	받침 ○	받침 X, 'ㄹ' 받침
동사	-을 수 있다/없다	-ㄹ 수 있다/없다

① 동사 어간 끝음절에 받침이 있으면 '-을 수 있다/없다', 동사 어간 끝음절에 받침이 없거나 'ㄹ' 받침으로 끝나면 '-ㄹ 수 있다/없다'를 쓴다.
② 이전에 제시되었던 모든 활용 변화를 함께 제시해 준다.
  · 'ㄷ' 불규칙: 듣다→들을 수 있다/없다, 걷다→걸을 수 있다/없다

▶제약 정보:
① 형용사와 결합하지 않는다.
② '능력의 유무'를 의미하는 '-을 수 있다/없다'에는 과거 '-었-'이 결합한 동사 어간을 함께 사용하지 않는다.

·요리를 했을 수 있어요. (가능성)
·요리를 할 수 있었어요. (능력의 유무)

[확인]

교사는 문법을 설명한 뒤 '연습 문제'를 통해 학생들이 문법을 이해했는지 확인한다.

정답
(1) 영어를 할 수 있어, 할 수 있어/할 수 없어
(2) 자전거를 탈 수 있어, 탈 수 있어/탈 수 없어

어휘 및 표현

잡채	◆ **정의** 여러 가지 채소와 고기 등을 가늘게 썰어 기름에 볶은 것을 당면과 섞어 만든 음식. 예 저는 잡채를 좋아해요. ● **설명** "(잡채 사진을 보여 주며) 이게 무슨 음식이에요? 잡채예요."
만들다	◆ **정의** 힘과 기술을 써서 없던 것을 생기게 하다. 예 나는 김밥을 만들 수 있어. ● **설명** "김밥을 먹고 싶어요. 김밥을 만들어요."
전화를 받다	◆ **정의** 걸려 온 전화에 응답하다. 예 친구의 전화를 받았어요. ● **설명** "(휴대 전화를 들고 '따르릉' 소리를 내며) 친구가 나한테 전화를 해요. (휴대 전화를 버튼을 누르고 귀에 대며) 여보세요? 전화를 받아요."

※ 고등학생 대상 수업의 경우 필수적으로 5분간 다음 활동을 추가로 진행함.
➡ 교사는 학생들에게 목표 문법을 활용할 수 있는 새로운 화제를 제시한다.
  📚 "여러분은 무슨 운동을 할 수 있어요? 그리고 무엇을 할 수 없어요? '-을 수 있다/없다'를 사용하여 말해 보세요."

예시 답안
축구를 할 수 있어요. 야구를 할 수 없어요.

정리 - 5분

1) 교사는 학생들에게 대화문을 다시 한번 읽게 한다.

2) 교사는 교재에 제시된 열린 질문을 통해 학생들에게 배운 문법을 활용하여 자유롭게 이야기를 나누게 한다.
  📚 "여러분은 어떤 일을 해요? 그리고 어떤 일을 못 해요? '-을 수 있다/없다'를 사용하여 말해 보세요."

예시 답안
요리를 할 수 있어요. 자전거를 탈 수 없어요. 한국 노래를 할 수 있어요.

• 6차시 | 문법을 배워요 4

[학습 목표]
- 행동에 대한 이유나 근거를 설명할 수 있다.
- '-어서'를 사용하여 어떤 행동의 이유나 근거를 말할 수 있다.

도입 - 5분

1) 교사는 학생들에게 대화문을 읽게 한다. 그리고 학생들이 대화 상황을 이해했는지 확인 질문을 한다.
   📷 "세인이는 어디에 가고 싶어요?"
   📷 "유미는 무엇을 먹었어요?"

2) 교사는 학생들에게 목표 문법의 의미를 추측할 수 있는 질문을 한다.
   📷 "왜 유미는 돈가스가 먹고 싶지 않아요?"

전개 - 35분

다음의 절차에 따라 문법에 대해 설명한다. 그리고 새로 제시되는 어휘 및 표현이 있다면 그 의미를 함께 설명한다.

[설명]
   📷 "오늘 친구를 만날 수 없어요. 왜 만날 수 없어요? 시간이 없어요. 시간이 없어서 만날 수 없어요. '-어서'는 앞 문장의 행동이 뒤 문장의 이유나 근거가 될 때 사용해요."

[예시]
- 머리가 아파서 병원에 갔어요.
- 영화가 재미있어서 또 보고 싶어요.
- 매일 운동을 해서 건강해요.
- 김치가 매워서 먹을 수 없어요.

[정보]
▶형태 정보:

	ㅏ, ㅗ	ㅓ, ㅜ, ㅣ...	-하다
동사, 형용사	-아서	-어서	-여서

① 동사 및 형용사 어간 끝음절의 모음이 'ㅏ, ㅗ'인 경우 '-아서', 동사 및 형용사 어간 끝음절의 모음이 'ㅏ, ㅗ'가 아닌 경우 '-어서', '-하다'가 붙은 동사 및 형용사 어간에는 '-여서'를 쓰는데, 흔히 줄여서 '-해서'로 쓴다.

② '이다, 아니다'는 '어서'를 쓴다. 단, '이다' 앞의 명사에 받침이 없으면 '여서'라고 쓴다.
   - 'ㄷ' 불규칙: 걷다→걸어서
   - 'ㅂ' 불규칙: 맵다→매워서
   - 'ㅇ' 불규칙: 크다→커서

▶제약 정보:
① 과거 '-었-', 미래·추측의 '-겠-'과 결합하여 쓰지 않는다.
② 뒤 문장에 명령문이나 청유문이 올 수 없다. 예를 들어서 후행절에 '-으세요, -읍시다, -을까요?' 등과 함께 쓰지 않는다.

[확인]
교사는 문법을 설명한 뒤 '연습 문제'를 통해 학생들이 문법을 이해했는지 확인한다.

정답
(1) 써서
(2) 매워서

어휘 및 표현

약	◆ 정의 병이나 상처 따위를 고치거나 예방하기 위하여 먹거나 바르거나 주사하는 물질. 예 약국에서 약을 샀어요. ● 설명 "배가 아파요. 약국에 가요. 무엇을 사요? 약을 사요. 약을 먹으면 배가 안 아파요."
쓰다	◆ 정의 어떤 음식 맛이 약의 맛과 같다. 예 커피 맛이 써요. ● 설명 "머리가 아파요. 약을 먹어요. 맛이 어때요? '쓰다', 약이 써요."

지나다	◆ **정의** 시간이 흘러 그 시기에서 벗어나다. 예 봄이 지나면 여름이 와요. ● **설명** "지금 몇 시예요? (현재 시간을 칠판을 쓰고) 쉬는 시간은 언제예요? (현재 시간 아래 쉬는 시간을 쓰고) 지금부터 ○○분 후에 쉬는 시간이에요. 지금부터 ○○분이 지나요. 그럼 쉬는 시간이에요."
손님	◆ **정의** 여관이나 음식점 등의 가게에 찾아온 사람. 예 이 식당은 손님이 많아요. ● **설명** "(식당에 사람들이 앉아서 식사하는 사진을 보여 주며) 식당에 누가 있어요? 손님이 있어요."

교수-학습 지침

※ 고등학생 대상 수업의 경우 필수적으로 5분간 다음 활동을 추가로 진행함.

➔ 교사는 학생들에게 목표 문법을 활용할 수 있는 새로운 화제를 제시한다.

🔳 "여러분은 무슨 음식을 안 먹어요? 그 이유가 뭐예요? '-어서'를 사용하여 말해 보세요."

예시 답안

김치가 매워서 안 먹어요. 채소를 싫어해서 샐러드를 안 먹어요.

정리 - 5분

1) 교사는 학생들에게 대화문을 다시 한번 읽게 한다.

2) 교사는 교재에 제시된 열린 질문을 통해 학생들에게 배운 문법을 활용하여 자유롭게 이야기를 나누게 한다.

🔳 "여러분은 어떤 일을 왜 안 해요? '-어서'를 사용하여 말해 보세요."

예시 답안

시간이 없어서 아침을 먹을 수 없어요. 머리가 아파서 공부를 할 수 없어요. 일요일이라서 학교에 안 가요.

● 메모

• 문화

[학습 목표]

- 한국에서 먹는 특별한 음식에 대해 알 수 있다.
- 한국의 식사 예절을 알고 여러 나라의 식사 예절과 비교하여 이야기할 수 있다.

1) 질문을 통해 학생들에게 주제를 추측하게 한다.

📖 "여러분, 한국 음식을 좋아해요? 무슨 음식을 먹었어요? 그 음식을 언제 먹었어요?"

📖 "식사 시간에 무엇을 할 수 없어요? 한국의 식사 예절을 알아요?"

2) 교재 168쪽의 상단을 보며 한국의 음식에 대해 설명한다.

교수-학습 지침

다른 나라의 명절 음식으로 무엇이 있는지 자유롭게 묻고 답하는 활동을 진행할 수 있다. 교사는 '새해 첫날'과 같이 어느 나라에나 있는 보편적인 명절을 제시해 주고, 각 나라에서 어떤 음식을 먹는지 이야기를 나눌 수 있도록 지도한다.

3) 교재 168쪽의 하단을 보며 한국의 배달 음식에 대해 설명한다.

교수-학습 지침

한국에서 배달 음식을 먹어 본 적이 있는지, 어떤 배달 음식을 먹었는지 자유롭게 이야기하는 활동을 진행할 수 있다. 그리고 교사는 반 학생들이 가장 좋아하는 배달 음식이 무엇인지 조사하고 순위를 매겨 보는 활동을 할 수 있도록 지도한다.

4) 교재 169쪽을 보며 한국의 식사 예절에 대해 설명한다.

교수-학습 지침

교사는 한국에서 윗사람과 함께 식사를 하는 가상의 상황극을 학생들이 직접 해 보는 문화 활동을 진행할 수 있다. 교사는 학생들에게 어른, 아이 등의 역할을 주고 식사를 하는 상황을 가정하여 역할극을 짜게 한 뒤 친구들 앞에서 연극을 해 보는 활동을 할 수 있도록 지도한다.

5) 본 문화와 관련하여 상호문화적 관점에서 이야기할 수 있도록 한다.

📖 "다른 나라의 음식을 알아요? 소개해 주세요."

📖 "다른 나라에서는 무슨 음식을 배달해 줘요?"

📖 "여러분은 다른 나라의 식사 예절을 알아요?"

〈더 배워요〉 학습 목표

- 식당에서 음식을 고르고 주문할 수 있다.
- 전화로 음식을 주문할 수 있다.

7차시	• 식당에서 주문할 음식을 다른 사람에게 제안할 수 있다.
8차시	• 전화로 배달 음식을 주문할 수 있다.
9차시	• 식당을 소개하는 글을 읽고 이해할 수 있다.
10차시	• 식당을 소개하는 글을 쓸 수 있다.

• 7차시 | 〈더 배워요〉 도입 및 대화해 봐요 1

〈더 배워요〉 도입 – 5분

1) 〈꼭 배워요〉의 목표 어휘 및 문법 등을 확인할 수 있는 질문을 통해 학생들이 해당 표현을 사용하여 답할 수 있도록 유도한다.
   - 🔲 "친구하고 분식집에 가고 싶어요. 친구에게 어떻게 말해요?"
   - 🔲 "분식집에 자주 가요? 그 분식집은 뭐가 좋고 뭐가 안 좋아요?"

- 🔲 "여러분은 무슨 음식을 먹을 수 없어요?"
- 🔲 "왜 그 음식을 먹을 수 없어요?"

2) '대화해 봐요 1, 2'에서 학습할 내용을 대표하는 네 개의 그림들을 확인하며 학생들이 앞으로 배우게 될 주제 및 내용을 추측할 수 있도록 한다.
   - 🔲 "(첫 번째 그림을 가리키며) 선영이가 무슨 음식을 시켜요?"
   - 🔲 "떡볶이를 몇 인분 시켜요?"
   - 🔲 "(두 번째 그림을 가리키며) 정호가 지금 무엇을 먹고 싶어요?"
   - 🔲 "다 먹을 수 있어요?"
   - 🔲 "(세 번째 그림을 가리키며) 민우가 지금 어디에 전화해요?"
   - 🔲 "전화로 무슨 음식을 시켜요?"
   - 🔲 "(네 번째 그림을 가리키며) 나나가 지금 어디에 전화해요?"
   - 🔲 "짬뽕 몇 그릇 주문해요?"

3) '함께 이야기해 봐요'에 제시된 질문을 통해 이야기를 나눔으로써 '읽고 써 봐요'에서 학습할 내용을 추측하게 한다.
   - 🔲 "여러분은 식당에서 무슨 음식을 먹었어요?"
   - 🔲 "여러분은 무슨 식당에 가고 싶어요? 왜 그 식당에 가고 싶어요?"

172 · 의사소통 한국어 1

[학습 목표]
- 식당에서 주문할 음식을 다른 사람에게 제안할 수 있다.
- 부가 문법: -겠-(추측)
- 목표 표현: 우리 -을까(요)?
  별로 -지 않아

본 대화는 선영이와 호민이가 식당에서 주문할 메뉴를 고르고 있는 상황이다.

도입 - 5분

1) 교사는 학생들에게 '대화해 봐요 1'의 내용을 추측할 수 있는 질문을 한다.
   교 "여러분은 분식집에서 보통 무엇을 먹어요?"
   교 "무엇을 먹고 싶어요?"

2) 교사는 학생들에게 172쪽의 첫 번째 QR 코드 속 영상을 보게 한다.
   교 "호민이하고 선영이가 분식집에 왔어요. 이 분식집은 뭐가 맛있어요? 함께 확인해 봐요."

3) 교사는 학생들이 대화 내용을 잘 이해했는지 질문을 한다. 그리고 새 표현이 있다면 그 의미를 함께 설명한다.
   교 "이 분식집에서 무슨 음식이 인기가 많아요?"

어휘 및 표현

뭘 드시겠어요?	◆ 정의 식당에서 점원이 손님에게 주문을 받을 때 사용하는 표현. 예 손님, 뭘 드시겠어요? ● 설명 "식당에 가요. 점원이 물어봐요. 뭘 드시겠어요? 그럼 손님이 말해요. 김밥 주세요."
인기	◆ 정의 많은 사람들이 좋아하거나 관심을 가지는 것. 예 내 친구는 노래를 잘 해서 친구들에게 인기가 있다. ● 정보 인기[인끼]로 발음된다. ● 설명 "사람들이 좋아해요. 인기가 있어요. 요즘 한국 드라마가 인기가 있어요."

전개 - 20분

1) 교사는 학생들에게 본 대화 내용을 소개하며 172쪽의 두 번째 QR 코드 속 영상을 보게 한다.
   교 "두 사람이 무슨 음식을 주문할까요? 함께 확인해 봐요."

2) 교사는 학생들이 대화의 전체 내용을 이해했는지 확인하는 질문을 한다.
   교 "선영이와 호민이는 무슨 음식을 시킬 거예요?"

3) 교사는 학생들에게 대화문을 읽게 한다. 그리고 세부 내용을 이해했는지 확인하는 질문을 한다.
   교 "옆 탁자에 무슨 음식이 있어요?"
   교 "두 사람은 무슨 음식을 시킬 거예요? 몇 인분 시킬 거예요?"

4) 대화에 제시된 새 표현의 의미를 설명한다.

어휘 및 표현

인분	◆ 정의 사람 수를 기준으로 양을 세는 단위. 예 삼겹살 3인분 주세요. ◆ 정보 '개, 명, 잔'과 같은 단위 명사와 달리 한자어 숫자와 결합한다. ● 설명 "세 명이 식당에 갔어요. 불고기를 시켜요. 불고기를 삼 인분 시켜요."
탁자	◆ 정의 떠받치는 다리가 있고 위가 평평해서 물건을 올려놓을 수 있는 책상 모양의 가구. 예 탁자 위를 닦아 주세요. ◆ 정보 일반적으로 모국어 화자들은 식당의 탁자를 영어로 'table;테이블'이라고 말하기도 하지만 이는 비표준어이다. ● 설명 "(탁자 사진을 보여 주며) 이게 뭐예요? 탁자예요."
별로	◆ 정의 특별히 따로. 또는 그러한 정도로 다르게. 예 물이 별로 차갑지 않아요. ◆ 정보 주로 부정을 나타내는 말과 함께 쓴다. ● 설명 "한국어가 어려워요? 아니요, 많이 어렵지 않아요. '별로' 어렵지 않아요."

5) 교사는 학생들에게 대화문을 다시 한번 읽게 한다.

이때 역할을 나누는 등 다양한 방식으로 읽게 할 수 있다.

6) 교사는 다음의 절차에 따라 부가 문법 '-겠-'(추측)에 대해 설명한다. 그리고 새로 제시되는 어휘가 있다면 그 의미를 함께 설명한다.

부가 문법	'-겠-'

[설명]

📻 "(누군가 선물을 받는 그림을 보여주며) 여러분, 이 사람 기분이 어때요? 추측해 보세요. 기분이 좋아요. 기분이 좋겠어요. '-겠-'은 어떤 상황을 추측할 때 사용해요."

[예시]

· 이 영화가 재미있겠어요.
· 일이 많아서 바쁘겠어요.
· 어제 늦게 자서 피곤하겠어요.
· 내일은 주말이라서 백화점에 사람이 많겠어요.

[정보]

▶형태 정보:

	받침 ○	받침 X
동사, 형용사	-겠-	

① 동사 및 형용사 어간 끝음절의 받침 유무에 관계없이 '-겠-'을 쓴다.

▶제약 정보:

① 1인칭 주어를 쓸 수 없다.

▶주의 사항:

① 과거는 '-었겠-'으로 사용한다.

7) 교사는 학생들에게 목표 표현에 대해 설명한다.

목표 표현 1	'우리 -을까(요)?'

[설명]

📻 "친구하고 같이 축구를 하고 싶어요. 그럼 '우리 같이 축구할까?' 하고 말해요. '우리 -을까(요)?'는 다른 사람에게 어떤 행동을 함께 하자고 제안할 때 사용해요."

[예시]

· 우리 치킨하고 콜라를 시킬까?
· 우리 김밥하고 돈가스를 먹을까?
· 우리 영화를 볼까요?
· 우리 같이 도서관에 갈까요?

목표 표현 2	'별로 -지 않아'

[설명]

📻 "(사과가 두세 개가 있는 사진을 보여 주며) 사과가 아주

많아요? 아니요. 많지 않아요. 별로 많지 않아요. '별로 -지 않아'는 다른 사람의 의견에 대해 부정할 때 사용해요."

[예시]

· 가방이 별로 크지 않아요.
· 책이 별로 재미있지 않아요.
· 음식이 별로 맛있지 않아.
· 김치찌개가 별로 맵지 않아.

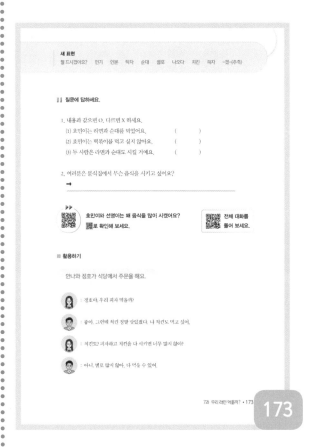

8) 교사는 학생들에게 교재의 1번과 2번 문제를 풀게 한다.

9) 교사는 학생들과 함께 문제의 답을 확인한다.

정답
1. (1) × (2) × (3) ○
2. 튀김이랑 순대를 시키고 싶어요. 라면 한 그릇이랑 떡볶이 2인분을 시키고 싶어요.

10) 교사는 학생들에게 173쪽의 첫 번째 QR 코드 속 영상을 보게 한다.

📻 "호민이와 선영이는 왜 음식을 많이 시켰어요? 함께 확인해 봐요."

11) 교사는 학생들이 대화 내용을 잘 이해했는지 질문을 한다. 그리고 새 표현이 있다면 그 의미를 함께 설명한다.

📻 "호민이는 음식들을 다 먹을 수 있어요?"

어휘 및 표현

나오다	◆ 정의 음식 등이 갖추어져 먹을 수 있게 놓이다. 예 오늘 점심 메뉴로 미역국이 나왔어요. ● 설명 "김밥을 시켰어요. 아주머니가 김밥을 만들어요. 다 만들면 아주머니가 저에게 김밥을 줘요. '김밥이 나오다', 김밥이 나왔어요."

활용 – 10분

1) 교사는 학생들이 목표 표현을 사용하여 대답할 수 있도록 질문을 한다.

- 📖 "분식집에서 무슨 음식을 시키고 싶어요? 친구에게 어떻게 제안해요?"
- 📖 "한국어가 매우 어려워요? 김치가 아주 매워요?"

2) 교사는 질문을 통해 학생들이 '활용하기'의 대화 상황을 추측할 수 있도록 한다.

- 📖 "안나와 정호가 식당에서 주문을 해요. 무엇을 주문해요? 무엇을 먹고 싶어요?"

3) 교사는 학생들에게 대화문을 읽게 한 후 대화의 내용을 이해했는지 확인하는 질문을 한다. 그리고 새 표현이 있다면 그 의미를 함께 설명한다.

- 📖 "정호는 무엇을 먹고 싶어 해요?"
- 📖 "정호하고 안나가 무엇을 주문해요?"

4) 교사는 학생들에게 대화문을 다시 한번 읽게 한다. 이때 역할을 나누는 등 다양한 방식으로 읽게 할 수 있다.

어휘 및 표현

치킨	◆ 정의 밀가루 등을 묻혀 기름에 튀긴 닭 요리. 예 치킨을 시킬까요? ● 설명 "(치킨 음식 사진을 보여 주며) 이 음식 이름이 뭐예요? 치킨이에요."
피자	◆ 정의 둥글고 납작한 밀가루 반죽에 토마토, 고기, 치즈 등을 얹어 구운 음식. 예 피자를 주문했어요. ● 설명 "(피자 사진을 보여 주며) 피자예요."

> **교수-학습 지침**
>
> ※ 고등학생 대상 수업의 경우 필수적으로 5분간 다음 활동을 추가로 진행함.
> → 교사는 짝 활동으로 학생들에게 목표 표현을 사용하여 식당에서 주문하는 상황에서 일어날 수 있는 대화를 해 보게 하는 활동을 할 수 있도록 지도한다.

정리 – 5분

교사는 학생들에게 173쪽의 '전체 대화를 들어 보세요' QR 코드 속 대화를 듣게 하고 수업을 마무리한다.

• 8차시 | 대화해 봐요 2

[학습 목표]

- 전화로 배달 음식을 주문할 수 있다.
- 부가 문법: 이랑
- 목표 표현: ~그릇 주문하고 싶어요
  ~정도 걸려(요)

본 대화는 민우가 식당에 전화를 하여 음식을 주문하고 있는 상황이다.

도입 – 7분

1) 교사는 학생들에게 '대화해 봐요 2'의 내용을 추측할 수 있는 질문을 한다.

- 📖 "여러분은 무슨 음식을 전화로 주문했어요?"
- 📖 "전화로 음식을 주문해요. 무슨 말을 해요?"

2) 교사는 학생들에게 174쪽의 첫 번째 QR 코드 속 영상을 보게 한다.

- 📖 "민우가 어디에 전화를 했어요? 함께 확인해 봐요."

3) 교사는 학생들이 대화 내용을 잘 이해했는지 질문을 한다. 그리고 새 표현이 있다면 그 의미를 함께 설명한다.

- 📖 "민우가 어디에 전화를 하고 싶었어요?"
- 📖 "민우는 몇 번으로 전화를 걸었어요?"

어휘 및 표현

잘못	◆ **정의** 바르지 않거나 틀림. **예** 모르는 사람에게 잘못 전화했어요. ● **설명** "학교에 와요. 몇 번 버스를 타요? ○○번 버스를 타요. 그런데 △△버스를 탔어요. 버스를 '잘못' 탔어요."
걸다	◆ **정의** 전화를 하다. **예** 친구한테 전화를 걸었어요. ◆ **정보** '전화를 걸다'의 꼴로 사용된다. ● **설명** "(휴대 전화 버튼을 누르며) 친구에게 전화를 해요. 전화를 걸어요."

전개 – 20분

1) 교사는 학생들에게 본 대화 내용을 소개하며 174쪽의 두 번째 QR 코드 속 영상을 보게 한다.

　🔲 "민우가 전화로 음식을 주문해요. 함께 확인해 봐요."

2) 교사는 학생들이 대화의 전체 내용을 이해했는지 확인하는 질문을 한다.

　🔲 "민우는 전화로 무슨 음식을 주문했어요?"

　🔲 "몇 그릇 주문했어요?"

3) 교사는 학생들에게 대화문을 읽게 한다. 그리고 세부 내용을 이해했는지 확인하는 질문을 한다.

　🔲 "배달이 얼마나 걸려요? 왜 1시간이 걸려요?"

　🔲 "민우는 어디에 살아요?"

4) 대화에 제시된 새 표현의 의미를 설명한다.

어휘 및 표현

배달되다	◆ **정의** 음식이나 물건이 다른 사람에게 전해지다. **예** 치킨이 배달되었어요. ● **설명** "피자를 먹고 싶어요. 하지만 밖에 나가고 싶지 않아요. 집에서 피자 가게에 전화해요. 집에 피자가 와요. 피자가 배달돼요."
주문하다	◆ **정의** 어떤 물건을 만들거나 파는 사람에게 그 물건의 종류, 수량, 모양, 크기 등을 말해 주고 그렇게 만들거나 보내어 달라고 부탁하다. **예** 전화로 음식을 주문할 수 있어요. ● **설명** "음식을 시켜요. 같아요. '주문하다', 음식을 주문해요."
그릇	◆ **정의** 그릇에 담긴 음식을 세는 단위. **예** 비빔밥 한 그릇을 주문했어요. ● **설명** "(라면이 세 그릇 있는 사진을 보여 주며) 라면이 몇 그릇 있어요? 세 그릇 있어요. '라면 한 그릇, 두 그릇, 세 그릇' 말해요."

정도	◆ **정의** 그만큼의 분량이나 수준. **예** 집에서 학교까지 버스로 30분 정도 걸릴 거예요. ● **설명** "집에서 학교까지 얼마나 걸려요? 그저께는 30분 걸렸어요. 어제는 27분 걸렸어요. 오늘은 33분 걸렸어요. 집에서 학교까지 버스로 30분 정도 걸려요."
배고프다	◆ **정의** 배 속이 빈 것을 느껴 음식이 먹고 싶다. **예** 너무 배고파서 밥을 두 그릇을 먹었어요. ● **설명** "아침을 안 먹었어요. 점심도 안 먹었어요. 저녁도 안 먹었어요. 지금 너무 배고파요."
주소	◆ **정의** 집이나 직장, 기관 등이 위치한 행정 구역상의 이름과 번호. **예** 편지 봉투에 집 주소를 쓰세요. ● **설명** "우리 학교는 어디에 있어요? ○○시, ○○구, ○○동. 이것은 '주소'예요. 여러분은 집 주소를 알아요?"

5) 교사는 학생들에게 대화문을 다시 한번 읽게 한다. 이때 역할을 나누는 등 다양한 방식으로 읽게 할 수 있다.

6) 교사는 다음의 절차에 따라 부가 문법 '이랑'에 대해 설명한다. 그리고 새로 제시되는 어휘가 있다면 그 의미를 함께 설명한다.

부가 문법　　　'이랑'

[설명]

　🔲 "선생님은 지금 튀김을 먹고 싶어요. 그리고 김밥도 먹고 싶어요. 선생님은 튀김이랑 김밥을 먹고 싶어요. '이랑'은 여러 물건이나 사람을 연결하여 말할 때 사용해요."

[예시]

· 편의점에서 빵이랑 라면을 샀어요.

· 자장면이랑 탕수육을 시켰어요.

· 케이크랑 아이스크림을 먹을 거예요.

· 돈가스랑 떡볶이를 주문했어요.

[정보]

▶형태 정보:

	받침 ○	받침 X
명사	이랑	랑

① 명사의 끝음절에 받침이 있으면 '이랑', 명사 끝음절에 받침이 없으면 '랑'을 쓴다.

▶제약 정보:

① 문장과 문장을 연결할 때는 '이랑'을 쓸 수 없고 '그리고'로 연결하여 말한다.

② 비슷한 문법으로 '하고'가 있으며 '이랑'은 보통 구어적 상황에서 많이 사용한다.

7) 교사는 학생들에게 목표 표현에 대해 설명한다.

목표 표현 1　　'~그릇 주문하고 싶어요'

[설명]

📖 "분식집에서 라면을 두 그릇을 시키고 싶어요. 그럼 말해요. 라면 두 그릇 주문하고 싶어요. '~그릇 주문하고 싶어요'는 음식을 주문할 때 사용하는 표현이에요."

[예시]

· 어묵 1인분이랑 라면 두 그릇 주문하고 싶어요.
· 치킨 한 마리를 주문하고 싶어요.
· 자장면 한 그릇 주문하고 싶어요.
· 피자 한 판 주문하고 싶어요.

목표 표현 2　　'~정도 걸려(요)'

[설명]

📖 "집에서 학교까지 얼마나 걸려요? 8분~10분 걸려요. 그럼 말해요. 10분 정도 걸려요. '~정도 걸려요' 정확하지 않지만 그 비슷하게 걸리는 시간을 말할 때 사용해요."

[예시]

· 문구점까지 걸어서 10분 정도 걸려요.
· 도서관까지 자전거로 20분 정도 걸려요.
· 집에서 학교까지 버스로 30분 정도 걸려요.
· 서울에서 대전까지 기차로 1시간 정도 걸려요.

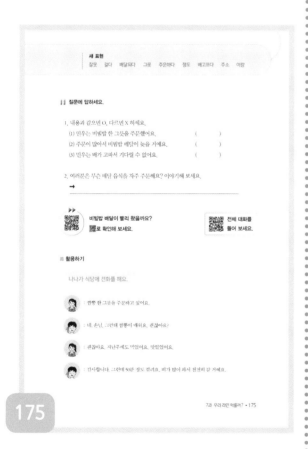

175

8) 교사는 학생들에게 교재의 1번과 2번 문제를 풀게 한다.

9) 교사는 학생들과 함께 문제의 답을 확인한다.

정답

1. (1)✕　(2)○　(3)✕
2. 자장면을 주문했어요, 피자를 자주 주문해요

10) 교사는 학생들에게 175쪽의 첫 번째 QR 코드 속 영상을 보게 한다.

📖 "비빔밥 배달이 빨리 왔을까요? 함께 확인해 봐요."

11) 교사는 학생들이 대화 내용을 잘 이해했는지 질문을 한다. 그리고 새 표현이 있다면 그 의미를 함께 설명한다.

📖 "배달이 얼마나 걸렸어요? 1시간이 걸렸어요?"

활용 - 10분

1) 교사는 학생들이 목표 표현을 사용하여 대답할 수 있도록 질문을 한다.

📖 "식당에 전화를 해요. 무엇을 주문해요? 어떻게 말해요?"

📖 "한국어 숙제를 해요. 얼마나 걸려요? 집에서 학교까지 얼마나 걸려요?"

2) 교사는 질문을 통해 학생들이 '활용하기'의 대화 상황을 추측할 수 있도록 한다.

📖 "나나가 식당에 전화를 해요. 무엇을 주문할까요?"

3) 교사는 학생들에게 대화문을 읽게 한 후 대화의 내용을 이해했는지 확인하는 질문을 한다. 그리고 새 표현이 있다면 그 의미를 함께 설명한다.

📖 "나나는 무엇을 주문했어요?"

📖 "짬뽕 맛이 어때요?"

📖 "왜 아저씨는 천천히 올 거예요?"

4) 교사는 학생들에게 대화문을 다시 한번 읽게 한다. 이때 역할을 나누는 등 다양한 방식으로 읽게 할 수 있다.

교수-학습 지침

교사는 짝 활동으로 학생들에게 '손님-식당 주인'으로 역할을 나누어 주고, 전화로 음식을 주문을 하는 대화하기 활동을 할 수 있도록 지도한다.

정리 - 8분

교사는 학생들에게 175쪽의 '전체 대화를 들어 보세요' QR 코드 속 대화를 듣게 하고 수업을 마무리한다.

• 9차시 | 읽고 써 봐요 - 읽기

[학습 목표]
- 식당을 소개하는 글을 읽고 이해할 수 있다.

본 활동은 식당 소개 글을 읽고 이해하기 위한 활동이다.

읽기 전 - 5분

교사는 학생들에게 읽기 내용을 추측할 수 있는 질문을 한다.
- 교 "어떤 식당에 자주 가요? 왜 그 식당에 자주 가요?"
- 교 "그 식당에서 무슨 음식이 맛있었어요?"

읽기 중 - 25분

1) 교사는 학생들에게 읽기 지문을 큰 소리로 따라 읽게 한다.

2) 교사는 학생들이 대화의 전체 내용을 이해했는지 확인하는 질문을 한다.
- 교 "유미는 무슨 요일에 식당에 갔어요?"
- 교 "왜 주말에 다시 갔어요?"

3) 교사는 학생들에게 읽기 지문을 읽게 한다. 그리고 세부 내용을 이해했는지 확인하는 질문을 한다.
- 교 "닭갈비 맛이 어땠어요?"
- 교 "닭갈비를 어떻게 먹으면 더 맛있어요?"

4) 읽기 지문에 제시된 새 표현의 의미를 설명한다.

어휘 및 표현

특히	◆ **정의** 보통과 다르게. 예 특히 비빔밥이 맛있어요. ● **설명** "과일을 다 좋아해요. 그런데 다른 과일보다 딸기를 더 많이 좋아해요. 그럼 말해요. '특히' 딸기를 좋아해요."
닭갈비	◆ **정의** 닭과 양념을 볶은 음식. 예 닭갈비 2인분을 시킬까요? ● **설명** "(닭갈비 사진을 보여 주며) 무슨 음식이에요? 닭갈비예요."
치즈	◆ **정의** 우유를 발효시켜 만든 음식. 예 샌드위치에 치즈를 넣어요. ● **설명** "(치즈 사진을 보여 주며) 치즈예요."
주인아저씨	◆ **정의** 집이나 가게의 주인인 남자. 예 주인아저씨가 주문을 받아요. ● **설명** "주인아저씨는 가게의 남자 주인이에요."
친절하다	◆ **정의** 사람을 대하는 태도가 상냥하고 부드럽다. 예 식당 주인아저씨가 친절해요. ● **설명** "(친절해 보일 수 있게 표정을 짓고 부드럽게 말하며) 점원이 말해요. '어서 오세요. 무엇을 찾으세요?' 점원이 친절해요."
불친절하다	◆ **정의** 사람을 대하는 태도가 상냥하거나 부드럽지 않다. 예 그 가게는 점원이 불친절해요. ● **설명** "(무표정한 표정으로 퉁명스럽게) 점원이 말해요. '여기 앉아요, 메뉴판 여기요.' 점원이 불친절해요."
가깝다	◆ **정의** 어느 한 곳에서 멀리 떨어져 있지 않다. 예 공원이 가까워서 걸어갈 수 있어요. ● **설명** "(칠판에 집과 학교를 가깝게, 집과 공원을 멀게 그린 후 집과 학교 사이의 거리를 가리키며) 학교에 가요. 시간이 많이 안 걸려요. 집하고 학교가 가까워요."
멀다	◆ **정의** 두 곳 사이의 떨어진 거리가 길다. 예 우리 집은 학교와 멀어요. ● **설명** "(칠판에 집과 학교를 가깝게, 집과 공원을 멀게 그린 후 집과 공원 사이의 거리를 가리키며) 공원에 가요. 시간이 많이 걸려요. 집하고 공원이 멀어요."

읽기 후 - 10분

1) 교사는 학생들에게 교재의 문제를 풀게 한다.

2) 교사는 학생들과 함께 문제의 답을 확인한다.

정답
1. (1) ○   (2) ×   (3) ○
2. 손님이 많아서 30분을 기다렸어요.
3. 주인아저씨가 아주 친절하고 식당도 깨끗해요.

3) 교사는 질문을 통해 읽기 내용을 재확인하며 수업을 마무리한다.
   🖥 "무슨 글이었어요?"
   🖥 "유미가 어디에 갔어요? 그곳이 어땠어요?"

177

7과 우리 라면 먹을까? • 177

• 10차시 | 읽고 써 봐요 – 쓰기

[학습 목표]
• 식당을 소개하는 글을 쓸 수 있다.

본 활동은 학생들이 직접 자신이 가고 싶은 식당이나 좋아하는 식당을 추천하는 글을 써 보도록 하는 활동이다.

쓰기 전 – 5분

1) 교사는 학생들에게 쓰기 내용을 추측할 수 있는 질문을 한다.
   🖥 "여러분이 자주 가는 식당이 어디예요? 무엇이 좋아요? 그리고 무엇이 안 좋아요?"

2) 교사는 학생들에게 어떤 쓰기 활동을 할 것인지 명확히 알려 준다.
   🖥 "자신이 가고 싶은 식당을 고르고 그 식당을 소개하는 글을 쓸 거예요."

쓰기 중 – 30분

1. 제시된 정보를 보고 가고 싶은 식당과 그 이유를 쓰는 활동이다.

1) 교사는 학생들에게 무엇을 써야 하는지 알려 준다. 그리고 새 표현이 있다면 그 의미를 함께 설명한다.
   🖥 "유미의 메모를 보세요. 무슨 식당이 있어요? 그 식당은 무엇이 좋아요? 그리고 무엇이 안 좋아요?"
   🖥 "여러분은 어떤 식당에 가고 싶어요? 왜 그 식당에 가고 싶어요? 메모해 보세요."

2) 교사는 학생들에게 가고 싶은 식당과 그 이유를 쓰게 한다. 이때 교사는 학생들에게 개별적으로 쓰기 지도를 할 수 있다.

2. 식당을 추천하는 글을 쓰는 활동이다.

1) 교사는 학생들에게 무엇을 써야 하는지 알려 준다. 그리고 새 표현이 있다면 그 의미를 함께 설명한다.
   🖥 "여러분이 가고 싶은 식당을 메모했어요. 그 메모를 사용해서 식당을 소개하는 글을 쓸 거예요."
   🖥 "(교과서 쓰기 양식의 '식당 이름' 부분을 가리키며) 여기에 식당 이름을 쓰세요."
   🖥 "('이름'을 가리키며) 여기에는 여러분의 이름을 쓰세요."
   🖥 "(아래 빈칸을 가리키며) 여기에 소개하는 글을 쓰세요. 그리고 음식 그림도 그려 보세요."

2) 교사는 학생들에게 식당을 소개하는 글을 쓰게 한다. 이때 교사는 학생들에게 개별적으로 쓰기 지도를 할 수 있다.

쓰기 후 – 10분

1) 쓰기 활동이 모두 마무리되면 교사는 학생들에게 각자 쓴 것을 발표하게 한다.

2) 교사는 식당을 소개한 내용에 대해 다시 한번 정리하며 수업을 마무리한다.

8과　숙제를 언제까지 해야 돼?

● 단원 목표

학교생활 규칙을 알고 해야 하는 것과 금지하는 것을 표현할 수 있다.

● 단원 내용

꼭 배워요 (필수)	• 주제: 생활 지도
	• 기능: 의무 표현하기, 행위 금지하기
	• 어휘: 생활 지도 관련 어휘
	• 문법: -어야 되다, -어도 되다, -으면 안 되다, -으면서
문화	• 문화: 한국 중고등학생의 생활 문화를 만나다
더 배워요 (선택)	• 대화 1: 주의 사항을 듣고 반응하기 • 대화 2: 학교생활에서 허락 구하기
	• 읽기: 교실 규칙 안내문
	• 쓰기: 교실 규칙 안내문 쓰기

08　숙제를 언제까지 해야 돼?

◉ 8과에서 무엇을 배우는지 알아봅시다.

더 배워요(선택)
학교에 무슨 규칙이 있어요?

꼭 배워요(필수)
어떻게 해야 돼요?

178 • 의사소통 한국어 1

● 수업 개요

〈꼭 배워요〉 학습 목표

• 학교생활 규칙을 안다.
• 해야 하는 것과 금지하는 것을 표현할 수 있다.

1차시	• 도입 대화를 통해 본 단원의 주제에 대해 이해하고 말할 수 있다.
2차시	• 생활 지도 관련 어휘와 표현을 알고 활용할 수 있다.
3차시	• 해야 할 일에 대해 묻고 답할 수 있다. • '-어야 되다'를 사용하여 반드시 그럴 필요나 의무가 있다는 것을 표현할 수 있다.
4차시	• 다른 사람에게 허락을 구할 수 있다. • '-어도 되다'를 사용하여 어떤 행동에 대한 허락이나 허용을 표현할 수 있다.

5차시	• 학교 규칙에 따라 어떤 행동을 못하도록 금지할 수 있다. • '-으면 안 되다'를 사용하여 어떤 행동이나 상태를 금지하거나 제한할 수 있다.
6차시	• 두 가지 이상의 행동을 함께 함을 표현할 수 있다. • '-으면서'를 사용하여 두 가지 이상의 동작이나 상태가 함께 일어난다는 것을 표현할 수 있다.

● 1차시 | 복습 및 〈꼭 배워요〉 도입

[학습 목표]
• 도입 대화를 통해 본 단원의 주제에 대해 이해하고 말할 수 있다.

복습 - 20분

7단원에서 배운 주제 및 문법에 대해 복습한다.

1) 교사는 지난 단원의 주제와 관련된 질문을 하여 학생들에게 학습한 내용을 떠올리게 한다.
   🔲 "오늘 아침에 뭐 먹었어요?"
   🔲 "무슨 반찬을 좋아해요??"
   🔲 "소금/설탕/레몬 맛이 어때요?"

2) 교사는 '-을까(요)'와 관련된 질문을 하여 학생들에게 학습한 내용을 떠올리게 한다.
   🔲 "친구와 분식집에 갔어요. 친구와 떡볶이를 먹고 싶어요. 친구에게 어떻게 말해요?"
   🔲 "친구와 공원에서 자전거를 타고 싶어요. 친구에게 어떻게 말해요?"

3) 교사는 '-지만'과 관련된 질문을 하여 학생들에게 학습한 내용을 떠올리게 한다.
   🔲 "와니는 사과를 좋아해요. 하지만 유미는 사과를 싫어해요. 한 문장으로 어떻게 말해요?"
   🔲 "여러분 무슨 식당에 자주 가요? 그 식당은 무엇이 좋아요? 하지만 무엇이 안 좋아요?"

4) 교사는 '-을 수 있다/없다'와 관련된 질문을 하여 학생들에게 학습한 내용을 떠올리게 한다.
   🔲 "여러분은 무슨 음식을 만들 수 있어요?"
   🔲 "여러분은 혼자 무엇을 할 수 있어요? 그리고 혼자 무엇을 할 수 없어요?"

5) 교사는 '-어서'와 관련된 질문을 하여 학생들에게 학습한 내용을 떠올리게 한다.
   🔲 "병원에 가요. 왜 병원에 가요?"
   🔲 "오늘 친구를 만날 수 없어요. 왜 만날 수 없어요?"

179

〈꼭 배워요〉 도입 - 25분

1) 교사는 학생들과 교재 179쪽의 그림을 보면서 학습하게 될 주제에 대해 이야기한다.
   🔲 "여기는 어디예요?"
   🔲 "수호가 누구하고 이야기해요?"

2) 교사는 학생들에게 교재 179쪽의 대화를 읽게 한다. 그리고 세부 내용을 이해했는지 확인하는 질문을 한다.
   🔲 "숙제가 뭐예요?"
   🔲 "숙제를 언제까지 해야 돼요?"

3) 교사는 학생들에게 '함께 이야기해 봐요'의 질문을 하면서 단원의 주제를 도입한다.
   🔲 "여러분 오늘 숙제가 뭐예요?"
   🔲 "언제까지 해야 돼요?"

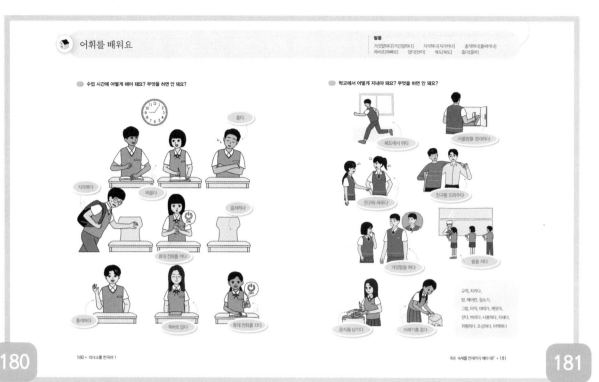

• 2차시 | 어휘를 배워요

[학습 목표]

• 생활 지도 관련 어휘와 표현을 알고 활용할 수 있다.

본 단원에는 수업 시간 예절과 학교생활 습관에 관련된 어휘 및 표현이 제시되어 있다.

도입 - 5분

1) 교사는 질문을 통해 학습하게 될 어휘 및 표현을 자연스럽게 노출한다.

　🔲 "수업 시간이에요. 친구하고 이야기해요. 괜찮아요?"

　🔲 "수업 시간에 휴대 전화를 봐요. 괜찮아요?"

　🔲 "학교에서 어떤 행동을 할 수 없어요?"

2) 교사는 학생들과 제시된 그림을 보며 이야기를 나눈다.

　🔲 "교재 180쪽 그림을 보세요. 수업 시간에 어떻게 해요? 무엇을 하면 안 돼요?"

　🔲 "교재 181쪽 그림을 보세요. 학교에서 어떻게 지내야 돼요? 무엇을 하면 안 돼요?"

전개 - 35분

1. 수업 시간에 지켜야 할 예절 관련 어휘 및 표현이다.

1) 교사는 다음에 제시되는 내용을 참고하여 학생들에게 어휘 및 표현을 설명한다. 이때 새로 등장하는 발음 규칙이 있다면 함께 설명한다.

떠들다	◆ **정의** 큰소리로 시끄럽게 말하다. 　예 수업 시간에 떠들지 마세요. ● **설명** "수호하고 호민이가 수업 시간에 이야기해요. 목소리가 커요. '떠들다', 수호하고 호민이가 떠들어요."
졸다	◆ **정의** 완전히 잠이 들지는 않으면서 자꾸 잠이 들려는 상태가 되다. 　예 수업 시간에 졸지 마세요. ● **설명** "오늘 너무 피곤해요. 자고 싶어요. (눈이 감기는 행동을 하면서 고개를 뒤로 조금씩 움직이며) '졸다', 졸아요."
켜다	◆ **정의** 전기 제품 등을 작동하게 만들다. 　예 텔레비전을 켰어요. ◆ **정보** 반의어 '끄다' ● **설명** "(교실 불을 껐다가 켜며) 선생님이 지금 뭐 해요? '불을 켜다', 불을 켜요."
끄다	◆ **정의** 전기나 기계를 움직이는 힘이 통하는 길을 끊어 전기 제품 등을 작동하지 않게 하다. 　예 영화관에서는 휴대 전화를 끄세요. ◆ **정보** 반의어 '켜다' ● **설명** "(교실 불을 끄며) 선생님이 지금 뭐 해요? '불을 끄다', 불을 꺼요."
출석하다	◆ **정의** 수업이나 모임 등에 나아가 참석하다. 　예 우리 반 학생들이 모두 출석했어요. ◆ **정보** 반의어 '결석하다' ● **설명** "학교에 와서 의자에 앉아요. 그리고 수업을 들어요. '출석하다', 출석했어요."

204 의사소통 한국어 교사용 지도서 1

결석하다	◆ **정의** 학교나 회의 등 공식적인 자리에 나오지 않다. 예 어제는 몸이 아파서 결석했어요. ◆ **정보** 반의어 '출석하다' ● **설명** "몸이 아파서 학교에 올 수 없어요. 학교에 안 와요. '결석하다', 결석했어요."
지각하다	◆ **정의** 정해진 시각보다 늦게 출근하거나 등교하다. 예 버스가 늦게 왔어요. 지각했어요. ● **설명** "수호가 오늘 학교에 늦었어요. '지각하다', 수호가 오늘 지각했어요."
똑바로	◆ **정의** 어느 쪽으로도 기울지 않고 곧게. 예 수업 시간에 똑바로 앉으세요. ● **설명** "(의자에 허리를 펴고 똑바로 앉으며) 의자에 이렇게 앉아요. '똑바로', 똑바로 앉아요."

2) 교사는 질문을 통해 학생들이 어휘 및 표현을 잘 이해했는지 확인한다.
- 교 "오늘 누가 지각했어요?"
- 교 "영화관에서 영화를 봐요. 휴대 전화를 어떻게 해요?"

---

2. 학교생활 중 생활 습관 관련 어휘 및 표현이다.

1) 교사는 다음에 제시되는 내용을 참고하여 학생들에게 어휘 및 표현을 설명한다. 이때 새로 등장하는 발음 규칙이 있다면 함께 설명한다.

복도	◆ **정의** 건물 안에서 여러 방으로 통하게 만들어 놓은 통로. 예 복도에서 선생님을 만났어. ● **설명** "여기는 교실이에요. (복도를 가리키며) 저기는 '복도'예요."
뛰다	◆ **정의** 발을 재빠르게 움직여 빨리 나아가다. 예 복도에서 뛰면 위험해요. ● **설명** "(천천히 걸으며) 걸어요. (빨리 뛰는 시늉을 하며) 뛰어요."
싸우다	◆ **정의** 말이나 힘으로 이기려고 다투다. 예 친구하고 싸우지 마세요. ● **설명** "(두 주먹을 부딪치며) '싸우다', 친구하고 싸워요. 동생하고 싸워요."
거짓말	◆ **정의** 사실이 아닌 것을 사실인 것처럼 꾸며서 하는 말. 예 선생님에게 거짓말하면 안 돼요. ● **설명** "(피노키오 사진을 보여 주며) 피노키오예요. 코가 아주 길어요. 왜 코가 길어요. '거짓말'을 했어요. '거짓말'을 하면 코가 길어져요."
남기다	◆ **정의** 다 쓰지 않고 나머지가 있게 하다. 예 음식을 남기지 마세요. ● **설명** "식당에서 음식을 많이 주문했어요. 그런데 다 먹을 수 없어요. 어떻게 해요? '남기다', 음식을 남겨요."

정리하다	◆ **정의** 흐트러지거나 어수선한 상태에 있는 것을 한데 모으거나 치우다. 예 사물함을 잘 정리했어요. ● **설명** "(지저분한 책상 사진을 보여 주며) 책상 위에 물건이 너무 많아요. 어떻게 해요? '정리하다', 책상을 정리해요. 책상이 깨끗해요."
도와주다	◆ **정의** 다른 사람의 일을 거들거나 힘을 보태 주다. 예 형이 방 청소를 도와줬어요. ● **설명** "친구가 혼자 청소해요. 여러분이 같이 청소를 해 줘요. 친구를 '도와주다', 친구를 도와줘요."
줄을 서다	◆ **정의** 사람이나 물건이 길게 늘어서 서 있다. 예 버스 정류장에서 줄을 서요. ● **설명** "급식실에서 밥을 먹을 거예요. 수호가 앞에 있어요. 저는 수호 뒤에 있어요. 제 뒤에는 정호가 있어요. '줄을 서다', 줄을 섰어요."
쓰레기	◆ **정의** 쓸어 낸 먼지, 또는 못 쓰게 되어 내다버릴 물건이나 내다 버린 물건. 예 교실에 쓰레기가 있어요. ● **설명** "(쓰레기통에 쓰레기를 가리키며) 이게 뭐예요? 쓰레기예요."
줍다	◆ **정의** 바닥에 떨어지거나 흩어져 있는 것을 집다. 예 공원에서 쓰레기를 주웠어. ◆ **정보** 반대말 '버리다' ● **설명** "(바닥에 떨어진 지우개를 줍는 행동을 보여 주며) 선생님이 지금 뭐 해요? '줍다', 지우개를 주워요."

2) 교사는 질문을 통해 학생들이 어휘 및 표현을 잘 이해했는지 확인한다.
- 교 "점심을 먹으러 급식실에 가요. 내 앞에 사람들이 많아요. 어떻게 해요?"
- 교 "친구가 다리가 아파서 혼자 걸을 수 없어요. 어떻게 해요?"

교수-학습 지침

※ 고등학생 대상 수업의 경우 필수적으로 5분간 다음 활동을 추가로 진행함.
→ 교사는 학생들에게 목표 어휘들 중에서 학교에서 해야 하는 행동과 하면 안 되는 행동을 분류해 보며 이야기를 나누는 활동을 할 수 있도록 지도한다.

정리 – 5분

교사는 질문을 통해 어휘 및 표현 학습을 마무리한다.
- 교 "수업 시간에 어떻게 해야 돼요?"
- 교 "학교에서는 어떻게 생활해야 돼요?"

→ '거짓말하다[거진말하다]'의 발음 규칙:
　・비음화 ▶ 자음 동화 현상의 하나로 받침 'ㄱ,ㄷ,ㅂ'이 'ㄴ, ㅁ' 앞에서 [ㅇ], [ㄴ], [ㅁ]으로 발음되는 것이다.
　　예 국민[궁민], 밥물[밤물], 받는다[반는다]
→ '지각하다[지가카다], 출석하다[출써카다]'의 발음 규칙:
　・'ㅎ' 축약 ▶ 평음인 'ㄱ,ㄷ,ㅂ,ㅈ'가 'ㅎ'과 만나 축약되면서 격음인 'ㅋ,ㅌ,ㅍ,ㅊ'가 된다.
→ '똑바로[똑빠로], 앉다[안따], 복도[복또], 줍다[줍따]'의 발음 규칙:
　・경음화 ▶ 1권 64쪽
→ '출석[출썩], 결석[결썩]'의 발음 규칙:
　・한자어의 경음화 ▶ 한자어에서, 'ㄹ' 받침 뒤에 연결되는 'ㄷ, ㅅ, ㅈ'은 된소리로 발음한다.

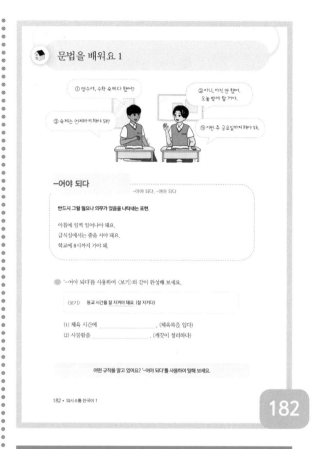

182

• 3차시 | 문법을 배워요 1

[학습 목표]

• 해야 할 일에 대해 묻고 답할 수 있다.
• '-어야 되다'를 사용하여 반드시 그럴 필요나 의무가 있다는 것을 표현할 수 있다.

도입 – 5분

1) 교사는 학생들에게 대화문을 읽게 한다. 그리고 학생들이 대화 상황을 이해했는지 확인 질문을 한다.
　📖 "무슨 숙제가 있어요?"
　📖 "영수는 수학 숙제를 했어요?"

2) 교사는 학생들에게 목표 문법의 의미를 추측할 수 있는 질문을 한다.
　📖 "영수가 수학 숙제를 안 했어요. 언제까지 해야 돼요?"
　📖 "오늘 숙제가 있어요? 그 숙제를 언제까지 해요?"

전개 – 35분

다음의 절차에 따라 문법에 대해 설명한다. 그리고 새로 제시되는 어휘 및 표현이 있다면 그 의미를 함께 설명한다.

[설명]

　📖 "여러분, 쉬는 시간이 끝나고 수업이 시작했어요. 그럼 우

리는 무엇을 해야 돼요? (의자에 앉으며) 의자에 앉아야 돼요. '-어야 되다'는 반드시 그럴 필요나 의미가 있음을 나타낼 때 사용해요."

[예시]

· 내일 시험이라서 공부해야 돼요.
· 숙제를 꼭 해야 돼요.
· 아프면 병원에 가야 돼요.
· 체육 시간에는 체육복을 입어야 돼요.

[정보]

▶형태 정보:

	ㅏ, ㅗ	ㅓ, ㅜ, ㅣ...	-하다
동사, 형용사	-아야 되다	-어야 되다	-여야 되다

① 동사 및 형용사 어간 끝음절의 모음이 'ㅏ, ㅗ'인 경우 '-아야 되다', 동사 및 형용사 어간 끝음절의 모음이 'ㅏ, ㅗ'가 아닌 경우 '-어야 되다', '-하다'가 붙은 동사 및 형용사 어간에는 '-여야 되다'를 쓰는데, 흔히 줄여서 '-해야 되다'로 쓴다.

② '이다, 아니다'는 '여야 되다'를 쓴다. 단, '이다' 앞의 명사에 받침이 없으면 '여야 되다'라고 쓴다.

③ 이전 단원에서 제시되었던 모든 활용 변화를 함께 제시해 준다.

· 'ㄷ' 불규칙: 듣다→ 들어야 돼요
· 'ㅂ' 불규칙: 줍다→ 주워야 돼요
· '으' 탈락: 쓰다→ 써야 돼요

▶주의 사항:

① 부정은 '-지 않아야 되다', '안 -어야 되다'로 말한다.

② '-어야 되다'는 '-어야 하다'와 큰 의미 차이 없이 사용할 수 있다. 다만, '-어야 되다'가 구어나 비격식 상황에서 많이 사용되는 데에 비해 '-어야 하다'는 문어나 격식 상황에서 많이 사용된다.

[확인]

교사는 문법을 설명한 뒤 '연습 문제'를 통해 학생들이 문법을 이해했는지 확인한다.

정답
(1) 체육복을 입어야 돼요
(2) 깨끗이 정리해야 돼요

어휘 및 표현

깨끗이	◆ **정의** 어떤 것이 더럽지 않게. 　　**예** 방을 깨끗이 청소했어요. ● **설명** "교실을 잘 청소해요. 깨끗이 청소해요."

아직	◆ **정의** 어떤 일이나 상태 또는 어떻게 되기까지 시간이 더 지나야 함을 나타내거나, 어떤 일이나 상태가 끝나지 아니하고 지속되고 있음을 나타내는 말. 　　**예** 아직 밥을 다 안 먹었어요. ◆ **정보** 반의어 '벌써' ● **설명** "지금 방 청소를 해요. 아빠가 물어요. 청소 다 끝났어? 여러분은 대답해요. 아직 안 끝났어요. 지금도 청소해요."

교수-학습 지침

※ 고등학생 대상 수업의 경우 필수적으로 5분간 다음 활동을 추가로 진행함.
→ 교사는 학생들에게 목표 문법을 활용할 수 있는 새로운 화제를 제시할 수 있다.
　교 "한국어를 잘하고 싶어요. 어떻게 해야 돼요? '-어야 되다'를 사용하여 말해 보세요."

예시 답안
한국어로 많이 이야기해야 돼요. 한국어 책을 많이 읽어야 돼요.

정리 - 5분

1) 교사는 학생들에게 대화문을 다시 한번 읽게 한다.

2) 교사는 교재에 제시된 열린 질문을 통해 학생들에게 배운 문법을 활용하여 자유롭게 이야기를 나누게 한다.
　교 "어떤 규칙을 알고 있어요? '-어야 되다'를 사용하여 말해 보세요."

예시 답안
학교에 8시까지 와야 돼요. 수영장에서 수영복을 입어야 돼요. 도서관에서 조용히 해야 돼요.

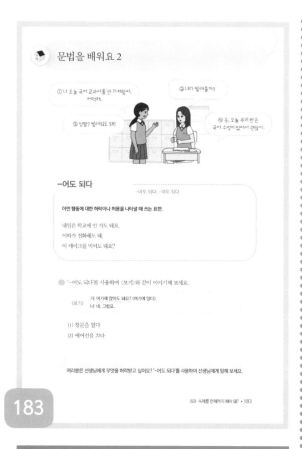

183

• 4차시 | 문법을 배워요 2

[학습 목표]

- 다른 사람에게 허락을 구할 수 있다.
- '-어도 되다'를 사용하여 어떤 행동에 대한 허락이나 허용을 표현할 수 있다.

도입 – 5분

1) 교사는 학생들에게 대화문을 읽게 한다. 그리고 학생들이 대화 상황을 이해했는지 확인 질문을 한다.

   📚 "와니는 오늘 무엇을 안 가져왔어요?"

   📚 "와니는 누구한테 책을 빌릴 거예요?"

2) 교사는 학생들에게 목표 문법의 의미를 추측할 수 있는 질문을 한다.

   📚 "와니는 안나에게 교과서를 빌리고 싶어요. 안나한테 어떻게 질문했어요?"

   📚 "안나는 와니한테 책을 빌려줘도 돼요?"

전개 – 35분

다음의 절차에 따라 문법에 대해 설명한다. 그리고 새로 제시되는 어휘 및 표현이 있다면 그 의미를 함께 설명한다.

[설명]

📚 "여러분 교실에서 물을 마셔요. 괜찮아요? 교실에서 물을

마셔도 돼요? 네, 물을 마셔도 돼요. '-어도 되다'는 어떤 일이나 상황에 대한 허락이나 허용을 나타낼 때 사용해요."

[예시]

- 여기에 앉아도 돼요.
- 교실 컴퓨터를 사용해도 돼요?
- 영화관에서 팝콘을 먹어도 돼.
- 숙제를 다 하면 친구랑 놀러 가도 돼.

[정보]

▶형태 정보:

	ㅏ, ㅗ	ㅓ, ㅜ, ㅣ…	-하다
동사, 형용사	-아도 되다	-어도 되다	-여도 되다

① 동사 및 형용사 어간 끝음절의 모음이 'ㅏ, ㅗ'인 경우 '-아도 되다', 동사 및 형용사 어간 끝음절의 모음이 'ㅏ, ㅗ'가 아닌 경우 '-어도 되다', '-하다'가 붙은 동사 및 형용사 어간에는 '-여도 되다'를 쓰는데, 흔히 줄여서 '-해도 되다'로 쓴다.

② '이다, 아니다'는 '어도 되다'를 쓴다. 단, '이다' 앞의 명사에 받침이 없으면 '여도 되다'라고 쓴다.

③ 이전 단원에서 제시되었던 모든 활용 변화를 함께 제시해 준다.

- 'ㄷ' 불규칙: 묻다→물어도 돼요
- 'ㅂ' 불규칙: 눕다→누워도 돼요
- 'ㅡ' 탈락: 크다→커도 돼요

▶주의 사항:

① 부정은 '-지 않아도 되다', '안 –어도 되다'로 말한다.

② '-어도 되다'의 '되다' 자리에 '좋다', '괜찮다' 등을 써서 사용하기도 한다.

[확인]

교사는 문법을 설명한 뒤 '연습 문제'를 통해 학생들이 문법을 이해했는지 확인한다.

> 정답
> (1) 창문을 열어도 돼요
> (2) 에어컨을 꺼도 돼요

어휘 및 표현

이따가	◆ 정의 조금 뒤. 📖 이따가 도서관 앞에서 만나요. ◆ 정보 유의어 '이따' ● 설명 "지금 헤어져요. 그런데 한 시간 후에 다시 만날 거예요. 여러분 이따가 만나요."

그럼	◆ **정의** 말할 것도 없이 당연하다는 뜻으로 대답할 때 쓰는 말. 예 그럼. 당연히 자전거를 탈 수 있어. ◆ **정보** 높임 표현으로 조사 '요'를 붙여 '그럼요'라고 말한다. ● **설명** "여러분, 일요일을 좋아해요? 네, 일요일을 좋아해요. 그럼요. 일요일을 좋아해요. 선생님 말이 맞아요."
에어컨	◆ **정의** 차가운 바람을 나오게 하는 가전제품. 예 많이 더우면 에어컨을 켜세요. ● **설명** "(교실 에어컨을 가리키며) 이게 뭐예요? 에어컨이에요. 더우면 에어컨을 켜요. 추우면 에어컨을 꺼요."

교수-학습 지침

※ 고등학생 대상 수업의 경우 필수적으로 5분간 다음 활동을 추가로 진행함.
→ 교사는 학생들에게 목표 문법을 활용할 수 있는 새로운 화제를 제시할 수 있다.
  교 "친구에게 무슨 허락을 받고 싶어요? '-어도 되다'를 사용하여 말해 보세요."

예시 답안
이 책 읽어도 돼? 이따 전화해도 돼?

정리 - 5분

1) 교사는 학생들에게 대화문을 다시 한번 읽게 한다.

2) 교사는 교재에 제시된 열린 질문을 통해 학생들에게 배운 문법을 활용하여 자유롭게 이야기를 나누게 한다.
  교 "여러분은 선생님에게 무슨 허락을 받고 싶어요? '-어도 되다'를 사용하여 말해 보세요."

예시 답안
숙제를 다음 주까지 해도 돼요? 빵을 먹어도 돼요? 화장실에 가도 돼요?

• 5차시 | 문법을 배워요 3

[학습 목표]

• 학교 규칙에 따라 어떤 행동을 못하도록 금지할 수 있다.
• '-으면 안 되다'를 사용하여 어떤 행동이나 상태를 금지하거나 제한할 수 있다.

도입 - 5분

1) 교사는 학생들에게 대화문을 읽게 한다. 그리고 학생들이 대화 상황을 이해했는지 확인 질문을 한다.
  교 "수호와 유미가 어디에 있어요?"
  교 "수호가 무엇을 했어요?"

2) 교사는 학생들에게 목표 문법의 의미를 추측할 수 있는 질문을 한다.
  교 "수호가 복도에서 뛰었어요. 유미가 수호한테 어떻게 말했어요?"
  교 "복도에서 왜 뛰면 안 돼요?"

전개 - 35분

다음의 절차에 따라 문법에 대해 설명한다. 그리고 새로 제시되는 어휘 및 표현이 있다면 그 의미를 함께 설명한다.

[설명]

🎓 "여러분 수업 시간에 전화해도 돼요? 안 돼요. 전화하면 안 돼요. 친구에게 거짓말해도 돼요? 안 돼요. 친구한테 거짓말하면 안 돼요. '-으면 안 되다'는 금지하거나 제한하는 말을 할 때 사용해요."

[예시]

· 수업 시간에 떠들면 안 돼요.
· 아이스크림을 너무 많이 먹으면 안 돼.
· 영화관에서 이야기를 하면 안 돼요.
· 친구하고 싸우면 안 돼요.

[정보]

▶형태 정보:

	받침 ○	받침 X, 'ㄹ' 받침
동사, 형용사	-으면 안 되다	-면 안 되다

① 동사 및 형용사 어간 끝음절에 받침이 있으면 '-으면 안 되다'를 쓰고, 받침이 없거나 'ㄹ' 받침이면 '-면 안 되다'를 쓴다.

② 이전 단원에서 제시되었던 모든 활용 변화를 함께 제시해 준다.

· 'ㄷ' 불규칙: 듣다 → 들으면 안 돼요
· 'ㅂ' 불규칙: 눕다 → 누우면 안 돼요

▶제약 정보:

① 과거 '-었-', 미래·추측의 '-겠-'과 결합하지 않는다.

▶주의 사항:

① '-으면 되지 않는다'의 형태로는 쓰이지 않는다.

② '-지 않으면 안 되다'는 '-어야 하다'와 같은 의미가 된다.

[확인]

교사는 문법을 설명한 뒤 '연습 문제'를 통해 학생들이 문법을 이해했는지 확인한다.

> **정답**
> (1) 청소기로 청소하면 안 돼요
> (2) 친구와 떠들면 안 돼요

어휘 및 표현

사용하다	◆ **정의** 어떤 것을 필요한 일이나 기능에 맞게 쓰다. 🗯 컴퓨터를 사용해도 돼요. ● **설명** "친구에게 전화해요. 휴대 전화로 해요. 휴대 전화를 사용해요. 공책에 글을 써요. 연필로 써요. 연필을 사용해요."
청소기	◆ **정의** 청소를 할 때 쓰는 기계. 🗯 청소기로 집 안을 청소했어요. ● **설명** "(청소기 사진을 보여 주며) 무엇으로 청소해요? 청소기로 청소해요."

밤	◆ **정의** 해가 져서 어두워진 때부터 다음 날 해가 떠서 밝아지기 전까지의 동안. 🗯 밤에 피아노를 치면 안 돼요. ◆ **정보** 반의어 '낮' ● **설명** "(달이 뜬 밤 사진을 보여 주며) 지금은 밤이에요. 밤에 무엇을 해야 돼요? 밤에 일찍 자야 돼요."
버리다	◆ **정의** 가지거나 지니고 있을 필요가 없는 물건을 내던지거나 쏟거나 하다. 🗯 휴지는 쓰레기통에 버려야 돼요. ● **설명** "쓰레기예요. (쓰레기를 쓰레기통에 버리며) '버리다', 쓰레기통에 쓰레기를 버려요."

> **교수-학습 지침**
>
> ※ 고등학생 대상 수업의 경우 필수적으로 5분간 다음 활동을 추가로 진행함.
> → 교사는 학생들에게 목표 문법을 활용할 수 있는 새로운 화제를 제시한다.
> 🎓 "영화관에 어떤 규칙이 있어요? '-으면 안 되다'를 사용하여 말해 보세요."

> **예시 답안**
> 휴대 전화를 사용하면 안 돼요. 떠들면 안 돼요.

정리 – 5분

1) 교사는 학생들에게 대화문을 다시 한번 읽게 한다.

2) 교사는 교재에 제시된 열린 질문을 통해 학생들에게 배운 문법을 활용하여 자유롭게 이야기를 나누게 한다.

🎓 "학교에 어떤 규칙이 있어요? '-으면 안 되다'를 사용하여 말해보세요."

> **예시 답안**
> 지각하면 안 돼요. 교실에 쓰레기를 버리면 안 돼요.

• 6차시 | 문법을 배워요 4

[학습 목표]
- 두 가지 이상의 행동을 함께 하는 것에 대해 말할 수 있다.
- '-으면서'를 사용하여 두 가지 이상의 동작이나 상태가 함께 일어난다는 것을 표현할 수 있다.

도입 - 5분

1) 교사는 학생들에게 대화문을 읽게 한다. 그리고 학생들이 대화 상황을 이해했는지 확인 질문을 한다.
   📖 "소연이가 왜 위험했어요?"
   📖 "소연이가 왜 계단을 볼 수 없었어요?"

2) 교사는 학생들에게 목표 문법의 의미를 추측할 수 있는 질문을 한다.
   📖 "소연이가 걸으면서 무엇을 했어요?"
   📖 "어떤 행동을 함께 하면 위험해요?"

전개 - 35분

다음의 절차에 따라 문법에 대해 설명한다. 그리고 새로 제시되는 어휘 및 표현이 있다면 그 의미를 함께 설명한다.

[설명]
   📖 "오늘 친구를 만날 거예요. 그런데 친구가 아직 안 왔어요.

친구를 기다려요. 여러분은 무엇을 해요? 휴대 전화로 게임을 해요. 친구를 기다리면서 휴대 전화로 게임을 해요. '-으면서'는 어떤 행동을 두 가지 이상 같이 할 때 쓰는 표현이에요."

[예시]
- 친구하고 차를 마시면서 이야기를 해요.
- 공부를 하면서 음악을 들어요.
- 우산이 없어서 비를 맞으면서 걸었어요.
- 책을 읽으면서 공책에 새 단어를 쓰세요.

[정보]
▶형태 정보:

	받침 ○	받침 X, 'ㄹ' 받침
동사, 형용사	-으면서	-면서

① 동사 및 형용사 어간 끝음절에 받침이 있으면 '-으면서', 동사 및 형용사 어간에 받침이 없거나 'ㄹ' 받침이면 '-면서'를 쓴다.

② '이다, 아니다'는 '면서'를 쓴다. 단, '이다' 앞의 명사에 받침이 없으면 주로 '명사+면서'라고 쓴다.

③ 이전 단원에서 제시되었던 모든 활용 변화를 함께 제시해 준다.
   · 'ㄷ' 불규칙: 걷다→ 걸으면서
   · 'ㅂ' 불규칙: 덥다→ 더우면서

▶제약 정보:
① 앞 절과 뒤 절의 주어가 같아야 하며, 보통 뒤 절의 주어는 생략된다.
② 과거 '-었-', 미래·추측의 '-겠-'과 결합하지 않는다.

▶주의 사항:
① 부정 표현과 함께 사용하면 그런 행동을 하지 않았음을 강조하는 표현이 된다.
   · 정답을 안 보면서 문제를 풀었어요.

[확인]
교사는 문법을 설명한 뒤 '연습 문제'를 통해 학생들이 문법을 이해했는지 확인한다.

> 정답
> (1) 밥을 먹으면서
> (2) 노래를 하면서

어휘 및 표현

위험하다	◆ **정의** 안전하지 않거나 다칠 가능성이 있다. 예 자전거를 타면서 전화를 하면 위험해요. ◆ **정보** 반의어 '안전하다' ● **설명** "(휴대 전화를 보면서 길을 걷는 사람의 사진을 보여 주며) 휴대 전화를 보면서 길을 걸으면 안 돼요. 왜요? 거리에 차가 많아요. 그래서 '위험하다', 위험해요."

조심하다	◆ **정의** 좋지 않은 일을 겪지 않도록 말이나 행동 등에 주의를 하다. **예** 감기 조심하세요. ● **설명** "(얼음 위를 걷는 사진을 보여 주며) 얼음 위를 걸어요. 어떻게 해야 돼요? '조심하다', 조심해야 돼요."
걷다	◆ **정의** 다리를 움직여 바닥에서 발을 번갈아 떼어 옮기다. **예** 친구하고 이야기하면서 학교까지 걸었어요. ● **설명** "(걷는 행동을 보여 주며) 지금 뭐 해요? 걸어요."

교수-학습 지침

※ 고등학생 대상 수업의 경우 필수적으로 5분간 다음 활동을 추가로 진행함.
→ 교사는 학생들에게 목표 문법을 활용할 수 있는 새로운 화제를 제시한다.
　🔲 "버스 정류장에 있어요. 무엇을 하면서 버스를 기다려요? '-으면서'를 사용하여 말해 보세요."

예시 답안
게임을 하면서 버스를 기다려요. 책을 읽으면서 버스를 기다려요.

정리 - 5분

1) 교사는 학생들에게 대화문을 다시 한번 읽게 한다.

2) 교사는 교재에 제시된 열린 질문을 통해 학생들에게 배운 문법을 활용하여 자유롭게 이야기를 나누게 한다.
　🔲 "두 가지 행동을 함께 해요. '-으면서'를 사용하여 말해 보세요."

예시 답안
음악을 들으면서 숙제를 해요. 영화를 보면서 팝콘을 먹어요. 친구와 주스를 마시면서 이야기를 해요.

교사 지식
'-으면서'는 '가방이 싸면서 튼튼하다'와 같이 형용사와 함께 쓸 수 있으며, '맛없으면서 가격이 비싸다'와 같이 대립의 의미도 가지나 본 단원에서는 둘 이상의 행동을 함께 함을 나타내는 표현만을 가르치도록 한다.

● 메모

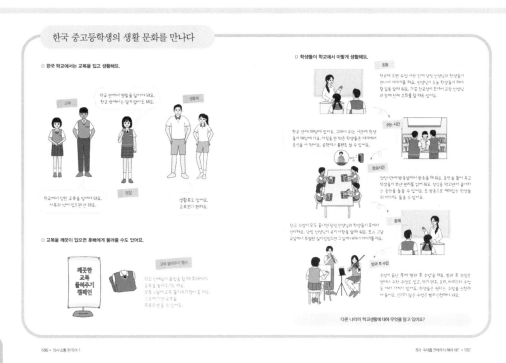

• 문화

[학습 목표]

- 한국의 학교에서는 무엇을 입는지, 한국의 교복에 대해 알 수 있다.
- 한국의 학생들이 학교에서 어떻게 생활하는지 하루 일과를 알고, 다른 나라의 학교생활과 비교하여 이야기할 수 있다.

1) 질문을 통해 학생들에게 주제를 추측하게 한다.

- 🔖 "여러분, 한국 중학생과 고등학생은 학교에서 무슨 옷을 입어요? 여러분은 지금 무슨 옷을 입었어요?"
- 🔖 "여러분 교복을 어떻게 준비했어요? 어디에서 샀어요?"
- 🔖 "여러분은 조회 시간, 수업 시간, 쉬는 시간, 점심시간, 방과 후 수업 중에서 어느 시간이 제일 좋아요? 그 시간에는 무엇을 해요?"

2) 교재 186쪽을 보며 한국 중고등학생의 복장에 대해 설명한다.

교수-학습 지침

교사는 학생들이 입고 있는 교복의 각 명칭을 알고 있는지 묻고 알려 주는 활동을 할 수 있다. 각 교복에 따라 '재킷, 조끼, 셔츠, 바지, 치마, 넥타이' 등의 의류 용어가 있음을 학생들이 알 수 있도록 지도한다.

3) 교재 187쪽을 보며 한국의 학교생활은 어떤지 설명한다.

교수-학습 지침

교사는 학교생활에서 시간의 흐름에 따라 학생들이 어떤 활동을 하고 있는지 서로 이야기해 보는 활동을 할 수 있다. '조회, 쉬는 시간, 점심시간, 종례, 방과 후 수업' 등을 소개해 주고 학생들이 각 시간에 무엇을 하는지 서로 자유롭게 이야기해 볼 수 있도록 지도한다.

4) 본 문화와 관련하여 상호문화적 관점에서 이야기할 수 있도록 한다.

- 🔖 "여러분, 다른 나라 학교생활에 대해 무엇을 알아요?"
- 🔖 "여러분, 다른 나라에서는 학교에서 학생들이 하루를 어떻게 보내는지 알아요?"

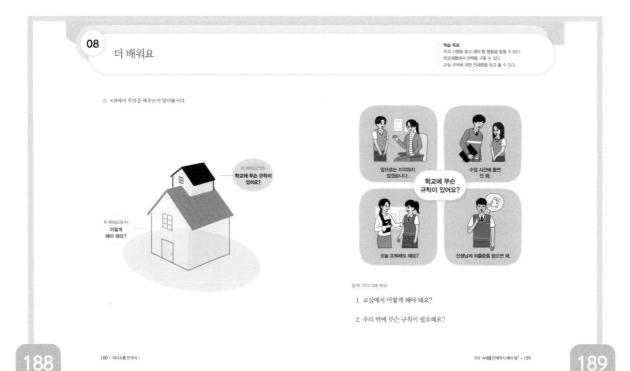

188 • 의사소통 한국어 1

8과 숙제를 언제까지 해야 돼? • 189

〈더 배워요〉 학습 목표

- 주의 사항을 듣고 해야 할 행동을 말할 수 있다.
- 학교생활에서 허락을 구할 수 있다.

7차시	• 학교에서 선생님의 주의 사항을 듣고 앞으로 해야 할 일을 말할 수 있다.
8차시	• 학교생활에서 어떤 행동에 대해 허락을 구할 수 있다.
9차시	• 교실 규칙에 대한 안내문을 읽고 이해할 수 있다.
10차시	• 교실 규칙에 대한 안내문을 쓸 수 있다.

● 7차시 | 〈더 배워요〉 도입 및 대화해 봐요 1

〈더 배워요〉 도입 – 5분

1) 〈꼭 배워요〉의 목표 어휘 및 문법 등을 확인할 수 있는 질문을 통해 학생들이 해당 표현을 사용하여 답할 수 있도록 유도한다.

🔲 "학교에서 어떤 규칙을 지켜야 돼요?"

🔲 "공원에서 무엇을 해도 돼요?"

🔲 "그리고 공원에서 무엇을 하면 안 돼요?"

🔲 "여러분은 버스를 기다리면서 무엇을 해요?"

2) '대화해 봐요 1, 2'에서 학습할 내용을 대표하는 네 개의 그림들을 확인하며 학생들이 앞으로 배우게 될 주제 및 내용을 추측할 수 있도록 한다.

🔲 "(첫 번째 그림을 가리키며) 여기가 어디예요? 영수는 누구하고 이야기를 해요?"

🔲 "영수가 선생님한테 무슨 이야기를 해요?"

🔲 "(두 번째 그림을 가리키며) 선생님이 안나에게 무슨 이야기를 해요?"

🔲 "안나가 수업 시간에 무엇을 했을까요?"

🔲 "(세 번째 그림을 가리키며) 나나가 누구하고 이야기를 해요?"

🔲 "나나가 선생님에게 무슨 이야기를 해요?"

🔲 "(네 번째 그림을 가리키며) 민우는 선생님께 무엇을 받아요?"

🔲 "여러분은 언제 외출증을 받았어요?"

3) '함께 이야기해 봐요'에 제시된 질문을 통해 이야기를 나눔으로써 '읽고 써 봐요'에서 학습할 내용을 추측하게 한다.

🔲 "교실에서 어떻게 해야 돼요?"

🔲 "우리 반에 무슨 규칙이 필요해요?"

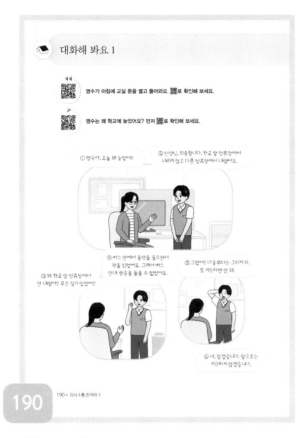

190

[학습 목표]

• 학교에서 선생님의 주의 사항을 듣고 앞으로 해야 할 일을 말할 수 있다.
• 부가 문법: -겠-(의지), -습니다
• 목표 표현: ~부터 -어(요)
　　　　　　앞으로는 -겠습니다

본 대화는 영수가 지각을 하여 선생님께 생활 지도를 받고 있는 상황이다.

도입 - 5분

1) 교사는 학생들에게 '대화해 봐요 1'의 내용을 추측할 수 있는 질문을 한다.

　📺 "여러분은 학교에 어떻게 와요?"
　📺 "학생이 지각하면 선생님은 무슨 말을 해요?"

2) 교사는 학생들에게 190쪽의 첫 번째 QR 코드 속 영상을 보게 한다.

　📺 "영수가 아침에 교실 문을 열고 들어와요. 무슨 일이 있어요? 함께 확인해 봐요."

3) 교사는 학생들이 대화 내용을 잘 이해했는지 질문을 한다. 그리고 새 표현이 있다면 그 의미를 함께 설명한다.

　📺 "영수는 누구를 만나러 가야 돼요?"

전개 - 20분

1) 교사는 학생들에게 본 대화 내용을 소개하며 190쪽의 두 번째 QR 코드 속 영상을 보게 한다.

　📺 "영수는 왜 학교에 늦었어요? 함께 확인해 봐요."

2) 교사는 학생들이 대화의 전체 내용을 이해했는지 확인하는 질문을 한다.

　📺 "영수는 왜 학교에 늦었어요?"

3) 교사는 학생들에게 대화문을 읽게 한다. 그리고 세부 내용을 이해했는지 확인하는 질문을 한다.

　📺 "영수는 왜 안내 방송을 들을 수 없었어요?"
　📺 "선생님은 영수에게 무슨 말을 했어요?"

4) 대화에 제시된 새 표현의 의미를 설명한다.

어휘 및 표현

그래서	◆ **정의** 앞의 내용이 뒤의 내용의 원인이나 근거, 조건 등이 될 때 쓰는 말. 📖 머리가 아파요. 그래서 약을 먹었어요. ● **설명** "저는 우유를 좋아해요. 그래서 우유를 마셔요."
안내 방송	◆ **정의** 어떤 내용을 소개하거나 알리기 위해 하는 방송. 📖 버스의 안내 방송을 들으면 다음 정류장을 알 수 있어요. ◆ **정보** 어떤 내용을 소개하거나 알리기 위해 하는 방송 ● **설명** "버스를 탔어요. (손을 귀에 갖다 대며) 여기는 시청입니다. 안내 방송을 들어요."
그러다	◆ **정의** 어떤 상태, 모양, 성질이 그렇게 되게 하다. 📖 가: 놀지 말고 공부해. 　나: 네, 그럴 거예요. ● **정보** '그리하다'의 줄임말이다. ● **설명** "수업 시간이에요. 친구가 휴대 전화를 봐요. 여러분이 말해요. 휴대 전화를 보지 마. 그러지 마."
또	◆ **정의** 어떤 일이나 행동이 다시. 📖 아침에 밥을 먹었지만 배가 고파서 또 빵을 먹었어요. ● **설명** "우유를 마셔요. 10분 후에 우유를 마셔요. 10분 후에 우유를 마셔요. 10분 후에 우유를 또 마셔요. 다시 해요. 또 해요."

5) 교사는 학생들에게 대화문을 다시 한번 읽게 한다. 이때 역할을 나누는 등 다양한 방식으로 읽게 할 수 있다.

6) 교사는 다음의 절차에 따라 부가 문법 '-겠-'(의지)과 '-습니다'에 대해 설명한다. 그리고 새로 제시되는 어휘가 있다면 그 의미를 함께 설명한다.

부가 문법 1   '-겠-' (의지)

[설명]

🔲 "새해가 되었어요. 무슨 계획이 있어요? 책을 많이 읽어요. 이 계획을 '책을 많이 읽겠어요.' 하고 말해요. '-겠-'은 미래에 대한 의지를 말할 때 사용해요."

[예시]

· 제가 교실 청소를 하겠습니다.
· 아침에 일찍 일어나겠어.
· 구두를 신지 않고 운동화를 신겠어요.
· 이 음식을 다시 먹지 않겠어요.

[정보]

▶형태 정보:

	받침 ○	받침 X
동사	-겠-	

① 동사 어간 끝음절의 받침 유무에 관계없이 '-겠-'을 쓴다.

▶제약 정보:

① 의지의 뜻을 나타내는 '-겠-'은 1인칭 이외의 주어를 쓸 수 없다.

② 의지의 뜻을 나타내는 '-겠-'은 형용사와 결합하지 않는다.

▶주의 사항:

① 7과의 '대화해 봐요 1'에 제시된 '-겠-'은 추측을 나타내는 의미로 제시되고 있으므로 학생들이 이 둘의 차이를 구별할 수 있도록 알려 준다.

부가 문법 2   '-습니다'

[설명]

🔲 "여러분, 사람들 앞에서 발표해요. 안녕하십니까? 제 이름은 김영수입니다. 대한 중학교에 다닙니다. '-습니다'는 보통 자기소개, 뉴스, 발표, 회의 등을 할 때 말해요. '-습니다'는 격식적인 상황에서 정중하게 말할 때 사용해요."

[예시]

· 도서관에 책이 많습니다.
· 저는 아침에 빵을 먹습니다.
· 저는 요리를 잘합니다.
· 제 친구는 키가 큽니다.

[정보]

▶형태 정보:

	받침 ○	받침 X, 'ㄹ' 받침
동사, 형용사	-습니다	-ㅂ니다

① 동사 및 형용사 어간 끝음절에 받침이 있으면 '-습니다', 동사 및 형용사 어간 끝음절에 받침이 없거나 'ㄹ' 받침으로 끝나면 '-ㅂ니다'를 쓴다. 단, 'ㄹ' 받침으로 끝날 때는 'ㄹ'이 탈락한다.

▶주의 사항:

① 질문을 할 때는 '-습니까?'를 사용한다.

② 주로 격식적인 상황에서 쓴다.

7) 교사는 학생들에게 목표 표현에 대해 설명한다.

목표 표현 1   '~부터 -어(요)'

[설명]

🔲 "어제까지 운동을 안 했어요. 하지만 오늘은 운동을 할 거예요. 내일도 운동을 할 거예요. 매일 운동을 할 거예요. 저는 오늘부터 운동할 거예요. '~부터 -어(요)'는 정해진 시간부터 어떤 일을 하도록 권고할 때 사용하는 표현이에요."

[예시]

· 오늘부터 열심히 공부해.
· 내일부터 일찍 일어나요.
· 다음부터 동생하고 싸우지 마.
· 지금부터 친구하고 말하기 연습을 해요.

목표 표현 2   '앞으로는 -겠습니다'

[설명]

🔲 "선생님이 여러분에게 '수업 시간에 떠들지 마세요.' 하고 말해요. 그럼 여러분은 '네, 앞으로는 떠들지 않겠습니다' 하고 말해요. '앞으로는 -겠습니다'는 다음과 같은 행동을 하지 않겠다고 의지를 표현할 때 사용해요."

[예시]

· 앞으로는 열심히 공부하겠습니다.
· 앞으로는 아침에 일찍 일어나겠습니다.
· 앞으로는 동생하고 싸우지 않겠습니다.
· 앞으로는 수업 시간에 졸지 않겠습니다.

8) 교사는 학생들에게 교재의 1번과 2번 문제를 풀게 한다.

9) 교사는 학생들과 함께 문제의 답을 확인한다.

정답
1. (1) ○ (2) × (3) ×
2. 늦게 일어나서 지각했어요. 알람 소리를 못 듣고 늦게 일어나서 지각했어요.

10) 교사는 학생들에게 191쪽의 첫 번째 QR 코드 속 영상을 보게 한다.
   📖 "오늘은 영수에게 무슨 일이 있어요? 함께 확인해 봐요."

11) 교사는 학생들이 대화 내용을 잘 이해했는지 질문을 한다. 그리고 새 표현이 있다면 그 의미를 함께 설명한다.
   📖 "영수는 학교에 또 늦었어요?"
   📖 "오늘은 무슨 요일이에요?"

어휘 및 표현

몸	◆ **정의** 사람이나 동물의 모습을 이루는 머리부터 발까지의 전체, 또는 그것의 상태. 예 저는 몸이 건강해요. ● **설명** "(신체 사진을 보여 주며) 몸이에요."
피곤하다	◆ **정의** 몸이나 마음이 지쳐서 힘들다. 예 요즘 시험공부를 많이 해서 피곤해요. ● **설명** "어제 잠을 안 잤어요. 공부했어요. 지금 피곤해요."

활용 - 10분

1) 교사는 학생들이 목표 표현을 사용하여 대답할 수 있도록 질문을 한다.
   📖 "수업 시간에 친구와 떠들었어요. 선생님이 여러분에게 어떻게 말해요?"
   📖 "선생님이 여러분에게 '떠들지 마세요' 하고 말해요. 그럼 여러분은 선생님에게 어떻게 대답해요?"

2) 교사는 질문을 통해 학생들이 '활용하기'의 대화 상황을 추측할 수 있도록 한다.
   📖 "선생님하고 안나가 이야기를 해요. 무슨 이야기를 할까요?"

3) 교사는 학생들에게 대화문을 읽게 한 후 대화의 내용을 이해했는지 확인하는 질문을 한다. 그리고 새 표현이 있다면 그 의미를 함께 설명한다.
   📖 "수업 시간에 안나가 졸았어요. 선생님은 안나한테 무슨 말을 했어요?"
   📖 "왜 안나가 수업 시간에 졸았어요?"

4) 교사는 학생들에게 대화문을 다시 한번 읽게 한다. 이때 역할을 나누는 등 다양한 방식으로 읽게 할 수 있다.

교수-학습 지침
※ 고등학생 대상 수업의 경우 필수적으로 5분간 다음 활동을 추가로 진행함.
➡ 교사는 학생들에게 선생님과 학생의 역할을 각각 나누어 주고, 학교에서 생활 지도를 하는 상황의 역할극을 짝활동으로 할 수 있도록 지도한다.

정리 - 5분

교사는 학생들에게 191쪽의 '전체 대화를 들어 보세요' QR 코드 속 대화를 듣게 하고 수업을 마무리한다.

대화해 봐요 2

나나는 왜 학교에 가고 싶지 않아요? 로 확인해 보세요.

나나가 선생님을 만나러 교무실에 왔어요. 먼저 로 확인해 보세요.

① 나나야, 오늘은 몸이 좀 어때?

② 어제보다 괜찮아요. 어제 병원에서 주사도 맞고 약도 먹었어요.

③ 그래, 다행이다.

④ 그런데 선생님, 저 오늘 조퇴해도 돼요? 오늘도 병원에 가야 돼요.

⑤ 많이 안 아프면 조퇴하지 말고 학교 끝나고 병원에 다녀와. 선생님이 외출증을 써 주면 돼.

⑥ 네, 선생님. 그럼 병원에 다녀오겠습니다.

192 · 2 · 의사소통 한국어 1

8차시 | 대화해 봐요 2

[학습 목표]
- 학교생활에서 어떤 행동에 대해 허락을 구할 수 있다.
- 부가 문법: -으면 되다
- 목표 표현: -지 말고 -어(요)
  ~을 -으면 되다

본 대화는 병원에 가야 하는 나나가 조퇴를 할 수 있는 지 선생님께 허락을 구하는 상황이다.

도입 - 7분

1) 교사는 학생들에게 '대화해 봐요 2'의 내용을 추측할 수 있는 질문을 한다.
   📺 "학교에 가야 해요. 그런데 몸이 아프면 어떻게 해요?"
   📺 "학교에 왔어요. 그런데 몸이 아파서 병원에 가고 싶으면 어떻게 해요?"

2) 교사는 학생들에게 192쪽의 첫 번째 QR 코드 속 영상 을 보게 한다.
   📺 "나나는 왜 학교에 가고 싶지 않아요? 함께 확인해 봐요."

3) 교사는 학생들이 대화 내용을 잘 이해했는지 질문을 한다. 그리고 새 표현이 있다면 그 의미를 함께 설명한다.
   📺 "나나는 왜 학교에 가지 않을 거예요?"

전개 - 20분

1) 교사는 학생들에게 본 대화 내용을 소개하며 192쪽의 두 번째 QR 코드 속 영상을 보게 한다.
   📺 "나나는 선생님을 만나러 교무실에 왔어요. 무슨 일로 왔 을까요? 함께 확인해 봐요."

2) 교사는 학생들이 대화의 전체 내용을 이해했는지 확인 하는 질문을 한다.
   📺 "나나는 지금은 몸이 어때요?"
   📺 "나나는 오늘 어디에 가야 돼요?"

3) 교사는 학생들에게 대화문을 읽게 한다. 그리고 세부 내용을 이해했는지 확인하는 질문을 한다.
   📺 "나나 왜 조퇴를 하고 싶어요?"
   📺 "선생님은 나나에게 무엇을 써 줄 거예요?"

4) 대화에 제시된 새 표현의 의미를 설명한다.

어휘 및 표현

조퇴	◆ **정의** 학교나 직장 등에서 마치기로 예정된 시간 이전에 나옴. 예 머리가 많이 아파서 조퇴를 했어요. ◆ **정보** 조퇴, 외출, 출석, 결석을 함께 제시하여 가르쳐 이해를 높일 수 있다. ● **설명** "점심시간이에요. 수업이 끝났어요? 아 니요. 그런데 집에 가요. '조퇴하다', 조 퇴해요."
외출증	◆ **정의** 학교에서 외출을 하고 싶을 때 선생님 에게 받아야 하는 증명서. 예 외출증을 받으면 병원에 다녀올 수 있 어요. ◆ **정보** '외출'은 '밖에 나갔다가 들어온다'는 의 미가 있다는 것을 함께 알려 준다. 조퇴 사실을 증명하는 것으로는 '조퇴증'이 있다. ● **설명** "학교가 아직 안 끝났어요. 그런데 준비 물이 없어요. 그래서 밖에 나가야 해요. 외출증이 필요해요."
주사를 맞다	◆ **정의** 병원에서 치료하는 방법으로서, 주사 바늘로 찔러 몸에 약을 넣다. 예 감기에 걸려서 주사를 맞았어요. ● **설명** "아파요. 병원에 가요. (엉덩이에 주사 를 놓는 시늉을 하며) 주사를 맞아요."
다행	◆ **정의** 뜻밖 운이 좋다. 예 시험을 잘 봐서 다행이에요. ◆ **정보** 주로 '다행으로', '다행이다'로 쓴다. ● **설명** "학교에 걸어서 가요. 차가 와요 그런데 몰랐어요. (달려오는 자동차를 발견하 고 깜짝 놀라는 모습을 보이며) 괜찮아 요. 다행이에요."

5) 교사는 학생들에게 대화문을 다시 한번 읽게 한다. 이 때 역할을 나누는 등 다양한 방식으로 읽게 할 수 있다.

6) 교사는 다음의 절차에 따라 부가 문법 '-으면 되다'에

대해 설명한다. 그리고 새로 제시되는 어휘가 있다면
그 의미를 함께 설명한다.

부가 문법   '-으면 되다'

[설명]

🔲 "여러분 배가 고파요. 그런데 집에 밥이 없어요. 그럼 어
떻게 해요? 라면을 먹어요. 그럼 괜찮아요. 라면을 먹으면
돼요. '-으면 되다'는 어떤 행동을 하면 문제가 없거나 충
분하다는 것을 표현할 때 사용해요."

[예시]

· 숙제를 다음 주까지 하면 돼요.
· 여기에 줄을 서면 돼요.
· 연필이 없으면 친구에게 빌리면 돼요.
· 단어를 모르면 사전에서 찾으면 돼요.

[정보]

▶형태 정보:

	받침 ○	받침 X, 'ㄹ' 받침
동사, 형용사	-으면 되다	-면 되다

① 동사 및 형용사 어간 끝음절에 받침이 있으면 '-으면
되다', 동사 및 형용사 어간 끝음절에 받침이 없거나
'ㄹ' 받침이면 '-면 되다'를 쓴다.

② '이다, 아니다'는 '-면 되다'를 쓴다. 단, '이다' 앞의 명사
에 받침이 없으면 주로 '명사+면 되다'라고 쓴다.

③ 이전 단원에서 제시되었던 모든 활용 변화를 함께 제
시해 준다.
· 'ㄷ' 불규칙: 듣다→들으면 되다
· 'ㅂ' 불규칙: 줍다→주우면 되다

7) 교사는 학생들에게 목표 표현에 대해 설명한다.

목표 표현 1   '-지 말고 -어(요)'

[설명]

🔲 "여러분이 텔레비전을 봐요. 엄마가 말해요. 텔레비전 보
지 말고 공부해. 이 말은 '텔레비전 보지 마. 공부해.'하고
같아요. '-지 말고 -어(요)'는 어떤 행동을 말고 다른 행동
을 하도록 할 때 쓰는 표현이에요."

[예시]

· 커피를 마시지 말고 차를 마셔.
· 심심하면 게임하지 말고 책을 읽어.
· 집에 가지 말고 교실에서 기다려요.
· 볼펜으로 쓰지 말고 연필을 사용하세요.

목표 표현 2   '~을 -으면 되다'

[설명]

🔲 "눈이 와요. 우산이 없어요. 하지만 모자가 있어서 괜찮아
요. 모자를 쓰면 돼요. '~을 -으면 되다'는 어떤 행동의 조
건을 알려 줄 때 쓰는 표현이에요."

[예시]

· 밥이 없으면 라면을 먹으면 돼요.
· 약속 시간에 늦으면 택시를 타면 돼요.
· 전화번호가 없으면 이메일 주소를 쓰면 돼요.
· 문제가 어려우면 선생님에게 질문하면 돼요.

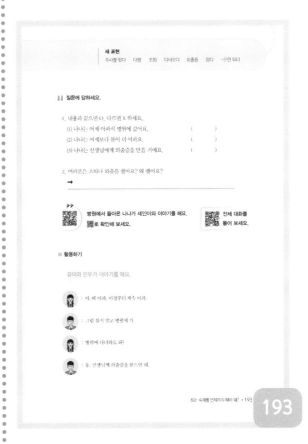

8) 교사는 학생들에게 교재의 1번과 2번 문제를 풀게 한다.

9) 교사는 학생들과 함께 문제의 답을 확인한다.

정답
1. (1) ○   (2) ×   (3) ○
2. 몸이 아파서 조퇴를 했어요. 집에 일이 있어서 조퇴를 했어요. 병원에
다녀와야 해서 조퇴를 했어요.

10) 교사는 학생들에게 193쪽의 첫 번째 QR 코드 속 영
상을 보게 한다.

🔲 "병원에서 돌아온 나나가 세인이와 이야기를 해요. 무슨
이야기를 해요? 함께 확인해 봐요."

11) 교사는 학생들이 대화 내용을 잘 이해했는지 질문을
한다. 그리고 새 표현이 있다면 그 의미를 함께 설명

한다.

📺 "나나는 왜 기분이 좋지 않아요?"

활용 – 10분

1) 교사는 학생들이 목표 표현을 사용하여 대답할 수 있 도록 질문을 한다.

📺 "여러분이 숙제를 안 하고 텔레비전을 봐요. 그럼 부모님 이 어떻게 말해요?"

📺 "머리가 아파서 학교 보건실에서 쉬고 싶어요. 그럼 선생 님에게 어떻게 말해요?"

2) 교사는 질문을 통해 학생들이 '활용하기'의 대화 상 황을 추측할 수 있도록 한다.

📺 "유미와 민우가 이야기를 해요. 무슨 이야기를 할까요? 함 께 확인해 봐요."

3) 교사는 학생들에게 대화문을 읽게 한 후 대화의 내용 을 이해했는지 확인하는 질문을 한다. 그리고 새 표현 이 있다면 그 의미를 함께 설명한다.

📺 "유미는 어디가 아파요? 언제부터 아팠어요?"

📺 "유미는 병원에 다녀올 수 있어요? 어떻게 하면 돼요?"

4) 교사는 학생들에게 대화문을 다시 한번 읽게 한다. 이때 역할을 나누는 등 다양한 방식으로 읽게 할 수 있다.

어휘 및 표현

참다	◆ 정의 웃음, 눈물, 아픔 등을 억누르고 견디다. 예 웃고 싶지만 수업 시간이라서 참았 어요. ● 설명 "수업 시간이에요. 졸려요. 자면 돼요? 안 돼요. 참아야 해요."

교수-학습 지침

※ 고등학생 대상 수업의 경우 필수적으로 5분간 다음 활동을 추 가로 진행함.
→ 교사는 학생들에게 짝 활동, 그룹 활동으로 서로 허락을 구하고 대답하는 활동을 할 수 있도록 지도한다.

정리 – 8분

교사는 학생들에게 193쪽의 '전체 대화를 들어 보세요' QR 코드 속 대화를 듣게 하고 수업을 마무리한다.

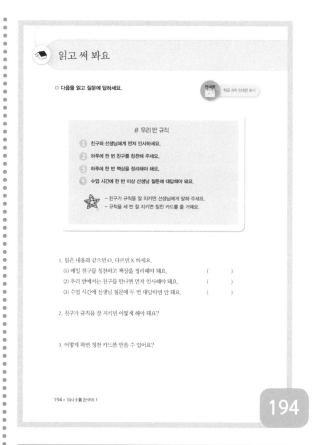

• 9차시 | 읽고 써 봐요 – 읽기

[학습 목표]
• 교실의 규칙에 대한 안내문을 읽고 이해할 수 있다.

본 활동은 교실에서 지켜야 하는 규칙에 대한 안내문을 읽고 이해하기 위한 활동이다.

읽기 전 – 5분

교사는 학생들에게 읽기 내용을 추측할 수 있는 질문을 한다.

📺 "우리 반 교실에 무슨 규칙이 있어요?"

📺 "교실에서 무엇을 할 수 없어요?"

📺 "오늘은 교실 규칙 안내문을 읽을 거예요."

읽기 중 – 25분

1) 교사는 학생들에게 읽기 지문을 큰 소리로 읽게 한다.

2) 교사는 학생들이 대화의 전체 내용을 이해했는지 확인 하는 질문을 한다.

📺 "교실에서는 무엇을 하면 안 돼요?"

📺 "교실에서는 어떻게 행동해야 돼요?"

3) 교사는 학생들에게 읽기 지문을 읽게 한다. 그리고 세 부 내용을 이해했는지 확인하는 질문을 한다.

🔲 "친구와 선생님을 만나면 어떻게 해야 돼요?"

🔲 "선생님이 질문하면 어떻게 해야 돼요?"

🔲 "친구가 규칙을 잘 지키면 어떻게 돼요?"

4) 읽기 지문에 제시된 새 표현의 의미를 설명한다.

어휘 및 표현

규칙	◆ **정의** 여러 사람이 지키도록 정해 놓은 법칙. 🔳 규칙을 잘 지켜야 돼요. ● **설명** "8시 반까지 학교에 와야 해요. 지각하면 안 돼요. 규칙이에요."
칭찬하다	◆ **정의** 좋은 점이나 잘한 일 등을 매우 훌륭하게 여기는 마음을 말로 나타내다. 🔳 친구를 도와줘서 선생님께 칭찬을 받았어요. ● **설명** "여러분이 노래했어요. (최고의 의미를 보여 주기 위해 엄지손가락을 치켜세우며) 선생님은 '아주 잘했어요.' 말해요. '칭찬하다', 선생님이 칭찬해요."
번	◆ **정의** 일의 횟수를 세는 단위를 말해요. 🔳 한 번 더 말해 주세요. ● **설명** "아침에 밥을 먹어요. 점심에 밥을 먹어요. 저녁에도 밥을 먹어요. 하루에 세 번 밥을 먹어요?"
대답하다	◆ **정의** 묻거나 요구하는 것에 맞는 것을 말하다. 🔳 선생님의 질문에 대답해 주세요. ◆ **정보** '에/에게 대답하다'로 제시하여 가르친다. ● **설명** "선생님이 숙제했어요? 물어봐요. 여러분은 '네, 했어요' 하고 말해요. 대답하다', 선생님 질문에 대답해요."
먼저	◆ **정의** 시간이나 순서에 앞서. 🔳 한국에서는 윗사람이 먼저 식사를 시작해요. ◆ **정보** '나중', '다음'을 함께 가르친다. ● **설명** "아침에 일어나요. 세수해요. 밥을 먹어요. 아침에 일어나면 먼저 세수해요."

읽기 후 – 10분

1) 교사는 학생들에게 교재의 문제를 풀게 한다.

2) 교사는 학생들과 함께 문제의 답을 확인한다.

> **정답**
> 1. (1) ○ (2) ○ (3) ×
> 2. 선생님에게 말해야 돼요.
> 3. 규칙을 세 번 지키면 칭찬 카드를 받을 수 있어요.

3) 교사는 질문을 통해 읽기 내용을 재확인하며 수업을 마무리한다.

🔲 "안내문에 무슨 규칙이 있었어요?"

🔲 "규칙을 잘 지키면 무엇이 좋아요?"

교수-학습 지침

※ 고등학생 대상 수업의 경우 필수적으로 5분간 다음 활동을 추가로 진행함.

➜ 교사는 교실 규칙 안내문의 실물 자료를 준비하여 학생들과 함께 읽어 보고 교실에서는 어떻게 해야 하는지, 무엇을 하면 안 되는지 서로 이야기를 해 보는 활동을 할 수 있도록 지도한다.

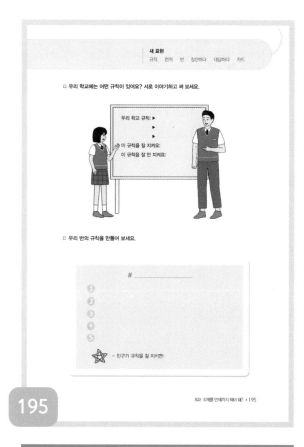

● 10차시 | 읽고 써 봐요 – 쓰기

[학습 목표]
• 교실 규칙에 대한 안내문을 쓸 수 있다.

본 활동은 학생들이 직접 자신들의 반 규칙을 만들고 안내문을 써 보도록 하는 활동이다.

쓰기 전 – 5분

1) 교사는 학생들에게 쓰기 내용을 추측할 수 있는 질문을 한다.

📖 "우리 반 친구들은 규칙을 잘 지켜요?"

📖 "우리 반에 어떤 규칙이 필요해요?"

📖 "여러분은 우리 반에 무슨 규칙을 만들고 싶어요?"

2) 교사는 학생들에게 어떤 쓰기 활동을 할 것인지 명확히 알려 준다.

📖 "이번 시간에 우리 반의 규칙 안내문을 쓸 거예요."

쓰기 중 – 30분

1. 학교에 어떤 규칙이 있는지 이야기를 나누면서 쓰는 활동이다.

1) 교사는 학생들에게 무엇을 써야 하는지 알려 준다.

📖 "우리 학교 규칙은 무엇이 있어요? 우리 학교 규칙들을 쓸 거예요."

📖 "친구들이 어떤 규칙을 잘 지켜요? 그리고 어떤 규칙을 잘 지키지 않아요? 이야기해 보세요. 그리고 친구들의 이야기를 들으면서 메모하세요."

2) 교사는 학생들에게 우리 학교 규칙을 쓰게 한다. 이때 교사는 학생들에게 개별적으로 쓰기 지도를 할 수 있다.

2. 반의 규칙을 만들고 규칙 안내문을 쓰는 활동이다.

1) 교사는 학생들에게 무엇을 써야 하는지 알려 준다. 그리고 새 표현이 있다면 그 의미를 함께 설명한다.

📖 "우리 반 학생들은 어떤 규칙을 잘 지켜요?"

📖 "우리 반에 학생들은 어떤 규칙을 잘 안 지켜요?"

📖 "그럼 우리 반에 어떤 규칙이 필요해요?"

📖 "규칙 안내문을 쓸 거예요. 다섯 가지 규칙을 쓰세요. 그리고 규칙을 잘 지키면 어떤 상을 받을 수 있는지 써 보세요."

📖 "(교재 쓰기 양식의 밑줄을 가리키며) 여기에 안내문 제목을 쓰세요."

📖 "(각 번호를 가리키며) 여기에 규칙들을 쓰세요."

📖 "(아래쪽에 '친구가 규칙을 잘 지키면' 부분을 가리키며) 여기에 규칙을 잘 지키면 주는 상이나 선물을 쓰세요."

2) 교사는 학생들에게 우리 반 규칙을 쓰게 한다. 이때 교사는 학생들에게 개별적으로 쓰기 지도를 할 수 있다.

쓰기 후 – 10분

1) 쓰기 활동이 모두 마무리되면 교사는 학생들에게 각자 쓴 것을 발표하게 한다.

2) 교사는 학교 규칙과 우리 반 규칙에 대해 다시 한번 정리하며 수업을 마무리한다.

> **교수-학습 지침**
>
> ※ 고등학생 대상 수업의 경우 필수적으로 5분간 다음 활동을 추가로 진행함.
> → 교사는 학생들에게 수업 중에 지도받은 내용을 반영해 공책에 글을 다시 쓰게 할 수 있다. 이를 통해 학생들 스스로 자신의 글을 점검하도록 지도한다.

익힘책 교수-학습 지침

예비1 한글: 모음과 자음 1

1. 수업 진행 상황에 따라 교사는 학생들에게 익힘책 의 '모음 ①과 자음 ①'을 추가로 풀어 보게 할 수 있다.

모음 ①

- 1번은 주어진 칸 안에 모음 '아, 어, 오, 우, 으, 이, 애, 에'를 획순에 맞게 쓰는 문제이다.
- 2번은 제시된 모음 '아, 어, 오, 우, 으, 이, 애, 에'를 읽고 주어진 칸 안의 적절한 위치에 쓰는 문제이다.
- 3번은 제시된 단어를 읽고 주어진 칸 안에 쓰는 문제이다.

자음 ①

- 1번은 주어진 칸에 자음 'ㄱ, ㄴ, ㄷ, ㄹ, ㅁ, ㅂ, ㅅ, ㅇ, ㅈ, ㅎ'를 쓰는 문제이다.
- 2번은 제시된 단어를 읽고 주어진 칸 안에 쓰는 문제이다. 이때 함께 제시되어 있는 그림을 보며 단어의 의미가 무엇인지 지도할 수 있다.

2. 수업 진행 상황에 따라 교사는 학생들에게 익힘책의 '모음 ②과 자음 ②'를 추가로 풀어 보게 할 수 있다.

모음 ②

- 1번은 주어진 칸 안에 모음 '야, 여, 요, 유, 얘, 예'를 획순에 맞게 쓰는 문제이다.
- 2번은 제시된 모음 '야, 여, 요, 유, 얘, 예'를 읽고 주어진 칸 안의 적절한 위치에 쓰는 문제이다.
- 3번은 제시된 단어를 읽고 주어진 칸 안에 쓰는 문제이다.

자음 ②

- 1번은 주어진 칸에 자음 'ㅊ, ㅋ, ㅌ, ㅍ'를 쓰는 문제이다. 이때 교사는 'ㄱ, ㄷ, ㅂ, ㅅ, ㅈ'와의 발음 차이를 함께 지도할 수 있다.
- 2번은 제시된 단어를 읽고 주어진 칸 안에 쓰는 문제이다. 이때 함께 제시되어 있는 그림을 보며 단어의 의미가 무엇인지 지도할 수 있다.

3. 수업 진행 상황에 따라 교사는 학생들에게 익힘책의 '자음 ③'을 추가로 풀어 보게 할 수 있다.

자음 ③

- 1번은 주어진 칸에 자음 'ㄲ, ㄸ, ㅃ, ㅆ, ㅉ'를 쓰는 문제이다. 이때 교사는 'ㄱ, ㄷ, ㅂ, ㅅ, ㅈ'와의 발음 차이와 'ㅋ, ㅌ, ㅍ, ㅊ'와의 발음 차이를 함께 지도할 수 있다.
- 2번은 제시된 단어를 읽고 주어진 칸 안에 쓰는 문제이다. 이때 함께 제시되어 있는 그림을 보며 단어의 의미가 무엇인지 지도할 수 있다.

4. '학습 일지'에 제시되어 있는 표를 보고 알고 있는 모음과 자음, 어휘에 표시하게 한다. 만약 모르는 모음과 자음, 어휘가 있다면 교재로 돌아가 해당 내용을 다시 보게 한다.

5. 시간적 여유가 있는 경우 '이삭줍기'에 제시되어 있는 '웃는 소리 또는 그 모양'을 의미하는 '하하/호호/허허/히히'를 읽게 한다.

1. 수업 진행 상황에 따라 교사는 학생들에게 익힘책의 '모음 ③'을 추가로 풀어 보게 할 수 있다.

모음 ③

- 1번은 주어진 칸 안에 모음 '와, 왜, 외, 워, 웨, 위, 의'를 획순에 맞게 쓰는 문제이다.
- 2번은 제시된 모음 '와, 왜, 외, 워, 웨, 위, 의'를 읽고 주어진 칸 안의 적절한 위치에 쓰는 문제이다.
- 3번은 제시된 단어를 읽고 주어진 칸 안에 쓰는 문제이다.

2. 수업 진행 상황에 따라 교사는 학생들에게 익힘책의 '받침'을 추가로 풀어 보게 할 수 있다.

받침

- 1번은 '아'에 7가지 대표 발음을 가진 받침 'ㄱ, ㄴ, ㄷ, ㄹ, ㅁ, ㅂ, ㅇ'이 결합되는 글자인 '악, 안, 앋, 알, 암, 압, 앙'을 읽고 쓰는 문제이다.
- 2번은 제시된 글자를 읽고 주어진 칸 안의 적절한 위치에 쓰는 문제이다.
- 3번은 제시된 단어를 읽고 주어진 칸 안에 쓰는 문제이다.
- 4번은 제시된 어휘 중 받침의 소리가 다른 하나를 찾는 문제이다.
- 5번은 제시된 어휘를 읽고 받침 소리가 같은 것을 골라 쓰는 문제이다.

3. 수업 진행 상황에 따라 교사는 학생들에게 익힘책의 '발음 ① (겹받침)'을 추가로 풀어 보게 할 수 있다.

발음 ① (겹받침)

- 1번은 겹받침의 발음에 주의하며 제시된 어휘를 읽고 주어진 칸 안에 쓰는 문제이다.
- 2번은 제시된 어휘의 받침 소리가 같은 것끼리 연결하는 문제이다.

4. 수업 진행 상황에 따라 교사는 학생들에게 익힘책의 '발음 ② (연음)'을 추가로 풀어 보게 할 수 있다.

발음 ② (연음)

- 1번은 연음이 일어나는 발음에 주의하며 제시된 어휘를 읽고 주어진 칸 안에 쓰는 문제이다.
- 2번은 제시된 문장을 읽는 문제이다. 문장을 읽을 때 일어나는 연음을 정확하게 발음할 수 있도록 지도해야 한다.

5. '학습 일지'에 제시되어 있는 표를 보고 알고 있는 모음과 받침, 연음, 어휘에 표시하게 한다. 만약 모르는 모음과 받침, 연음, 어휘가 있다면 교재로 돌아가 해당 내용을 다시 보게 한다.

6. 시간적 여유가 있는 경우 '이삭줍기'에 제시되어 있는 '우는 소리 또는 그 모양'을 의미하는 '응애/엉엉/흑흑'을 읽게 한다.

1과 　안녕하세요?

1. 수업 진행 상황에 따라 교사는 학생들에게 익힘책의 '어휘를 익혀요'를 추가로 풀어 보게 할 수 있다.

어휘를 익혀요 ①

그림을 보고 '안녕, 안녕하세요, 안녕히 계세요, 잘 가' 중 빈칸에 들어갈 알맞은 것을 골라 쓰는 문제이다.

어휘를 익혀요 ②

아라비아 숫자를 보고 '영~십'까지의 숫자 어휘 중에서 빈칸에 들어갈 알맞은 것을 골라 쓰는 문제이다.

어휘를 익혀요 ③

'이름, 동생, 친구, 선생님'을 가장 잘 나타낸 그림을 찾아 연결하는 문제이다.

어휘를 익혀요 ④

'대학생, 중학생, 고등학생, 유치원생, 초등학생' 중 빈칸에 들어갈 알맞은 것을 골라 쓰는 문제이다.

2. 수업 진행 상황에 따라 교사는 학생들에게 익힘책의 '문법을 익혀요'를 추가로 풀어 보게 할 수 있다.

문법을 익혀요 ①

- 1번은 제시된 어휘나 표현에 목표 문법을 적용하여 대화를 완성하는 문제이다. 대화의 맥락에 맞추어 목표 문법의 형태나 활용을 정확하게 쓸 수 있도록 지도해야 한다.
- 2번은 제시된 그림에 목표 문법을 적용하여 신체 어휘의 이름을 쓰는 문제이다. 목표 문법의 형태나 활용을 정확하게 쓸 수 있도록 지도해야 한다.

문법을 익혀요 ②

- 1번은 제시된 어휘나 표현에 목표 문법을 적용하여 문장을 완성하는 문제이다. 목표 문법의 형태나 활용을 정확하게 쓸 수 있도록 지도해야 한다.
- 2번은 제시된 그림을 보고 목표 문법을 적용하여 소개하는 글을 완성하는 문제이다. 목표 문법의 형태나 활용을 정확하게 쓸 수 있도록 지도해야 한다.

문법을 익혀요 ③

- 1번은 제시된 어휘나 표현에 목표 문법을 적용하여 문장을 완성하는 문제이다. 목표 문법의 형태나 활용을 정확하게 쓸 수 있도록 지도해야 한다.
- 2번은 제시된 대답을 읽고 목표 문법을 적용하여 대답에 대한 알맞은 질문을 쓰는 문제이다. 대화의 맥락에 맞추어 목표 문법의 형태나 활용을 정확하게 쓸 수 있도록 지도해야 한다.

문법을 익혀요 ④

- 1번은 제시된 어휘나 표현에 목표 문법을 적용하여 대화를 완성하는 문제이다. 대화의 맥락에 맞추어 목표 문법의 형태나 활용을 정확하게 쓸 수 있도록 지도해야 한다.
- 2번은 제시된 그림을 보고 목표 문법을 적용하여 반말 표현과 높임 표현을 구분하여 쓰는 문제이다. 그림의 상황 맥락에 맞추어 목표 문법의 형태나 활용을 정확하게 쓸 수 있도록 지도해야 한다.

3. '학습 일지'에 제시되어 있는 표를 보고 알고 있는 어휘와 문법에 표시하게 한다. 만약 모르는 어휘나 문법이 있다면 교재로 돌아가 해당 내용을 다시 보게 한다.

4. 시간적 여유가 있는 경우 '이삭줍기'에 제시되어 있는 '안녕' 인사의 의미와 다양한 억양에 유의하여 읽어 보게 한다.

체육복이 어디에 있어요?

1. 수업 진행 상황에 따라 교사는 학생들에게 익힘책의 '어휘를 익혀요'를 추가로 풀어 보게 할 수 있다.

어휘를 익혀요 ①

그림을 보고 '뒤, 앞, 위, 아래' 중 빈칸에 들어갈 알맞은 것을 골라 쓰는 문제이다.

어휘를 익혀요 ②

그림을 보고 '가방, 교복, 연필, 시계, 교과서, 지우개' 중 빈칸에 들어갈 알맞은 것을 골라 쓰는 문제이다.

어휘를 익혀요 ③

'공책, 우산, 방, 교실'을 가장 잘 나타낸 그림을 찾아 연결하는 문제이다.

어휘를 익혀요 ④

그림을 보고 '옷장, 침대, 휴대 전화, 텔레비전' 중 빈칸에 들어갈 알맞은 것을 골라 질문에 대한 알맞은 대답을 쓰는 문제이다. 어휘에 따라 결합하는 문법의 활용을 정확하게 쓸 수 있도록 지도해야 한다.

2. 수업 진행 상황에 따라 교사는 학생들에게 익힘책의 '문법을 익혀요'를 추가로 풀어 보게 할 수 있다.

문법을 익혀요 ①

– 1번은 제시된 어휘나 표현에 목표 문법을 적용하여 대화를 완성하는 문제이다. 대화의 맥락에 맞추어 목표 문법의 형태나 활용을 정확하게 쓸 수 있도록 지도해야 한다.
– 2번은 제시된 그림을 보고 목표 문법을 적용하여 방에 어떤 물건이 있는지를 쓰는 문제이다. 목표 문법의 형태나 활용을 정확하게 쓸 수 있도록 지도해야 한다.

문법을 익혀요 ②

– 1번은 제시된 어휘나 표현에 목표 문법을 적용하여 대화를 완성하는 문제이다. 목표 문법의 형태나 활용을 정확하게 쓸 수 있도록 지도해야 한다.
– 2번은 제시된 그림을 보고 목표 문법을 적용하여 물건들이 있는 위치를 쓰는 문제이다. 그림의 상황 맥락에 맞추어 목표 문법의 형태나 활용을 정확하게 쓸 수 있도록 지도해야 한다.

문법을 익혀요 ③

– 1번은 제시된 어휘나 표현에 목표 문법을 적용하여 문장을 완성하는 문제이다. 목표 문법의 형태나 활용을 정확하게 쓸 수 있도록 지도해야 한다.
– 2번은 제시된 그림을 보고 목표 문법을 적용하여 질문에 대한 대답을 쓰는 문제이다. 그림과 대화의 맥락에 맞추어 목표 문법의 형태나 활용을 정확하게 쓸 수 있도록 지도해야 한다.

문법을 익혀요 ④

– 1번은 제시된 어휘나 표현에 목표 문법을 적용하여 대화를 완성하는 문제이다. 대화의 맥락에 맞추어 목표 문법의 형태나 활용을 정확하게 쓸 수 있도록 지도해야 한다.
– 2번은 제시된 그림을 보고 목표 문법을 적용하여 물건의 소유자가 누구인지 알맞은 대답을 쓰는 문제이다. 그림의 상황 맥락에 맞추어 목표 문법의 형태나 활용을 정확하게 쓸 수 있도록 지도해야 한다.

3. '학습 일지'에 제시되어 있는 표를 보고 알고 있는 어휘와 문법에 표시하게 한다. 만약 모르는 어휘나 문법이 있다면 교재로 돌아가 해당 내용을 다시 보게 한다.

4. 시간적 여유가 있는 경우 '이삭줍기'에 제시되어 있는 문을 두드릴 때 나는 소리를 표현하는 의성어인 '똑똑'을 읽어 보게 한다.

3과 도서관에서 책을 읽어

1. 수업 진행 상황에 따라 교사는 학생들에게 익힘책의 '어휘를 익혀요'를 추가로 풀어 보게 할 수 있다.

어휘를 익혀요 ①

장소를 나타내는 그림을 보고 '병원, 도서관, 운동장, 영화관, 편의점' 중 빈칸에 들어갈 알맞은 것을 골라 쓰는 문제이다.

어휘를 익혀요 ②

동작 동사를 나타내는 그림을 보고 '먹다, 보다, 사다, 읽다, 마시다, 만나다' 중 빈칸에 들어갈 알맞은 것을 골라 쓰는 문제이다. 어휘의 다양한 활용을 정확하게 사용할 수 있도록 지도해야 한다.

어휘를 익혀요 ③

'밥, 물, 주스, 영화'를 가장 잘 나타낸 그림을 찾아 연결하는 문제이다.

어휘를 익혀요 ④

그림을 보고 '게임, 운동, 요리, 이야기' 중 빈칸에 들어갈 알맞은 것을 골라 쓰는 문제이다.

2. 수업 진행 상황에 따라 교사는 학생들에게 익힘책의 '문법을 익혀요'를 추가로 풀어 보게 할 수 있다.

문법을 익혀요 ①

- 1번은 제시된 어휘나 표현에 목표 문법을 적용하여 대화를 완성하는 문제이다. 대화의 맥락에 맞추어 목표 문법의 형태나 활용을 정확하게 쓸 수 있도록 지도해야 한다.
- 2번은 제시된 그림을 보고 목표 문법을 적용하여 각 인물이 무엇을 하고 있는지 쓰는 문제이다. 그림의 상황 맥락에 맞추어 목표 문법의 형태나 활용을 정확하게 쓸 수 있도록 지도해야 한다.

문법을 익혀요 ②

- 1번은 제시된 어휘나 표현에 목표 문법을 적용하여 대화를 완성하는 문제이다. 대화의 맥락에 맞추어 목표 문법의 형태나 활용을 정확하게 쓸 수 있도록 지도해야 한다.
- 2번은 제시된 그림을 보고 목표 문법을 적용하여 문장을 쓰는 문제이다. 그림의 상황 맥락에 맞추어 목표 문법의 형태나 활용을 정확하게 쓸 수 있도록 지도해야 한다.

문법을 익혀요 ③

- 1번은 제시된 어휘나 표현에 목표 문법을 적용하여 문장을 완성하는 문제이다. 목표 문법의 형태나 활용을 정확하게 쓸 수 있도록 지도해야 한다.
- 2번은 그림을 보고 목표 문법을 적용하여 대화를 완성하는 문제이다. 대화의 맥락에 맞추어 목표 문법의 형태나 활용을 정확하게 쓸 수 있도록 지도해야 한다.

문법을 익혀요 ④

- 1번은 제시된 어휘나 표현에 목표 문법을 적용하여 대화를 완성하는 문제이다. 대화의 맥락에 맞추어 목표 문법의 형태나 활용을 정확하게 쓸 수 있도록 지도해야 한다.
- 2번은 제시된 문장에 목표 문법을 적용하여 문장을 완성하는 문제이다. '에'와 '에서'의 차이를 알고 목표 문법의 형태나 활용을 정확하게 쓸 수 있도록 지도해야 한다.

3. '학습 일지'에 제시되어 있는 표를 보고 알고 있는 어휘와 문법에 표시하게 한다. 만약 모르는 어휘나 문법이 있다면 교재로 돌아가 해당 내용을 다시 보게 한다.

4. 시간적 여유가 있는 경우 '이삭줍기'에 제시되어 있는 정도를 나타내는 다양한 말인 '많이, 조금, 빨리, 천천히'를 읽어 보게 한다.

4과 공원에 친구를 만나러 갔어요

1. 수업 진행 상황에 따라 교사는 학생들에게 익힘책의 '어휘를 익혀요'를 추가로 풀어 보게 할 수 있다.

어휘를 익혀요 ①

하루 일과를 나타내는 그림을 보고 '씻다, 자다, 등교하다, 세수하다, 수업을 듣다' 중 빈칸에 들어갈 알맞은 것을 골라 쓰는 문제이다. 어휘의 다양한 활용을 정확하게 사용할 수 있도록 지도해야 한다.

어휘를 익혀요 ②

교통수단과 장소에 대한 그림을 보고 '버스, 정류장, 지하철, 지하철역' 중 빈칸에 들어갈 알맞은 것을 골라 쓰는 문제이다.

어휘를 익혀요 ③

'자동차, 배, 기차, 비행기'를 가장 잘 나타낸 그림을 찾아 연결하는 문제이다.

어휘를 익혀요 ④

'극장, 노래, 청소, 버스 터미널' 중 빈칸에 들어갈 알맞은 것을 골라 문장을 완성하는 문제이다.

2. 수업 진행 상황에 따라 교사는 학생들에게 익힘책의 '문법을 익혀요'를 추가로 풀어 보게 할 수 있다.

문법을 익혀요 ①

– 1번은 제시된 어휘나 표현에 목표 문법을 적용하여 대화를 완성하는 문제이다. 대화의 맥락에 맞추어 목표 문법의 형태나 활용을 정확하게 쓸 수 있도록 지도해야 한다.
– 2번은 제시된 어휘나 표현에 목표 문법을 적용하여 일기 텍스트를 완성하는 문제이다. 글의 구조나 맥락에 맞추어 목표 문법의 형태나 활용을 정확하게 쓸 수 있도록 지도해야 한다.

문법을 익혀요 ②

– 1번은 제시된 어휘나 표현에 목표 문법을 적용하여 대화를 완성하는 문제이다. 대화의 맥락에 맞추어 목표 문법의 형태나 활용을 정확하게 쓸 수 있도록 지도해야 한다.
– 2번은 그림을 보고 시간 순서에 따라 무엇을 하는지 목표 문법을 사용하여 문장을 쓰는 문제이다. 그림의 상황 맥락에 맞추어 목표 문법의 형태나 활용을 정확하게 쓸 수 있도록 지도해야 한다.

문법을 익혀요 ③

– 1번은 제시된 어휘나 표현에 목표 문법을 적용하여 문장을 완성하는 문제이다. 목표 문법의 형태나 활용을 정확하게 쓸 수 있도록 지도해야 한다.
– 2번은 그림을 보고 각 인물이 공원에 온 목적에 대하여 목표 문법을 적용하여 문장을 쓰는 문제이다. 그림의 상황 맥락에 맞추어 목표 문법의 형태나 활용을 정확하게 쓸 수 있도록 지도해야 한다.

문법을 익혀요 ④

– 1번은 제시된 어휘나 표현에 목표 문법을 적용하여 문장을 완성하는 문제이다. 목표 문법의 형태나 활용을 정확하게 쓸 수 있도록 지도해야 한다.
– 2번은 그림을 보고 목표 문법을 적용하여 제시된 도구로 무엇을 하는지 쓰는 문제이다. 그림의 상황 맥락에 맞추어 목표 문법의 형태나 활용을 정확하게 쓸 수 있도록 지도해야 한다.

3. '학습 일지'에 제시되어 있는 표를 보고 알고 있는 어휘와 문법에 표시하게 한다. 만약 모르는 어휘나 문법이 있다면 교재로 돌아가 해당 내용을 다시 보게 한다.

4. 시간적 여유가 있는 경우 '이삭줍기'에 제시되어 있는 길을 걸을 때 들을 수 있는 소리 중 자전거가 사람이 있을 때 조심하라고 내는 소리 '따르릉'과 자동차가 조심하라고 내는 소리 '빵빵'을 읽어 보게 한다.

5과   운동장에서 축구를 할 거예요

1. 수업 진행 상황에 따라 교사는 학생들에게 익힘책의 '어휘를 익혀요'를 추가로 풀어 보게 할 수 있다.

어휘를 익혀요 ①

장소를 나타내는 그림을 보고 '과학실, 미술실, 음악실, 체육관' 중 빈칸에 들어갈 알맞은 것을 골라 쓰는 문제이다.

어휘를 익혀요 ②

시계 그림을 보고 몇 시인지 '한, 세, 다섯, 열두, 삼십, 사십오, 오십' 중 빈칸에 들어갈 알맞은 것을 골라 쓰는 문제이다.

어휘를 익혀요 ③

'비, 그림, 산, 기타'를 가장 잘 나타낸 그림을 찾아 연결하는 문제이다.

어휘를 익혀요 ④

'그리다, 끝나다, 만들다, 기다리다' 중 빈칸에 들어갈 알맞은 것을 골라 문장을 완성하는 문제이다. 어휘의 다양한 활용을 정확하게 사용할 수 있도록 지도해야 한다.

2. 수업 진행 상황에 따라 교사는 학생들에게 익힘책의 '문법을 익혀요'를 추가로 풀어 보게 할 수 있다.

문법을 익혀요 ①

- 1번은 제시된 어휘나 표현에 목표 문법을 적용하여 대화를 완성하는 문제이다. 대화의 맥락에 맞추어 목표 문법의 형태나 활용을 정확하게 쓸 수 있도록 지도해야 한다.
- 2번은 일주일간의 일정표를 보고 목표 문법을 적용하여 질문에 알맞은 대답을 완성하는 문제이다. 글의 구조나 맥락에 맞추어 목표 문법의 형태나 활용을 정확하게 쓸 수 있도록 지도해야 한다.

문법을 익혀요 ②

- 1번은 제시된 어휘나 표현에 목표 문법을 적용하여 문장을 완성하는 문제이다. 목표 문법의 형태나 활용을 정확하게 쓸 수 있도록 지도해야 한다.
- 2번은 요청하는 상황의 그림을 보고 목표 문법을 적용하여 문장을 쓰는 문제이다. 그림의 상황 맥락에 맞추어 목표 문법의 형태나 활용을 정확하게 쓸 수 있도록 지도해야 한다.

문법을 익혀요 ③

- 1번은 제시된 어휘나 표현에 목표 문법을 적용하여 문장을 완성하는 문제이다. 목표 문법의 형태나 활용을 정확하게 쓸 수 있도록 지도해야 한다.
- 2번은 목표 문법을 적용하여 제시된 두 문장을 연결하여 쓰는 문제이다. 목표 문법의 형태나 활용을 정확하게 쓸 수 있도록 지도해야 한다.

문법을 익혀요 ④

- 1번은 제시된 어휘나 표현에 목표 문법을 적용하여 문장을 완성하는 문제이다. 목표 문법의 형태나 활용을 정확하게 쓸 수 있도록 지도해야 한다.
- 2번은 제시된 그림을 보고 목표 문법을 적용하여 가정하는 어떤 일의 결과를 쓰는 문제이다. 그림의 상황 맥락에 맞추어 목표 문법의 형태나 활용을 정확하게 쓸 수 있도록 지도해야 한다.

3. '학습 일지'에 제시되어 있는 표를 보고 알고 있는 어휘와 문법에 표시하게 한다. 만약 모르는 어휘나 문법이 있다면 교재로 돌아가 해당 내용을 다시 보게 한다.

4. 시간적 여유가 있는 경우 '이삭줍기'에 제시되어 있는 시계의 시곗바늘이 움직일 때 나는 소리인 '똑딱똑딱'과 '째깍째깍'을 읽어 보게 한다.

6과   새 실내화를 사고 싶어요

1. 수업 진행 상황에 따라 교사는 학생들에게 익힘책의 '어휘를 익혀요'를 추가로 풀어 보게 할 수 있다.

어휘를 익혀요 ①

그림을 보고 '싸다, 작다, 크다, 비싸다, 재미없다, 재미있다' 중 빈칸에 들어갈 알맞은 것을 골라 쓰는 문제이다. 어휘의 반의 관계가 나타나 있는 문제이므로 반의어 개념도 함께 이해하고 쓸 수 있도록 해야 한다.

어휘를 익혀요 ②

그림을 보고 '개, 만, 백, 천' 중 빈칸에 들어갈 알맞은 것을 골라 쓰는 문제이다. 그림에 나타난 물건의 가격을 읽고 쓰는 문제임을 이해하고 쓸 수 있도록 해야 한다.

어휘를 익혀요 ③

'물병, 수첩, 모자, 창문'을 가장 잘 나타낸 그림을 찾아 연결하는 문제이다.

어휘를 익혀요 ④

'넣다, 닫다, 잘하다, 가르치다, 좋아하다' 중 빈칸에 들어갈 알맞은 것을 골라 쓰는 문제이다. 고른 어휘를 문법에 결합하여 쓰는 문제이므로 어휘에 따라 문법의 형태나 활용을 정확하게 쓸 수 있도록 지도해야 한다.

2. 수업 진행 상황에 따라 교사는 학생들에게 익힘책의 '문법을 익혀요'를 추가로 풀어 보게 할 수 있다.

문법을 익혀요 ①

- 1번은 제시된 어휘나 표현에 목표 문법을 적용하여 대화를 완성하는 문제이다. 대화의 맥락에 맞추어 목표 문법의 형태나 활용을 정확하게 쓸 수 있도록 지도해야 한다.
- 2번은 질문을 읽고 목표 문법을 적용하여 알맞은 대답을 쓰는 문제이다. 질문의 의도를 잘 파악하고 목표 문법의 형태나 활용을 정확하게 쓸 수 있도록 지도해야 한다.

문법을 익혀요 ②

- 1번은 제시된 어휘나 표현에 목표 문법을 적용하여 문장을 완성하는 문제이다. 목표 문법의 형태나 활용을 정확하게 쓸 수 있도록 지도해야 한다.
- 2번은 제시된 문장을 목표 문법을 적용하여 다른 문장으로 바꾸어 쓰는 문제이다. 목표 문법의 형태나 활용을 정확하게 쓸 수 있도록 지도해야 한다.

문법을 익혀요 ③

- 1번은 제시된 어휘나 표현에 목표 문법을 적용하여 문장을 완성하는 문제이다. 목표 문법의 형태나 활용을 정확하게 쓸 수 있도록 지도해야 한다.
- 2번은 제시된 그림을 보고 목표 문법을 적용하여 질문에 대한 대답을 쓰는 문제이다. 질문의 의도를 잘 파악하고 목표 문법의 형태나 활용을 정확하게 쓸 수 있도록 지도해야 한다.

문법을 익혀요 ④

- 1번은 제시된 어휘나 표현에 목표 문법을 적용하여 대화를 완성하는 문제이다. 대화의 맥락에 맞추어 목표 문법의 형태나 활용을 정확하게 쓸 수 있도록 지도해야 한다.
- 2번은 제시된 그림을 보고 목표 문법을 적용하여 다른 사람을 위해 무엇을 해 주었는지를 쓰는 문제이다. 그림의 상황 맥락에 맞추어 목표 문법의 형태나 활용을 정확하게 쓸 수 있도록 지도해야 한다.

3. '학습 일지'에 제시되어 있는 표를 보고 알고 있는 어휘와 문법에 표시하게 한다. 만약 모르는 어휘나 문법이 있다면 교재로 돌아가 해당 내용을 다시 보게 한다.

4. 시간적 여유가 있는 경우 '이삭줍기'에 제시되어 있는 안으로 깊이 들어가거나 밖으로 볼록하게 내미는 모양, 또는 어떤 것이 매우 마음에 드는 모양을 나타내는 소리를 표현하는 '쏙'을 읽어 보게 한다.

7과 우리 라면 먹을까?

1. 수업 진행 상황에 따라 교사는 학생들에게 익힘책의 '어휘를 익혀요'를 추가로 풀어 보게 할 수 있다.

어휘를 익혀요 ①

그림을 보고 '국, 김치, 밥, 잡채, 튀김' 중 빈칸에 들어갈 알맞은 것을 골라 쓰는 문제이다.

어휘를 익혀요 ②

그림을 보고 '많다, 적다, 맛있다, 차갑다' 중 빈칸에 들어갈 알맞은 것을 골라 대화를 완성하는 문제이다.

어휘를 익혀요 ③

'달다, 쓰다, 시다, 맵다'를 가장 잘 나타낸 그림을 찾아 연결하는 문제이다.

어휘를 익혀요 ④

'넓다, 짜다, 더럽다, 시키다, 깨끗하다' 중 빈칸에 들어갈 알맞은 것을 골라 문장을 완성하는 문제이다. 고른 어휘를 문법에 결합하여 쓰는 문제이므로 어휘에 따라 문법의 형태나 활용을 정확하게 쓸 수 있도록 지도해야 한다.

2. 수업 진행 상황에 따라 교사는 학생들에게 익힘책의 '문법을 익혀요'를 추가로 풀어 보게 할 수 있다.

문법을 익혀요 ①

- 1번은 제시된 어휘나 표현에 목표 문법을 적용하여 대화를 완성하는 문제이다. 대화의 맥락에 맞추어 목표 문법의 형태나 활용을 정확하게 쓸 수 있도록 지도해야 한다.
- 2번은 제시된 상황을 읽고 목표 문법을 적용하여 알맞은 질문을 생각해 쓰는 문제이다. 제시된 상황을 잘 파악하고 목표 문법의 형태나 활용을 정확하게 쓸 수 있도록 지도해야 한다.

문법을 익혀요 ②

- 1번은 제시된 어휘나 표현에 목표 문법을 적용하여 문장을 완성하는 문제이다. 목표 문법의 형태나 활용을 정확하게 쓸 수 있도록 지도해야 한다.
- 2번은 제시된 그림에 목표 문법을 적용하여 대조하는 문장을 쓰는 문제이다. 무엇이 다른지 파악하고 목표 문법의 형태나 활용을 정확하게 쓸 수 있도록 지도해야 한다.

문법을 익혀요 ③

- 1번은 제시된 어휘나 표현에 목표 문법을 적용하여 문장을 완성하는 문제이다. 목표 문법의 형태나 활용을 정확하게 쓸 수 있도록 지도해야 한다.
- 2번은 목표 문법을 적용하여 제시된 상황에서 무엇을 할 수 있고, 무엇을 할 수 없는지를 쓰는 문제이다. 목표 문법의 형태나 활용을 정확하게 쓸 수 있도록 지도해야 한다.

문법을 익혀요 ④

- 1번은 제시된 어휘나 표현에 목표 문법을 적용하여 문장을 완성하는 문제이다. 목표 문법의 형태나 활용을 정확하게 쓸 수 있도록 지도해야 한다.
- 2번은 목표 문법을 적용하여 제시된 두 문장을 연결하여 쓰는 문제이다. 목표 문법의 형태나 활용을 정확하게 쓸 수 있도록 지도해야 한다.

3. '학습 일지'에 제시되어 있는 표를 보고 알고 있는 어휘와 문법에 표시하게 한다. 만약 모르는 어휘나 문법이 있다면 교재로 돌아가 해당 내용을 다시 보게 한다.

4. 시간적 여유가 있는 경우 '이삭줍기'에 제시되어 있는 배가 고프거나 소화가 잘 되지 않아 배 속이 끓는 소리인 '꼬르륵'과 입을 둥글게 오므려 내밀고 입김을 많이 자꾸 내뿜는 소리인 '후후'를 읽어 보게 한다.

8과 숙제를 언제까지 해야 돼?

1. 수업 진행 상황에 따라 교사는 학생들에게 익힘책의 '어휘를 익혀요'를 추가로 풀어 보게 할 수 있다.

어휘를 익혀요 ①

그림을 보고 '서다, 끄다, 도와주다, 정리하다' 중 빈칸에 들어갈 알맞은 것을 골라 쓰는 문제이다.

어휘를 익혀요 ②

'뛰다, 버리다, 떠들다, 지각하다' 중 빈칸에 들어갈 알맞은 것을 골라 글을 완성하는 문제이다.

어휘를 익혀요 ③

'앉다, 켜다, 줍다, 출석하다'와 반대되는 의미를 가진 어휘를 찾아 연결하는 문제이다.

어휘를 익혀요 ④

'남기다, 위험하다, 사용하다, 조심하다' 중 빈칸에 들어갈 알맞은 것을 골라 문장을 완성하는 문제이다. 고른 어휘를 문법에 결합하여 쓰는 문제이므로 어휘에 따라 문법의 형태나 활용을 정확하게 쓸 수 있도록 지도해야 한다.

2. 수업 진행 상황에 따라 교사는 학생들에게 익힘책의 '문법을 익혀요'를 추가로 풀어 보게 할 수 있다.

문법을 익혀요 ①

- 1번은 제시된 어휘나 표현에 목표 문법을 적용하여 문장을 완성하는 문제이다. 목표 문법의 형태나 활용을 정확하게 쓸 수 있도록 지도해야 한다.
- 2번은 제시된 상황을 읽고 목표 문법을 적용하여 알맞은 대답을 생각해 쓰는 문제이다. 제시된 상황을 잘 파악하고 목표 문법의 형태나 활용을 정확하게 쓸 수 있도록 지도해야 한다.

문법을 익혀요 ②

- 1번은 제시된 어휘나 표현에 목표 문법을 적용하여 대화를 완성하는 문제이다. 대화의 맥락에 맞추어 목표 문법의 형태나 활용을 정확하게 쓸 수 있도록 지도해야 한다.
- 2번은 제시된 상황을 읽고 목표 문법을 적용하여 알맞은 질문을 생각해 쓰는 문제이다. 제시된 상황을 잘 파악하고 목표 문법의 형태나 활용을 정확하게 쓸 수 있도록 지도해야 한다.

문법을 익혀요 ③

- 1번은 제시된 어휘나 표현에 목표 문법을 적용하여 문장을 완성하는 문제이다. 목표 문법의 형태나 활용을 정확하게 쓸 수 있도록 지도해야 한다.
- 2번은 제시된 그림에 목표 문법을 적용하여 수업 시간에 무엇을 하면 안 되는지에 대한 문장을 쓰는 문제이다. 목표 문법의 형태나 활용을 정확하게 쓸 수 있도록 지도해야 한다.

문법을 익혀요 ④

- 1번은 제시된 어휘나 표현에 목표 문법을 적용하여 문장을 완성하는 문제이다. 목표 문법의 형태나 활용을 정확하게 쓸 수 있도록 지도해야 한다.
- 2번은 제시된 그림을 보고 목표 문법을 적용하여 각 인물이 무엇을 하고 있는지 쓰는 문제이다. 그림의 상황 맥락에 맞추어 목표 문법의 형태나 활용을 정확하게 쓸 수 있도록 지도해야 한다.

3. '학습 일지'에 제시되어 있는 표를 보고 알고 있는 어휘와 문법에 표시하게 한다. 만약 모르는 어휘나 문법이 있다면 교재로 돌아가 해당 내용을 다시 보게 한다.

4. 시간적 여유가 있는 경우 '이삭줍기'에 제시되어 있는 차례에 따라 하나씩 순서 있게를 나타내는 의미인 '차례차례'를 읽어 보게 한다.

● 메모

● 메모

● 메모

기획·담당 연구원 ─
정혜선 국립국어원 학예연구사
이승지 국립국어원 연구원
박지수 국립국어원 연구원

집필진 ─
책임 집필
심혜령 배재대학교 국어국문·한국어교육학과 교수

공동 집필
내용 집필
박석준 배재대학교 국어국문·한국어교육학과 교수
김윤주 한성대학교 크리에이티브인문학부 교수
문정현 배재대학교 미래역량교육부 교수
이미향 영남대학교 국제학부 교수
이숙진 경희대학교 국제교육원 객원교수
이은영 전북대학교 언어교육부 강사
홍종명 한국외국어대학교 한국어교육과 교수
오현아 강원대학교 국어교육과 교수
이선중 경희대학교 국제교육원 객원교수
황성은 배재대학교 글로벌교육부 교수

연구 보조원
김세정 한남대학교 한국어교육원 강사
김경미 건양대학교 국제교류원 한국어교육센터 강사
한재필 배재대학교 한국어교육원 강사
박수미 배재대학교 대학원 한국어교육학과 석사 수료
최성렬 배제대학교 대학원 한국어교육학과 박사 과정
김미영 우석대학교 한국어교육지원센터 강사
박현경 명지대학교 국제교류원 강사
이창석 배재대학교 대학원 한국어교육학과 석사 수료
정나현 배재대학교 한국어교육원 강사
김준석 배재대학교 대학원 한국어교육학과 석사 과정

내용 검토
조영철 인천담방초등학교 교사
송정희 대덕중학교 교사
주명진 인천영종고등학교 교사
김진희 대구북동중학교 교사

중고등학생을 위한
표준 한국어 교사용 지도서
의사소통 1

ⓒ 국립국어원 기획 | 심혜령 외 집필

초판 1쇄 인쇄 | 2020년 3월 5일
초판 1쇄 발행 | 2020년 3월 10일

기획 | 국립국어원
지은이 | 심혜령 외
발행인 | 정은영
책임 편집 | 최명지
디자인 | 박현정, 황은영, 최은숙
일러스트 | 조은혜
사진 제공 | 셔터스톡

펴낸 곳 | 마리북스
출판 등록 | 제2019-000292호
주소 | (04053) 서울특별시 마포구 와우산로29길 37 301호(서교동)
전화 | 02)336-0729   팩스 | 070)7610-2870   이메일 | mari@maribooks.com
인쇄 | (주)현문자현

ISBN 979-11-89943-43-1 (54710)
      979-11-89943-42-4 (set)